Sabine Nelke

# VOLL BOCK AUF KUNST

## Alltags- und Berufsbezug in den Unterricht bringen

Fertige Ideen für motivierende Projekte



Verlag an der Ruhr

# IMPRESSUM

**Titel**

**Voll Bock auf Kunst**

*Alltags- und Berufsbezug in den Unterricht bringen*

Fertige Ideen für motivierende Projekte

**Autorin**

Sabine Nelke

**Titelbildmotiv**

unter Verwendung von Schülerarbeiten – s. Nachweise am Bild im Innenteil

**Abbildungen**

wenn nicht anderes angegeben © Sabine Nelke

Berufe-Icons © Hubert Nelke unter Verwendung von Fotolia.com: © Artco

**Verlag an der Ruhr**

Mülheim an der Ruhr

www.verlagruhr.de

**Geeignet für die Klassen 5–13**

**Unser Beitrag zum Umweltschutz:**

Wir sind seit 2008 ein ÖKOPROFIT®-Betrieb und setzen uns damit aktiv für den Umweltschutz ein. Das ÖKOPROFIT®-Projekt unterstützt Betriebe dabei, die Umwelt durch nachhaltiges Wirtschaften zu entlasten. Unsere Produkte sind grundsätzlich auf chlorfrei gebleichtes und nach Umweltschutzstandards zertifiziertes Papier gedruckt.



**ISBN 978-3-8346-3079-7**

**Printed in Germany**

# INHALT

# VORWORT

Alltagsbezug im Kunstunterricht? Kunst und Berufsvorbereitung? Wo Schüler* häufig keinen Zusammenhang sehen, bringen diese kreativen Kunstprojekte zusammen, was wunderbar zusammenpasst: Die fertig ausgearbeiteten Unterrichtseinheiten schlagen motivierende Brücken zur Lebenswelt der Schüler sowie zur Arbeitswelt. So bekommen Ihre Schüler „Voll Bock auf Kunst"!

Durch den Berufs- und Alltagsbezug wird die Wertigkeit Ihres Kunstunterrichts für die Schüler erhöht. Da sie Kunstobjekte herstellen, die ihre Erlebniswelt berühren, sind sie mit viel Spaß und Freude bei der Sache. Weil sie in verschiedene Berufsfelder hineinschnuppern können, sind sie besonders interessiert, denn auf sie wartet bald der Einstieg in das Berufsleben.
In diesen Unterrichtsprojekten kreieren die Schüler alltagsrelevante Dinge: ein Logo für die Schule, eine Partyeinladung, einen Kissenbezug, einen persönlichen Meilenstein u. v. m. Gleichzeitig lernen sie die passenden Kreativberufe kennen – vom Mediengestalter, Illustrator und Fotografen über den Architekten bis hin zum Bildhauer oder Grafikdesigner.

Besonders hervorzuheben ist der Alltags- und Berufsbezug im Hinblick auf den Einsatz neuer Medien, denn diese sind aus dem Alltag der Schüler ebenso wenig wegzudenken wie aus dem Arbeitsalltag vieler Berufsgruppen. Alle Schüler sind begeistert und motiviert, wenn sie während ihres Unterrichts sinnvoll mit ihrem Handy, einer Kamera oder einem Computer arbeiten dürfen. So ist es für sie viel interessanter, einen Grundriss für ein Wunschzimmer wie ein Architekt am Computer zu planen, anstatt ausschließlich auf Millimeterpapier zu zeichnen.

Dieser Band beinhaltet jeweils fünf Projekte zu den Themenfeldern Zeichnen, Malerei, Grafik; Neue bzw. digitale Medien; Plastik, Skulptur, Objekt; Architektur bzw. Innenarchitektur sowie Design. Zu allen Unterrichtsvorhaben finden Sie ausführlich ausgearbeitete Lehrerhinweise mit genauen Angaben zu Stunden, Aufbau, Material, Kompetenzen, Bewertungskriterien, Zeit und Sozialform sowie viele Tipps zur Umsetzung. Zusätzlich haben Sie alle relevanten Kopiervorlagen mit Info- und Arbeitsblättern oder Anleitungen für Ihre Schüler parat.

Viel Erfolg bei der Arbeit mit diesem Buch und „Voll Bock auf Kunst" wünscht Ihnen

*Sabine Nelke*

* *Aus Gründen der besseren Lesbarkeit haben wir in diesem Buch durchgehend die männliche Form verwendet. Natürlich sind damit auch immer Frauen und Mädchen gemeint, also Lehrerinnen, Schülerinnen etc.*

# DIDAKTISCHE ANMERKUNGEN

Für die einzelnen Unterrichtsvorhaben werden bewusst keine Jahrgangsstufen vorgeschlagen. Je nachdem, wie Sie die einzelnen Kunstprojekte individuell planen und an Ihre Lerngruppe anpassen, können diese in unterschiedlichen Jahrgängen eingesetzt und nach den jeweiligen Lehrplänen ausgerichtet werden.

Im Unterrichtsverlauf vieler Projekte wird davon ausgegangen, dass die Schüler ein Skizzenheft verwenden. Das ist ein Heft mit Blankoblättern im DIN-A4-Format. Darin können die Schüler z. B. angefertigte Skizzen oder Materiallisten sammeln. Das Heft kann zur Benotung im Fach Kunst herangezogen werden.

Die Schüler brauchen für einige Projekte dieses Buches ein Handy, um damit Fotos oder Filme aufzunehmen. Da der Gebrauch von Handys an Schulen im Normalfall nicht gestattet ist, sollten Sie dies vorab mit der Schulleitung klären und die Eltern informieren. Folgenden Elternbrief können Sie dazu verwenden:

Liebe Eltern der Klasse .............,

im Kunstunterricht werden wir uns in den kommenden Unterrichtsstunden mit dem Thema ..........................................................................................................

beschäftigen. Dazu werden wir digitale Fotos oder Filme erstellen. Im Rahmen dieses Unterrichtsprojektes ist es den Schülern daher gestattet, ihre Handys in die Schule mitzubringen und im Unterricht zu verwenden.
Ich möchte Sie jedoch dringend darauf hinweisen, dass mitgebrachte Handys nur zu dem oben genannten Zweck in der Schule benutzt werden dürfen.
Des Weiteren dürfen die Handys nur dann im Unterricht genutzt werden, wenn dadurch keine Kosten entstehen. Die Verwendung ist also nur im Flugzeugmodus gestattet. Sollte sich Ihr Kind nicht an diese Vereinbarung halten, so werden die Kosten von der Schule nicht übernommen.
Bitte bestätigen Sie, dass Sie dieses Schreiben zur Kenntnis genommen haben:

Name des Kindes: ..........................................................................................

Unterschrift des Erziehungsberechtigten: ...................................................................

Mit freundlichen Grüßen

..........................................................................

# 1. ZEICHNUNG MALEREI GRAFIK

## GRAFIKDESIGNER

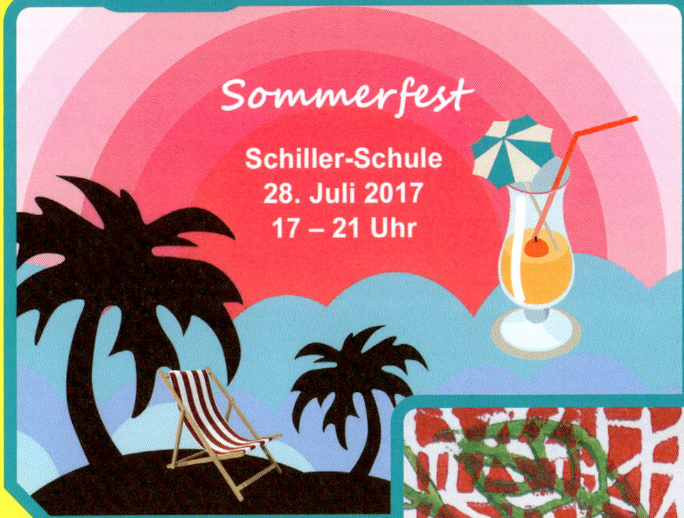




## DRUCKER

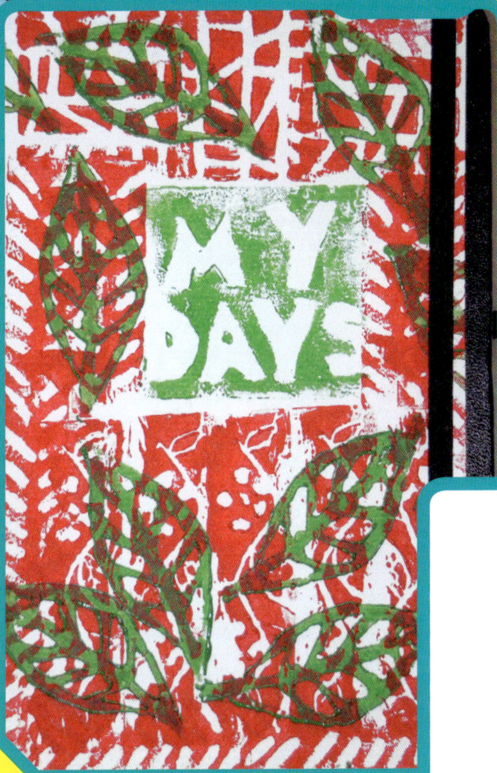


## WERBE- UND MEDIENGESTALTER

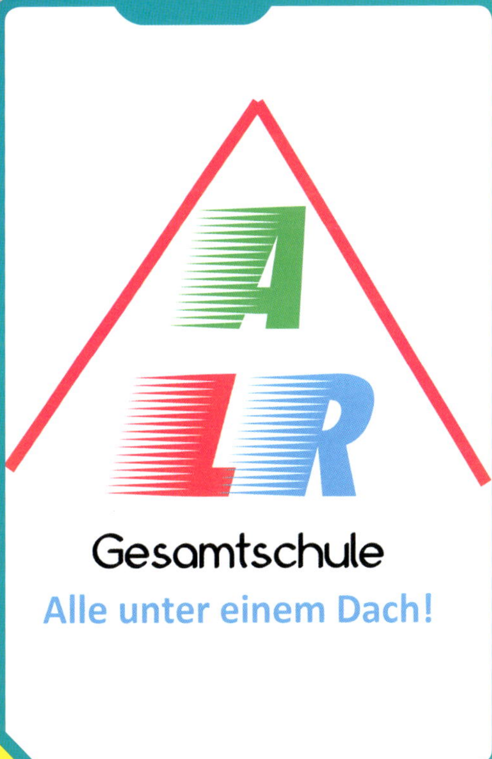


## BILDENDER KÜNSTLER MIT SCHWERPUNKT ZEICHNEN

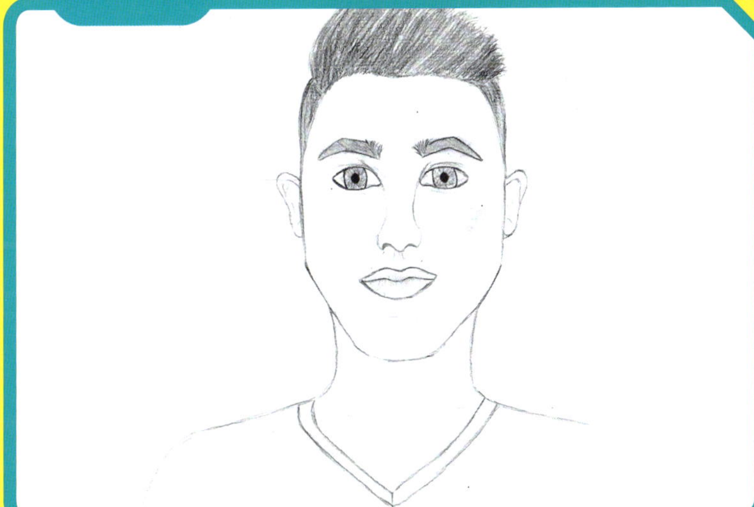

# 1. KOMM MIT!
## Einladungen mit dem PC erstellen

**Berufsfeld:** **Grafikdesigner** (siehe auch: Berufsfeld Werbe- und Mediengestalter S. 22)

**Tätigkeit:** Ein Grafikdesigner entwirft z. B. Websites, Apps, Bücher, Zeitschriften, Werbeanzeigen, Logos u. Ä. Er gestaltet das alles, indem er Schrift, Bilder, Farbgebung und Anordnung miteinander optimal verbindet. Seine (oftmals skizzierten) Ideen setzt er mit verschiedenen Computerprogrammen um.

**Ausbildung:** ca. 3 Jahre Studium an Berufskollegs, an Fachhochschulen oder Hochschulen für Gestaltung als Bachelor oder Master (Voraussetzung: mind. Mittlerer Bildungsabschluss, Bewerbungsmappe mit Arbeitsproben)

**Beschäftigung:** z. B. in Werbeagenturen, Verlagen oder Druckereien



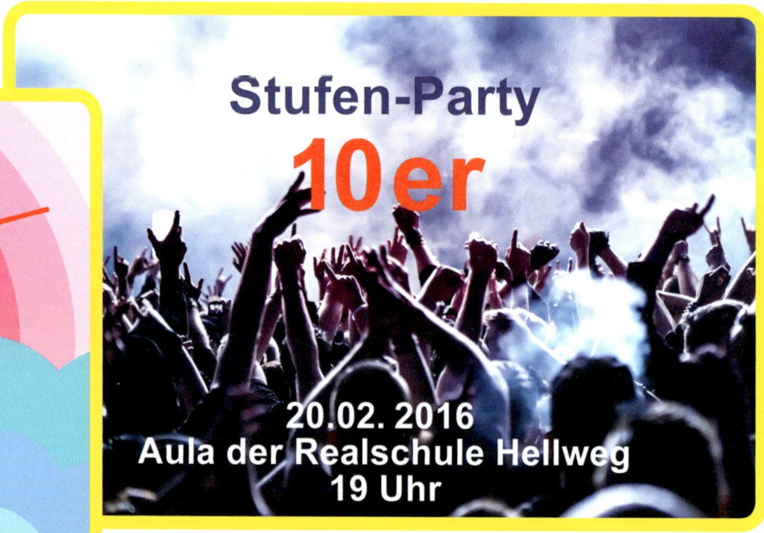




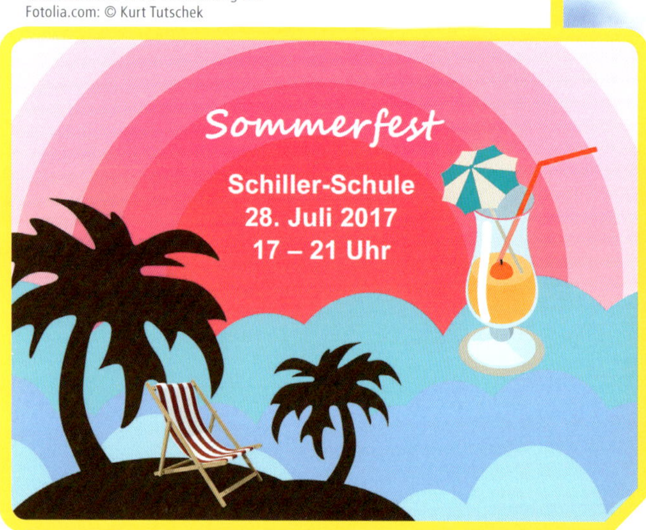


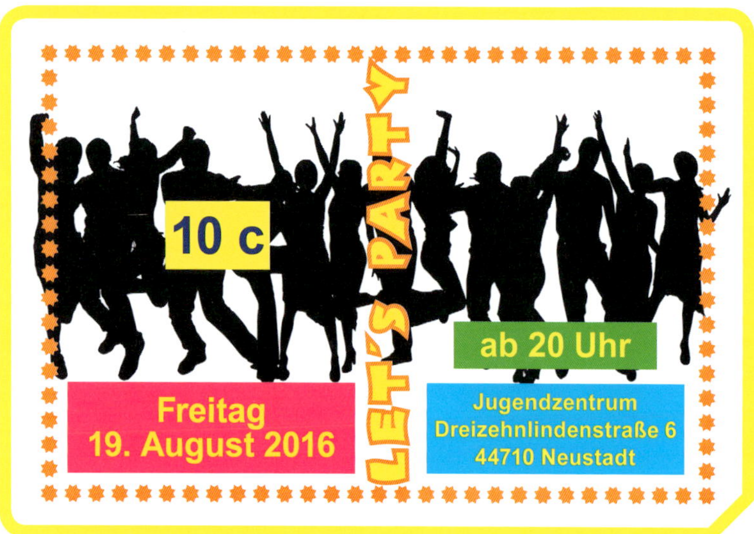




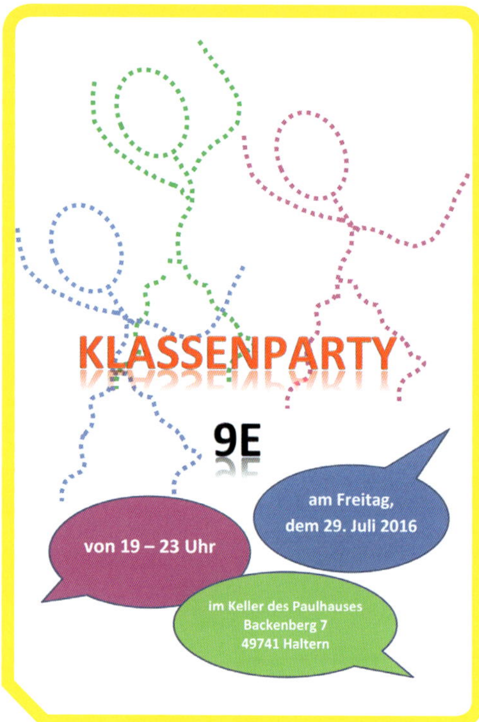

1.

# KOMM MIT!
## Einladungen mit dem PC erstellen

### Kurzbeschreibung

Die Schüler erstellen Einladungen für ein Schul-Event, z. B. eine Klassenparty oder eine Ausstellung. Sie arbeiten dazu am Computer und verwenden verschiedene grafische Elemente und Schriftarten aus dem Programm Word.

**Bezug zur Berufswelt:** Grafikdesigner
**Alltagsbezug:** Herstellung von Postkarten, Flyern oder Einladungen für den persönlichen Gebrauch
**Zeitbedarf:** ca. 8 Schulstunden
**Sozialform:** Gruppenarbeit

### Material

- für jeden Schüler ein Arbeitsblatt „Eine Einladung gestalten“ (S. 13)
- für jeden Schüler ein Arbeitsblatt „Mit Word gestalten“ (S. 14)
- für jeden Schüler Zeichenpapier, Bleistift und Radiergummi
- pro Gruppe ein Computer
- weißes Papier oder ggf. weiße Blankokarten zum Ausdrucken
- Farbdrucker

### Kompetenzen

Die Schüler
- gestalten Einladungskarten für ein Schul-Event.
- kennen die Kriterien für den Entwurf einer Einladung und setzen diese um.
- gestalten eine Einladung am Computer, wobei sie verschiedene grafische Elemente des Programms Word verwenden.
- beschreiben und bewerten das individuelle Design der erstellten Einladungen.

# 1. KOMM MIT!
## Einladungen mit dem PC erstellen

### Möglicher Verlaufsplan der Unterrichtseinheit

| | | |
|---|---|---|
| **1.–2. Stunde** | ◉ Vorstellung eines anstehenden Schul-Events | Der Lehrer berichtet, dass in der Schule ein Event bevorsteht, wofür die Schüler Einladungen erstellen sollen. |
| | ◉ Bewertungskriterien | In einem Unterrichtsgespräch werden die Bewertungskriterien gemeinsam erörtert und festgelegt und anschließend an der **Tafel** notiert und im **Heft** gesichert (Kriterien siehe S. 11). |
| | ◉ Elemente einer Einladung/Ideen sammeln | Die Elemente einer Einladung werden mithilfe des **Arbeitsblattes „Eine Einladung gestalten"** besprochen. Auf dem Arbeitsblatt skizzieren die Schüler anschließend in Einzelarbeit erste Ideen für das anstehende Event. |
| **3.–6. Stunde** | ◉ Gruppenbildung | Die Schüler teilen sich in Gruppen von 2–3 Schülern auf. |
| | ◉ Übungen mit dem Programm Word | Die Verwendung verschiedener Befehle für grafische Elemente und Schriftarten des Programmes Word wird am **Computer** mithilfe des **Arbeitsblattes „Mit Word gestalten"** geübt. |
| | ◉ Entwurf einer Einladungskarte | In Gruppen erstellen die Schüler einen Entwurf für die Einladung auf **Zeichenpapier**. Dabei skizzieren sie gemeinsam oder einzeln Ideen und einigen sich anschließend auf ein Endergebnis. |
| | ◉ Erstellung von Einladungskarten am Computer | Jede Gruppe erstellt eine Einladung mit Word am **Computer**. |
| **7.–8. Stunde** | ◉ Präsentation und Bewertung der Einladungen | Die **Einladungen** werden präsentiert und auf Grundlage der zu Beginn besprochenen Bewertungskriterien, zunächst in der Gruppe und anschließend im Plenum, beurteilt. |

1.

# KOMM MIT!
## Einladungen mit dem PC erstellen

### Bewertungskriterien

- Verschiedene Word-Befehle werden beim Erstellen der Einladungen verwendet.
- Die verschiedenen Elemente für eine Einladung werden ansprechend auf dem zur Verfügung stehenden Platz verteilt.
- Alle verwendeten Elemente werden dem Anlass der Einladung entsprechend ausgewählt.
- Grafiken oder Fotos werden dem Anlass entsprechend für die Einladung ausgewählt.
- Möglichst unterschiedliche grafische Elemente und Schriftarten des Programms Word werden für die Gestaltung der Einladung verwendet.

### Das Programm Word

Das Programm Microsoft® Word dient der Textverarbeitung. Mit seiner Hilfe können Schriftstücke verschiedenster Art ansprechend gestaltet werden.
Es gibt verschiedene Versionen von Word. Für die hier präsentierten Beispiele und die Anleitung wurde die Version „Microsoft® Office Home and Student 2010" verwendet. Bei anderen Versionen können die Befehle und grafischen Elemente leicht abweichen. Probieren Sie die Anleitung zunächst mit den vorhandenen Versionen aus und besprechen eventuelle Abweichungen mit den Schülern.
Sie können damit rechnen, dass einige Schüler bereits mit dem Programm gearbeitet haben. Achten Sie bei der Zusammensetzung der Gruppen möglichst darauf, dass unerfahrene Schüler in Gruppen mit erfahrenen zusammenarbeiten.

### Einladungen mit Word am Computer gestalten

Mit dem Computer kann man einfach und schnell ansprechende Einladungen erstellen. Dabei werden grafische Elemente, z. B. verschiedene Formen, bunte Kreise, oder Clip-Art-Symbole, eingefügt.
Ebenso werden verschiedene Schriftarten, wie z. B. „Arial" oder „Tizia", auf unterschiedliche Weise (bunt, groß oder verformt) dargestellt.
Das Erstellen von Schriftstücken mithilfe von Word ist einfach. Wenn Sie keine Übung darin haben, sollten Sie sich vorab mithilfe des Arbeitsblattes „Mit Word gestalten" einen Überblick verschaffen.

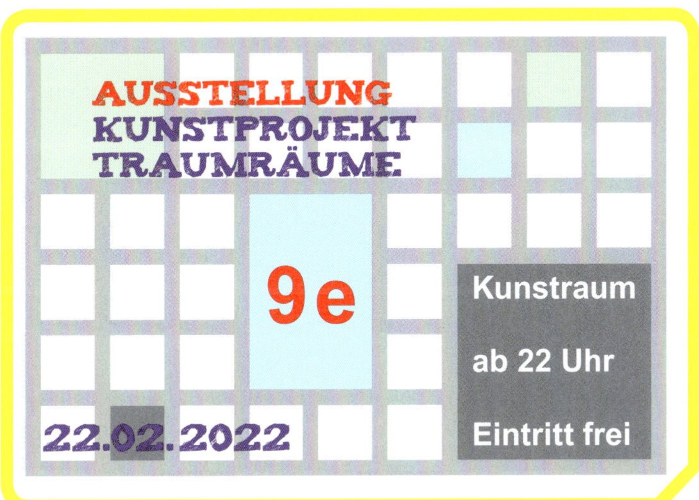

1.

# KOMM MIT!
## Einladungen mit dem PC erstellen

Die wichtigsten Befehle, welche für die Einladungen auf Seite 8 verwendet wurden, sind auf dem Arbeitsblatt „Mit Word gestalten" kurz erklärt. Zusätzlich wurden die Menüpunkte „WordArt" und das Einfügen einer Tabelle verwendet. Mit WordArt können Buchstaben gestaltet werden. Sie finden es in der Menüleiste „Einfügen" unter dem Menüpunkt „WordArt". So wie bei der Einladung zu einer Ausstellung auf der Seite 11 können Sie Einladungen auch mit Tabellen gestalten. Diese werden eingefügt, indem Sie in der Menüleiste „Einfügen" den Menüpunkt „Tabelle" auswählen.

### Fotos aus dem Internet

Manchmal ist es sehr ansprechend, wenn eine Einladung mit einem passenden Foto versehen wird. Das können eigene Bilder sein oder Fotos aus einer Fotodatenbank aus dem Internet. Fotolia (www.fotolia.de) bietet z. B. sehr viele Fotos zu verschiedensten Suchbegriffen, je nach Größe oder Qualität preislich unterschiedlich, an.

### Drucken der Einladungen

Die erstellten Einladungen können auf jedem herkömmlichen Drucker gedruckt werden. Besonders schön werden die Einladungen, wenn Sie nicht einfach weißes Papier verwenden, sondern weiße Blankokarten. Die Verwendung von buntem Papier oder von bunten Karten kann problematisch sein, da die in Word ausgesuchten Farben dann nach dem Ausdruck anders erscheinen können.

### Differenzierung

Die Schüler können Dokumente für unterschiedlichste Verwendungszwecke erstellen, z. B. für Visitenkarten, Grußkarten oder andere Schriftstücke. Wenn Sie den Menüpunkt „Datei" anklicken und dann auf „Neu" gehen, können Sie viele verschiedene Vorlagen für unterschiedliche Dokumente finden.

### Aktions-Tipp

Auf Schulfesten, Weihnachtsbasaren oder einfach für einen guten Zweck können unterschiedlichste Karten, wie z. B. eine Karte mit dem Schullogo, Geburtstags- oder Weihnachtskarten, verkauft werden.

# 1.

# EINE EINLADUNG GESTALTEN

ARBEITSBLATT

Name: ..............................................................................................................................................

Auf einer Einladung sind verschiedene Elemente zu finden, die dem „Eingeladenen“ die nötigen Informationen über das Event übermitteln.

## Aufgabe 1

Benenne die Elemente der Einladung, indem du sie mit folgenden Begriffen beschriftest:
*Event – Datum – Uhrzeit – Ort – Adressaten – Veranstalter – Besonderheiten – grafische Elemente*

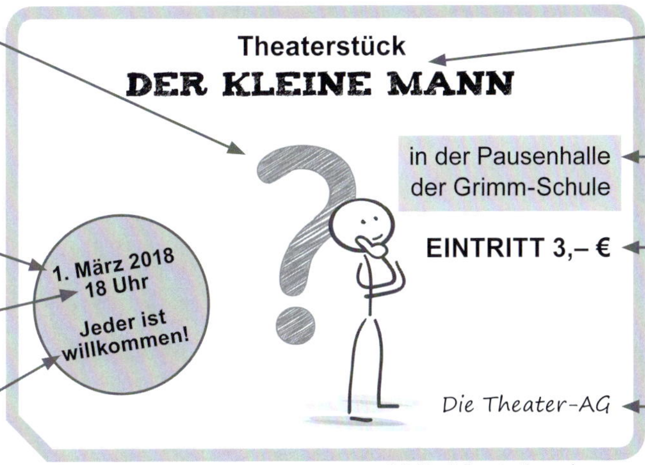


© Sabine Nelke unter Verwendung von Fotolia.com: © Matthias Enter

## Aufgabe 2

Skizziere eine Einladung für ein kommendes Schul-Event.
Verwende dabei alle Elemente einer Einladung aus Aufgabe 1.

1.

ARBEITSBLATT

# MIT WORD GESTALTEN

Name: ..................................................

## Aufgabe

Erstelle mithilfe des Computerprogramms Word ein Dokument.
Übe dabei alle Word-Befehle. Die jeweiligen Erklärungen helfen dir dabei.

= Klick mit der linken Maustaste
unterstrichen = Menüpunkte zum Anklicken

### Größe der Seite
Menüleiste Seitenlayout
Im Menüpunkt „Seite einrichten"
Größe aufklappen
und auswählen

### Seitenrand
Menüleiste Seitenlayout
Im Menüpunkt „Seitenhintergrund"
Seitenränder aufklappen
Seitenränder auswählen

### Seitenfarbe/-muster
Menüleiste Seitenlayout
Im Menüpunkt „Seitenhintergrund"
Seitenfarbe aufklappen
Seitenfarbe auswählen

### Schriftart
Menüleiste Start
Dialogfeld mit der Schriftart aufklappen
Schriftart auswählen

### Schriftgröße
Menüleiste Start
Dialogfeld mit der Schriftgröße aufklappen
Schriftgröße auswählen

### Ausrichtung der Schrift
Menüleiste Start
Im Menüpunkt „Absatz" Ausrichtung
aufklappen
Ausrichtung auswählen

### Formen einfügen
Menüleiste Einfügen
Im Menüpunkt „Illustrationen" Formen
aufklappen
Form auswählen

### Formen bearbeiten
Form
passenden Menüpunkt

### Grafiken aus Clipart einfügen
Menüleiste Einfügen
Im Menüpunkt „Illustrationen" Clipart
auswählen
Suchbegriff eingeben
Grafik auswählen

1.

# MY DAYS

## Tagebuch-Cover mit Linolschnitt drucken

**Berufsfeld: Drucker**

**Tätigkeit:** Ein Drucker stellt Druckerzeugnisse aller Art durch verschiedene Drucktechniken her. So entstehen z. B. Buchdrucke, Kunstdrucke, Broschüren oder Visitenkarten. Ebenso können aber auch Kunststoffe, Stoffe, Metalle u. Ä. bedruckt werden. Der Beruf des Druckers ist sehr technisch. Er bereitet die Druckplatten vor, steuert aber auch den Druckvorgang der elektronischen Systeme und kümmert sich um Feinabstimmungen und Korrekturen.

**Ausbildung:** 3-jährige Ausbildung (Voraussetzung: Mittlerer Schulabschluss) oder Weiterbildung (Voraussetzung: Ausbildung im Druckbereich)

**Beschäftigung:** Druckerei

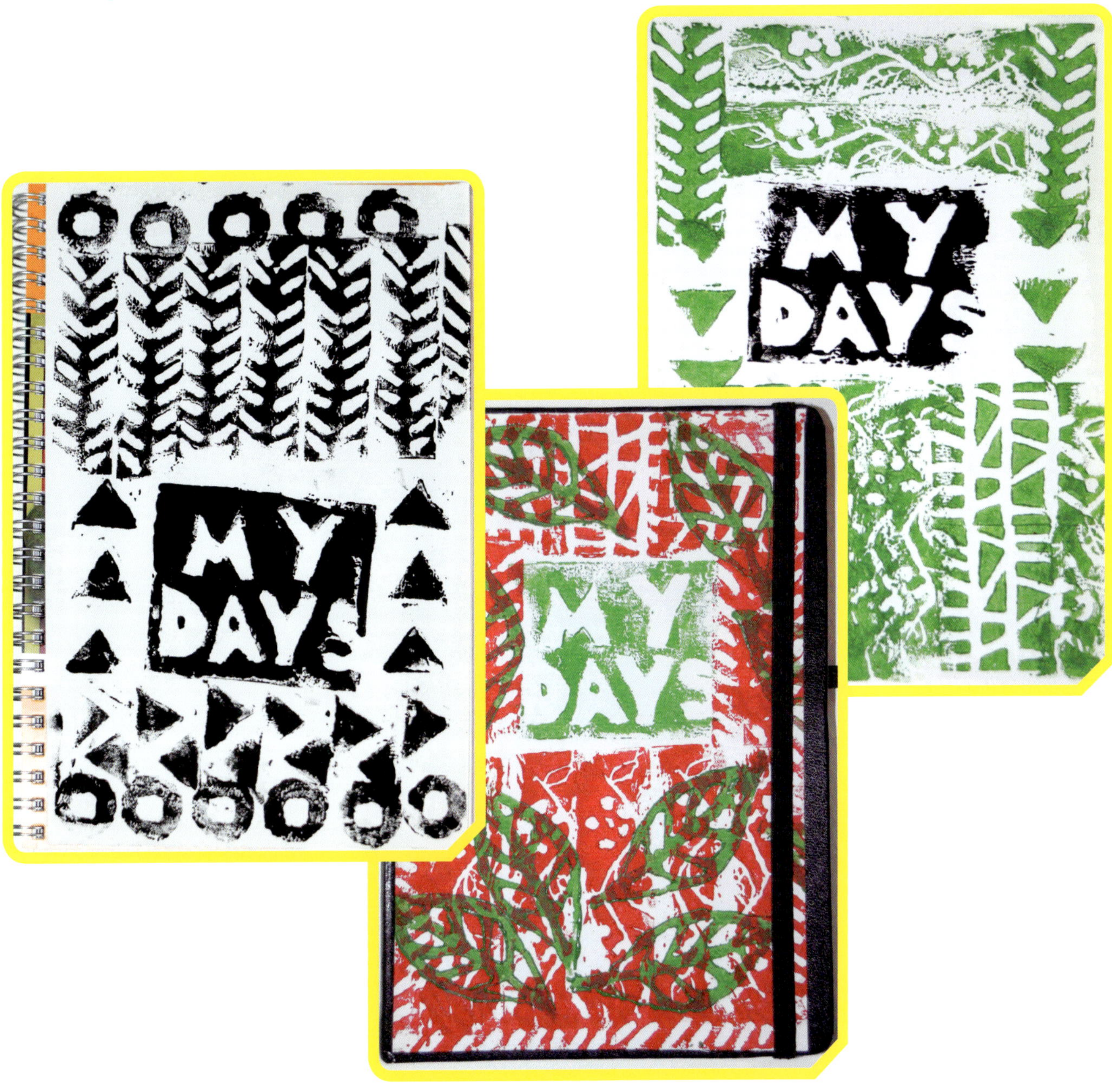

1.

# MY DAYS
## Tagebuch-Cover mit Linolschnitt drucken

### Kurzbeschreibung

Die Schüler drucken ein mehrfarbiges Cover für ein Tagebuch.
Die dazu verwendeten Druckplatten stellen sie selbst aus Linoleum her.
So entstehen Cover aus unterschiedlichen Linolschnitt-Modellen.

**Bezug zur Berufswelt:** Drucker
**Alltagsbezug:** Herstellen eines persönlichen Tagebuch-Covers
**Zeitbedarf:** ca. 8 Schulstunden
**Sozialform:** Gruppenarbeit

### Material

- für jeden Schüler ein Arbeitsblatt „Tagebuch-Cover gestalten" (S. 20)
- für jeden Schüler eine Anleitung „Linolschnitt" (S. 21)
- für jeden Schüler unterschiedliche Linolschnitt-Messer, Linolplatten, Zeichenpapier zum Drucken und Linoldruck-Farbe
- für jeden Schüler ein selbst mitgebrachtes Notizbuch
- pro Gruppe zwei Gummiwalzen und eine Glasplatte/Kunststoffbrettchen o. Ä.

### Kompetenzen

Die Schüler:
- fertigen Skizzen für verschiedene Druckplatten an.
- stellen mehrere Druckplatten anhand ihrer Skizzen her.
- drucken ein Tagebuch-Cover mit verschiedenen Entwürfen.
- beschreiben und bewerten die Tagebuch-Cover im Hinblick auf die festgelegten Bewertungskriterien.

1.

# MY DAYS
## Tagebuch-Cover mit Linolschnitt drucken

### Möglicher Verlaufsplan der Unterrichtseinheit

| | | |
|---|---|---|
| **1.–2. Stunde** | ◉ Unterrichtsgespräch: Linoldruck | Die Schüler betrachten unterschiedliche Cover von **Tagebüchern**. Der Lehrer präsentiert ein **Buchcover**, welches durch **Linoldruck** gestaltet wurde. Die Schüler beschreiben den Druck und mutmaßen, wie Drucker arbeiten. Der Lehrer erklärt, wie ein Linolschnitt entsteht. |
| | ◉ Bewertungskriterien | In einem Unterrichtsgespräch werden die Bewertungskriterien gemeinsam erörtert und festgelegt und anschließend an der **Tafel** notiert und im **Heft** gesichert (Kriterien siehe S. 18). |
| | ◉ Gruppenbildung | Die Schüler teilen sich in Gruppen von 5–6 Schülern auf. |
| | ◉ Mindmap: Tagebuch-Cover | Jede Schülergruppe erstellt eine Mindmap mit Motiven, die für ein Tagebuch-Cover verwendet werden können. |
| | ◉ Skizzen Cover-Motive | Jeder Schüler skizziert mindestens sechs Motive auf dem **Arbeitsblatt „Tagebuch-Cover gestalten".** |
| **3.–6. Stunde** | ◉ Tagebuch-Cover skizzieren | Alle Gruppen skizzieren für jedes ihrer Mitglieder ein Tagebuch-Cover. |
| | ◉ Druckplatten aus Linoleum herstellen | Die Schüler jeder Gruppe stellen unterschiedliche Linolschnitt-Druckplatten her. Dazu verwenden sie die **Anleitung „Linolschnitt"** sowie **Linolschnitt-Werkzeuge, -Platten** und **-Druckmaterialien.** |
| | ◉ Tagebuch-Cover drucken und aufkleben | Jede Gruppe druckt für jeden Schüler der Gruppe gemeinsam ein Tagebuch-Cover. Die Cover werden passend zur Größe des jeweiligen **Notizbuches** hergestellt und am Schluss aufgeklebt. |
| **7.–8. Stunde** | ◉ Präsentation und Bewertung der Tagebuch-Cover | Die Schüler beschreiben die unterschiedlichen **Tagebuch-Cover** auf Grundlage der zu Beginn besprochenen Bewertungskriterien, zunächst in der Gruppe und dann im Plenum. |

# 1. MY DAYS
## Tagebuch-Cover mit Linolschnitt drucken

### Bewertungskriterien

- Jeder Schüler zeichnet mindestens sechs Skizzen für Druckplatten aus Linoleum.
- Jeder Schüler fertigt mindestens zwei Linolschnitte an.
- Die gedruckten Tagebuch-Cover sind mindestens zweifarbig.
- Jedes Tagebuch-Cover wurde mit mindestens vier unterschiedlichen Linolschnitten gedruckt.
- Der Druck ist ordentlich.

### Hochdruck

Unter Hochdruck versteht man alle Drucktechniken, bei denen auf einer Fläche stehende Linien und Flächen gedruckt werden. Dazu gehören z. B. der Druck mit Gummistempeln, der Holzdruck oder der Linoldruck. Beim Hochdruck wird die Stempelfarbe auf die erhabenen Linien und Flächen aufgetragen, welche dann nach dem Druck zu sehen sind.

### Druckplatten aus Linoleum herstellen

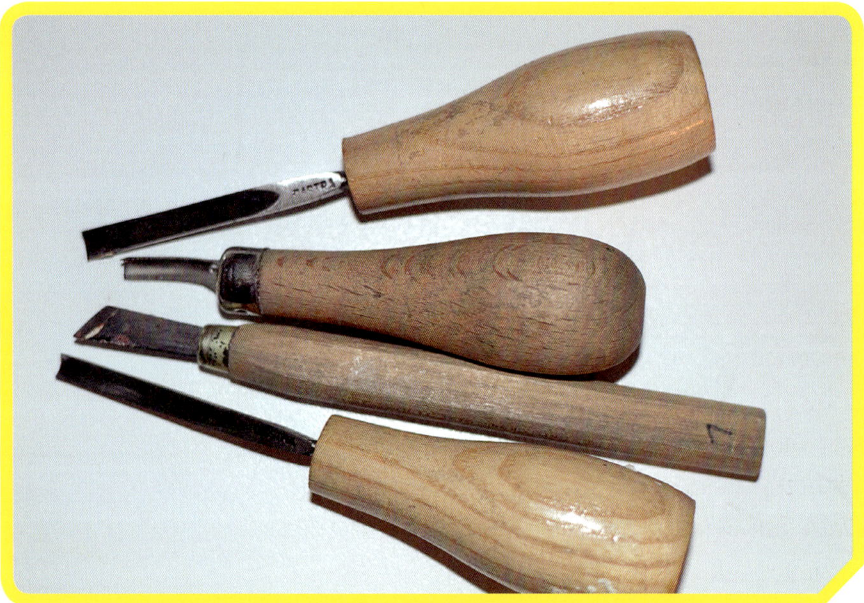

Linolschnitte werden aus Linolplatten gefertigt. Dieses Material ist ein elastischer, aber fester Fußbodenbelag. Es wird mit Linolschnitt-Messern gearbeitet, welche unterschiedlich geformte Schnittkanten haben. Linoleumplatten sind in allerlei DIN-Formaten im Künstlerbedarf erhältlich.

Es ist wichtig, dass Ihren Schülern scharfe Linolschnitt-Messer zur Verfügung stehen, da die Arbeit sonst sehr beschwerlich ist. Die Linolplatten sollten nicht zu alt sein, denn sonst werden sie sehr hart und sind für die Schüler kaum zu bearbeiten. Sie sollten bei der Durchführung eines Linolschnitts für die Schüler Pflaster bereithalten, da es recht häufig zu Verletzungen kommt. Alternativ zu den Linolplatten können sie auch viel weichere Gummiplatten verwenden. Diese sind für die Schüler leichter zu bearbeiten.

1.

# MY DAYS
## Tagebuch-Cover mit Linolschnitt drucken

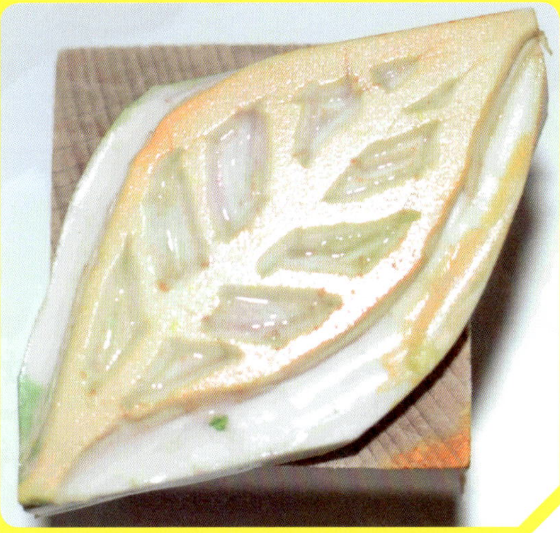

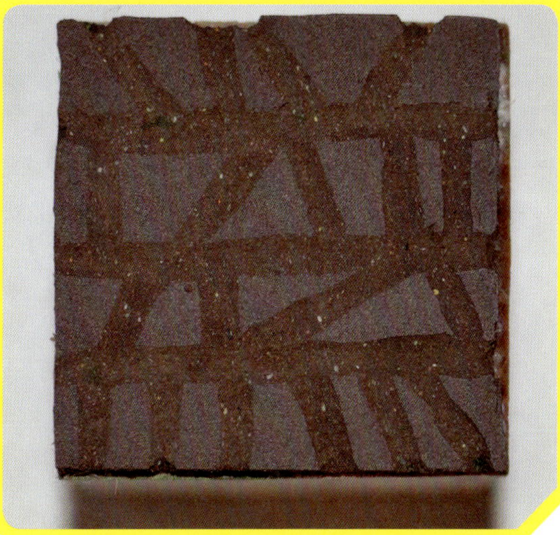

### Tagebuch-Cover drucken

Die Tagebuch-Cover sollen mit mindestens vier Linoldrucken hergestellt werden und zwei- oder mehrfarbig sein. Jeder Schüler fertigt mindestens zwei Platten mit dem Linolschnitt an. Er kann sein Tagebuch-Cover anschließend mit den unterschiedlichen Modellen, die in seiner Gruppe angefertigt wurden, gestalten.
Linoldruck-Farben werden in unterschiedlichen Farbtönen angeboten. Zum Auftrag der Farben benötigen die Schüler gerade, glatte Untergründe, wie z. B. Glasplatten oder große Kunststoffbrettchen. Sie geben die Farbe darauf und rollen mit einer Farbwalze aus Gummi so lange über die Platte, bis die Walze gleichmäßig und sehr dünn mit Farbe benetzt ist. Anschließend wird die Farbe mit der Walze auf den Linolschnitt aufgetragen, welcher vorsichtig auf Zeichenpapier platziert wird und dann nicht mehr bewegt werden sollte. Dann wird gedruckt: Die Schüler rollen mit einer sauberen Gummiwalze gleichmäßig über die Druckplatte, ohne dass diese verrutscht. Bei kleineren Flächen können sie, statt mit der Rolle, auch mit ihren Händen drücken. Danach wird das Linoleum vorsichtig abgenommen. Der Linoldruck muss nun trocknen, bevor der nächste Druck auf dem gleichen Papier durchgeführt werden kann. Nacheinander können so zeitsparend die einzelnen Drucke für die verschiedenen Tagebuch-Cover einer Gruppe angefertigt werden.

### Tagebuch fertigstellen

Das fertige Tagebuch-Cover wird mit Bastelkleber oder Leim auf ein von den Schülern mitgebrachtes Notizbuch geklebt. Dazu wird der Kleber mit einer Gummiwalze dünn und gleichmäßig aufgetragen. Das Cover wird gerade aufgelegt und mit einer sauberen Gummiwalze aufgedrückt. Zur besseren Haltbarkeit kann das Cover oder das gesamte Tagebuch mit Buchschutzfolie überklebt oder das Cover mit Fixativ besprüht werden.

### Aktions-Tipp

Heute können Schüler an vielen Schulen schulspezifische Hausaufgabenhefte oder Schuljahresplaner kaufen. Für solche Hefte kann ein Wettbewerb unter den Schülern eines Jahrgangs stattfinden: Das meistgewählte Linolschnitt-Cover kann dann auf diesen Heften erscheinen.

1\.

ARBEITSBLATT

# TAGEBUCH-COVER GESTALTEN

Name: ......................................................................

## Aufgabe 1

Überlege genau, welche Motive du auf dein Tagebuch-Cover drucken möchtest.
Skizziere mindestens sechs Ideen für deinen Linolschnitt in den Kästen.

## Aufgabe 2

Übertrage mindestens zwei deiner Entwürfe auf Linolplatten und fertige daraus Druckplatten an.

1.

ANLEITUNG

# LINOLSCHNITT

Name: ..............................................................................................

Eine Druckform, von welcher sich Linien und Flächen deutlich erheben, wie z.B. ein Stempel, nennt man auch Model (Betonung auf langem o).

## 1. Motiv übertragen

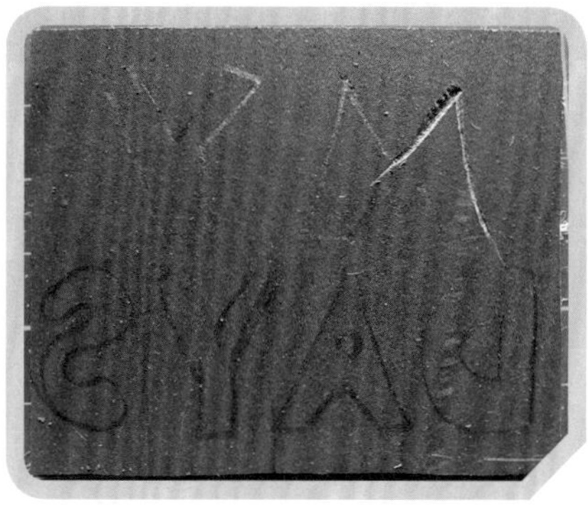

- Zunächst überträgst du das Motiv, welches du für deinen Linolschnitt ausgewählt hast, mit einem Bleistift auf eine Linolplatte.
- Wenn es sich um ein kompliziertes Motiv handelt, kannst du es zunächst auf Papier vorzeichnen und mit Kohlepapier übertragen.

Achtung! Buchstaben oder Wörter musst du spiegelverkehrt übertragen!

## 2. Linolschnitt anfertigen

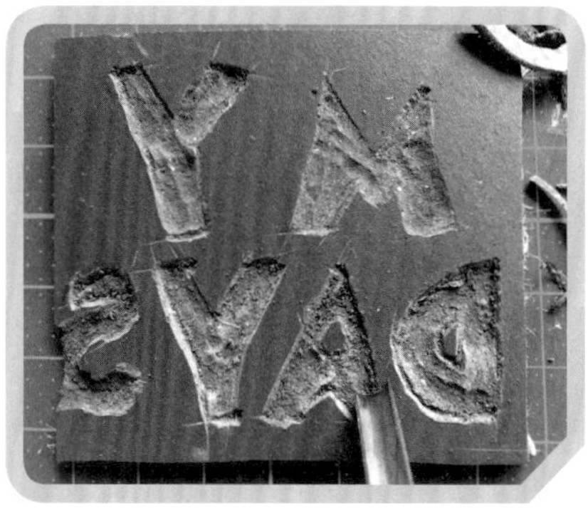

- Mit unterschiedlichen Linolschnitt-Messern trägst du das Linoleum der Linolplatte nach und nach ab. Je nachdem, wie du dabei schneiden musst, wählst du das Messer aus.
- Schneide immer von dir weg und achte auf die Hand, die nicht das Messer hält. Die Verletzungsgefahr ist hoch!

## 3. Linoldruck anfertigen

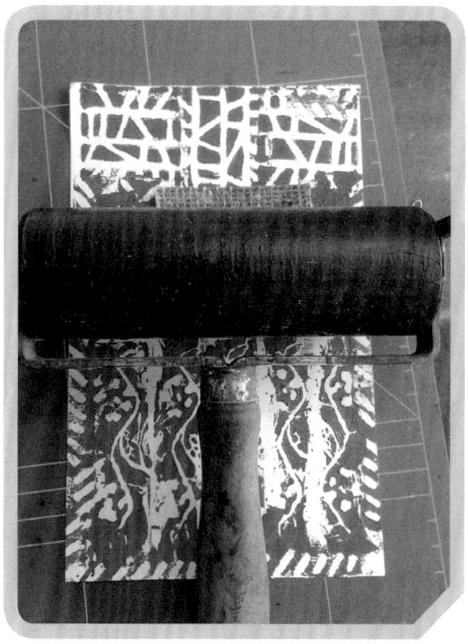

- Gib etwas Farbe auf eine glatte Fläche (Glasplatte, Brettchen).
- Rolle mit einer Farbwalze aus Gummi so lange darüber, bis die Walze gleichmäßig und sehr dünn mit Farbe benetzt ist.
- Gib dann die Farbe dünn mit der Rolle auf deine Druckplatte.
- Lege die Druckplatte auf das vorgesehene Papier.
- Drücke sie vorsichtig, aber fest an, ohne sie zu verrutschen, und entferne sie dann wieder.
- Lasse den Druck trocknen.
- Die einzelnen Drucke können unterschiedliche Farben haben und sich überlappen.

# 1. TYPISCH MEINE SCHULE
## Schullogos entwerfen

**Berufsfeld:** **Werbe- und Mediengestalter** (siehe auch: Berufsfeld Grafikdesigner S. 8)

**Tätigkeit:** Ein Werbe- und Mediengestalter gestaltet sehr unterschiedliche digitale und gedruckte Medien, z. B. Prospekte, Zeitschriften, Anzeigen, Logos, Visitenkarten oder Websites und Apps, am Computer.
Das jeweilige Produkt wird ganz auf die Wünsche des einzelnen Kunden zugeschnitten. Dadurch haben Werbe- und Mediengestalter viel Kundenkontakt.

**Ausbildung:** 3-jährige Ausbildung (Voraussetzung: Mittlerer Bildungsabschluss) oder 2- bis 4-jährige Weiterbildung an einer Fachschule

**Beschäftigung:** z. B. in einem Büro für Kommunikationsmedien, Buch-/Zeitschriftenverlag oder in einer Werbeagentur

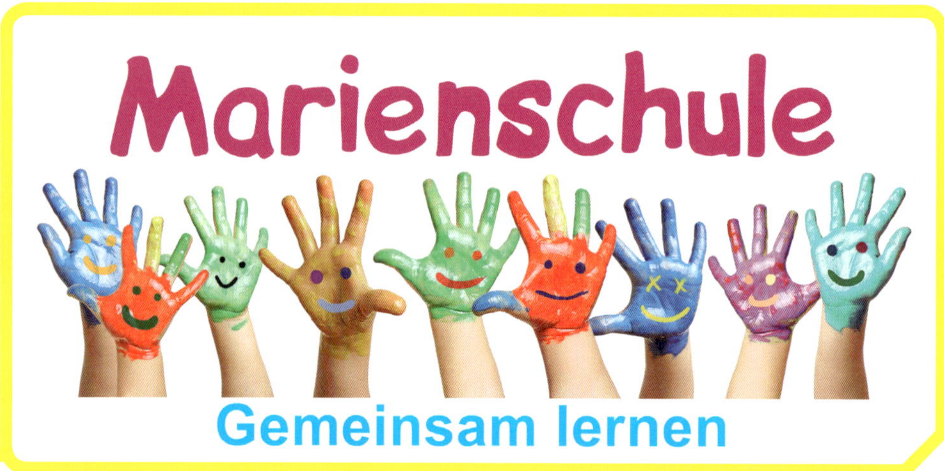


© Sabine Nelke unter Verwendung von Fotolia.com: © Robert Kneschke

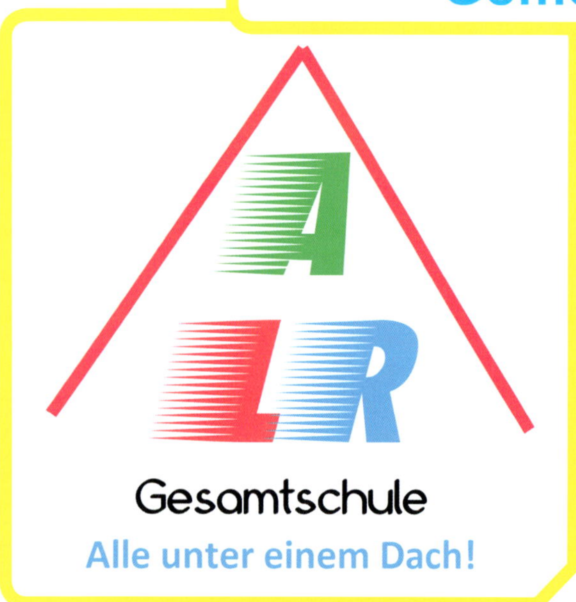


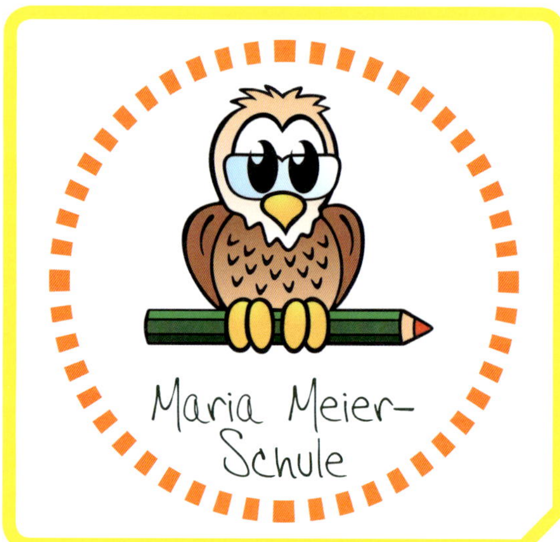


© Sabine Nelke unter Verwendung von Fotolia.com: © jokatoons

1.

ABC

# TYPISCH MEINE SCHULE
## Schullogos entwerfen

### Kurzbeschreibung

Die Schüler entwerfen ein Logo für ihre Schule mit dem Computer. Dieses repräsentiert die Identität der jeweiligen Schule. Die Schüler verwenden dazu sowohl passende Buchstaben als auch dem Zweck entsprechende Grafiken oder Fotos.

**Bezug zur Berufswelt:** Werbe- und Mediengestalter
**Alltagsbezug:** Entwurf eines Logos für die eigene Schule
**Zeitbedarf:** ca. 8 Schulstunden
**Sozialform:** Partnerarbeit

### Material

- für jeden Schüler ein Infoblatt „Erstellung eines Logos – Regeln“ (S. 27)
- für jeden Schüler ein Arbeitsblatt „Ein Logo für meine Schule“ (S. 28)
- ggf. für jeden Schüler ein Arbeitsblatt „Mit Word gestalten“ (S. 14)
- für jede Gruppe ein Computer
- Papier zum Drucken
- Farbdrucker

### Kompetenzen

Die Schüler
- kennen die Kriterien eines Logos und setzen sie beim Entwurf eines Schullogos um.
- bearbeiten mit dem Programm Word ein Dokument.
- beschreiben die entworfenen Schullogos im Hinblick auf die festgelegten Bewertungskriterien.

1.

ABC

# TYPISCH MEINE SCHULE
## Schullogos entwerfen

### Möglicher Verlaufsplan der Unterrichtseinheit

| | | |
|---|---|---|
| **1.–2. Stunde** | ◉ Unterrichtsgespräch: Firmenlogos<br><br>◉ Regeln für die Erstellung eines Schullogos/ Bewertungskriterien<br><br>◉ Schullogos skizzieren | Der Lehrer präsentiert den Schülern bekannte **Firmenlogos**. Die Schüler vergleichen sie und analysieren, ob es sich dabei um die Darstellung einer Bildmarke, einer Wortmarke oder einer Wort-Bild-Marke handelt.<br>Die Schüler erarbeiten mithilfe des **Infoblattes „Erstellung eines Logos – Regeln“** die Kriterien, die ein Logo erfüllen sollte. In einem Unterrichtsgespräch werden anschließend die Bewertungskriterien gemeinsam erörtert und festgelegt (Kriterien siehe S. 25).<br>Mithilfe des **Arbeitsblattes „Ein Logo für meine Schule“** sammeln die Schüler die wichtigsten Angaben zu ihrem Logo und fertigen dazu ein bis zwei Entwurfsskizzen an. |
| **3.–6. Stunde** | ◉ Word-Befehle<br><br>◉ Erstellen eines Schullogos | Wenn die Schüler noch keine Vorkenntnisse haben, üben sie den Umgang mit dem Programm Word mithilfe des **Arbeitsblattes „Mit Word gestalten“** (siehe S. 14).<br>In Partnerarbeit erstellen die Schüler ein Logo für ihre Schule mit dem Programm Word. Dabei richten sie sich nach ihren Angaben auf dem **Arbeitsblatt „Ein Logo für meine Schule“.** |
| **7.–8. Stunde** | ◉ Präsentation und Bewertung der Logos | Die Schüler beschreiben die unterschiedlichen **Schullogos** auf Grundlage der zu Beginn besprochenen Bewertungskriterien, zunächst in der Gruppe und dann im Plenum. |

1.

ABC

# TYPISCH MEINE SCHULE
## Schullogos entwerfen

### Bewertungskriterien

- Das Logo wird mit dem Programm Word entworfen.
- Schrift und Grafiken sind gut lesbar und deutlich erkennbar.
- Es transportiert eine der jeweiligen Schule entsprechende Botschaft.
- Durch die Auswahl der Grafiken, Wörter und Farben werden Gefühle und Assoziationen ausgelöst, die der Identität der Schule entsprechen.
- Das Logo ist einprägsam und hat einen hohen Wiedererkennungswert.
- In der Größe entspricht das Logo seinem späteren Verwendungszweck. Auch wenn es stark verkleinert wird, ist es noch gut erkennbar.
- Es ist zeitlos und kann so über einen langen Zeitraum verwendet werden.
- Die Gestaltung des Logos spricht Eltern, Schüler und Lehrer an.

### Der Aufbau eines Logos

Ein Logo kann für Verschiedenes stehen, z. B. für eine Sportmarke, einen Computerhersteller, ein bestimmtes Produkt oder eine Institution, wie z. B. eine Schule. Logos sind aus Grafiken und Buchstaben aufgebaut.



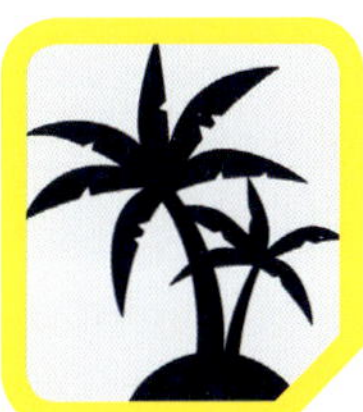

Man bezeichnet ein Logo als Bildmarke, wenn es ausschließlich aus einer Grafik besteht (z. B. Apple, Nike®, Mercedes-Benz®).

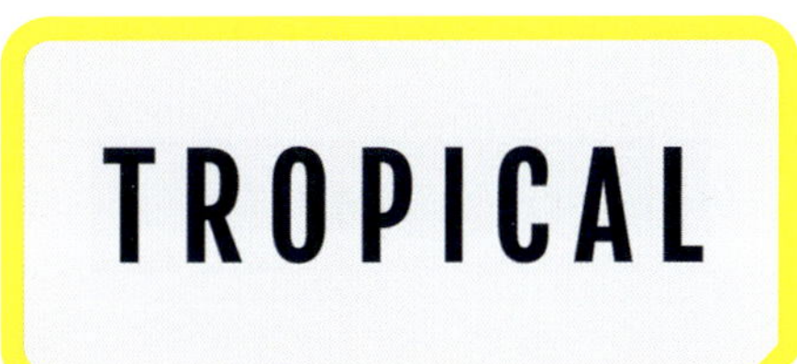


Von einer Wortmarke spricht man, wenn ein Logo nur aus einem Wort oder einem Buchstaben besteht (z. B. McDonald's®, Google®, IBM, CocaCola®).

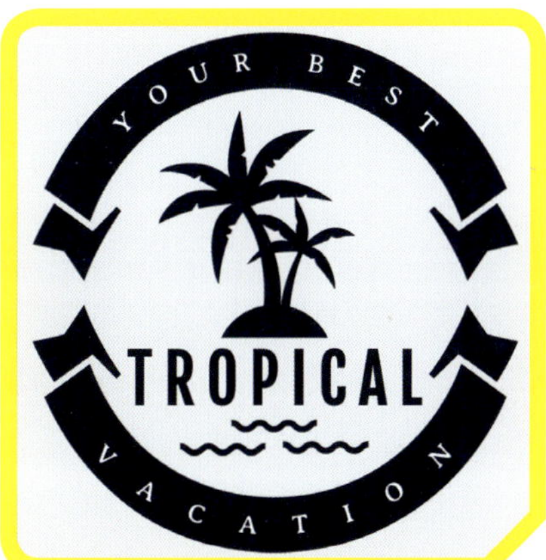


Das Logo einer Wort-Bild-Marke besteht aus Buchstaben oder Wörtern und einer Grafik (z. B. Dr. Oetker, Telekom, Adidas®, Amazon)

1.

# TYPISCH MEINE SCHULE
## Schullogos entwerfen

Damit die Schüler sehen können, wie Logos aufgebaut sind, können sie als Hausaufgabe bekannte Logos aus Zeitschriften und Broschüren ausschneiden oder aus dem Internet ausdrucken. Diese werden dann hinsichtlich des Aufbaus analysiert und miteinander verglichen.

### Kriterien zum Entwurf eines Logos

Damit das Logo zum Aushängeschild für die Schule wird, muss es unterschiedliche Kriterien erfüllen. Zunächst müssen Buchstaben und Grafiken auf einem Logo gut lesbar und deutlich erkennbar sein. Auch wenn ein Logo verkleinert wird, z. B. für einen Stempel, bleibt es deutlich. Das Ziel eines Logos ist es, eine Botschaft zu transportieren, welche Assoziationen und Gefühle auslöst und so die Zielgruppe anspricht. So sollte ein Schullogo z. B. fröhlich wirken, um Schüler anzusprechen. Damit sich auch die Zielgruppe der Eltern angesprochen fühlt, sollte es aber gleichzeitig seriös sein. Um einen hohen Wiedererkennungswert zu schaffen, dürfen nicht zu viele Informationen im Schullogo enthalten sein. Es sollte nur die Grundaussage darstellen, die die jeweilige Schule am besten charakterisiert. Das Logo muss außerdem so klein sein, dass es auch auf einem Schulstempel oder in einem Briefkopf Platz findet. Damit es für einen längeren Zeitraum verwendet werden kann, muss das Logo schließlich zeitlos sein und sich nicht auf ein aktuelles Ereignis beziehen.

### Logos selbst erstellen

Mit dem Programm Word (weitere Hinweise siehe S. 11) können Logos sehr einfach entworfen werden. Dazu sollten Sie zunächst klären, ob Ihre Schüler bereits Erfahrung im Umgang mit dem Programm haben oder ob sie die wichtigsten Befehle zunächst einüben müssen (siehe Arbeitsblatt „Mit Word gestalten" S. 14). Die Schüler gestalten die Logos aus den verschiedenen Formen, Buchstaben (auch WordArt) und Grafiken, welche das Programm bietet. Besonders schön kann auch ein Foto wirken (siehe Logo „Marienschule" S. 22) Dazu können sie Fotos aus einer Bilderdatenbank, wie z. B. Fotolia (www.fotolia.de), kaufen oder selbst fotografieren. Wenn Sie das Logo Ihrer Schule schützen lassen möchten, können Sie sich darüber auf der Internetseite des Deutschen Patent- und Marken-Amts (www.dpma.de) informieren.
Sollten Sie das Logo als offizielles Schullogo verwenden, klären Sie vorher die Bildrechte.

### Aktions- und Präsentations-Tipp

Planen Sie einen Schullogo-Wettbewerb: Die Schüler können ihre Logos auf verschiedenen Medien, wie z. B. Briefpapier, Visitenkarten oder T-Shirts, in einer Ausstellung präsentieren. Der Rest der Schule kann dann abstimmen, welches Logo das offizielle Schullogo werden soll.

### Kreativ-Tipp

Die Schüler können ein T-Shirt mit ihrem Schullogo versehen. Dazu wird das Logo mit einem gewöhnlichen Drucker auf ein Träger-Papier (im Schreibwarenhandel erhältlich) gedruckt. Anschließend wird es dann mit einem Bügeleisen auf ein gewaschenes T-Shirt übertragen.

1.

ABC INFOBLATT

# ERSTELLUNG EINES LOGOS – REGELN

Name: ..............................................................................................

## Ein Logo …

**1. … ist gut erkennbar**

Buchstaben und Grafiken eines Logos sind gut lesbar und deutlich erkennbar. Auch wenn ein Logo verkleinert wird, z. B. für einen Stempel, bleibt es deutlich.

**2. … hat eine Botschaft**

Ein Logo steht für etwas und enthält deshalb Informationen. Es spiegelt die Identität des Produkts, der Firma oder der Institution, für die es steht, wider. Auf diese Botschaft sind Buchstaben, Texte oder Grafiken abgestimmt. Ein Logo kann z. B. lustig, cool oder seriös wirken.

**3. … ist einprägsam**

Ein Logo sollte gut zu merken und einfach wiederzuerkennen sein. Deshalb besteht es nur aus wenigen Buchstaben und/oder Grafiken und enthält nicht zu viele Informationen. Oft reicht ein Buchstabe oder eine einfache Grafik aus und das Logo hat einen hohen Wiedererkennungswert. Damit es nicht zu Verwechselungen kommt, sollte ein Logo einzigartig sein.

**4. … ist klein**

Damit ein Logo auf unterschiedliche Art und Weise verwendet werden kann, ist es klein. So findet es z. B. auf Schriftstücken oder auf einem Stempel Platz. Der Verwendungszweck eines Logos bestimmt also seine Größe.

**5. … löst Gefühle und Assoziationen aus**

Durch die Farben, Wörter oder Grafiken auf einem Logo werden Gefühle transportiert und Assoziationen ausgelöst. So kann ein buntes Logo für eine Schule z. B. fröhlich sein oder ein Symbol für gemeinsames Lernen beinhalten.

**6. … ist zeitlos**

Ein Logo ist so gestaltet, dass es über einen Zeitraum von vielen Jahren verwendet werden kann. Es darf sich daher nicht auf ein aktuelles Ereignis beziehen. Es ist weniger modern als zeitlos.

**7. … spricht eine bestimmte Zielgruppe an**

Logos werden häufig nicht für „jedermann" entworfen. Meistens sprechen sie eine bestimmte Zielgruppe an. So wird z. B. ein Schullogo so gestaltet, dass es Eltern, Schüler und Lehrer anspricht.

ABC ANLEITUNG

# EIN LOGO FÜR MEINE SCHULE

Name: ..........

## Aufgabe 1

Notiere die wichtigsten Angaben für dein Schullogo.

Wörter oder Grafiken, die für das Logo verwendet werden:

..........

..........

..........

Informationen, die das Logo enthält:

..........

..........

..........

Gefühle oder Assoziationen, die durch das Logo ausgelöst werden sollen:

..........

..........

..........

Größe: .......... Zielgruppe: ..........

Farben: .......... Schriftart: ..........

## Aufgabe 2

Skizziere in den Kästen verschiedene Möglichkeiten, wie dein Logo gestaltet sein könnte.

## Aufgabe 3

Überprüfe, ob deine Angaben und Skizzen den Regeln für die Erstellung eines Logos entsprechen.



© Verlag an der Ruhr | Autorin: Sabine Nelke | ISBN 978-3-8346-3079-7 | www.verlagruhr.de

# 1. WER BIN ICH?
## Porträts erstellen

**Berufsfeld: Bildender Künstler mit dem Schwerpunkt Zeichnen**

**Tätigkeit:** Bildende Künstler erschaffen Kunstwerke in ganz unterschiedlichen Bereichen. Sie zeichnen z. B. Porträts oder stellen Skulpturen oder Plastiken her, arbeiten aber auch mit digitalen Medien und gestalten z. B. Fotos oder Filme künstlerisch.

**Ausbildung:** Studiengänge in ganz unterschiedlichen künstlerischen Bereichen, z. B. ein Studium der freischaffenden oder bildenden Kunst (Voraussetzung: Abitur, Bewerbungsmappe mit Arbeitsproben)

**Beschäftigung:** z. B. selbstständig als freischaffender Künstler

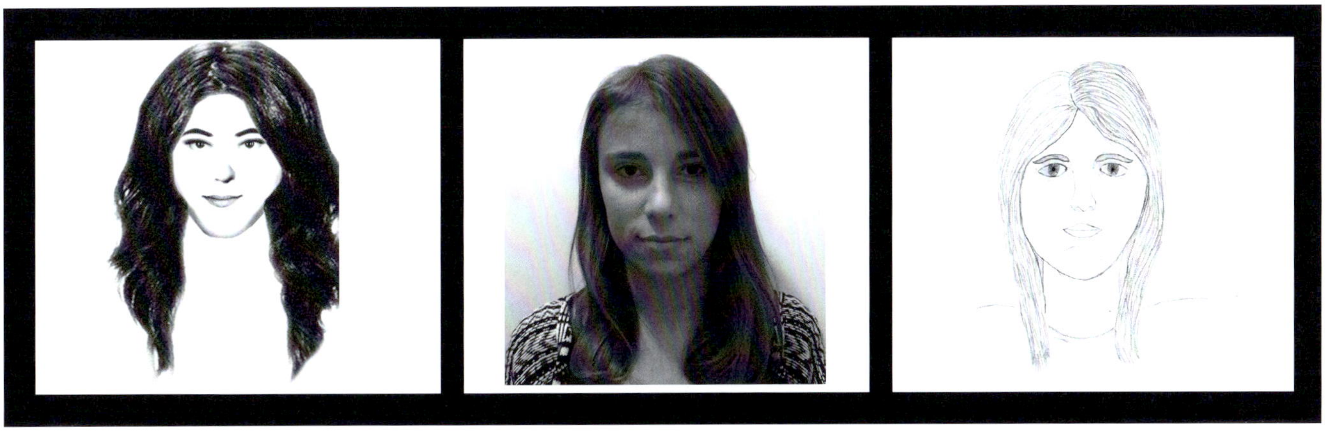



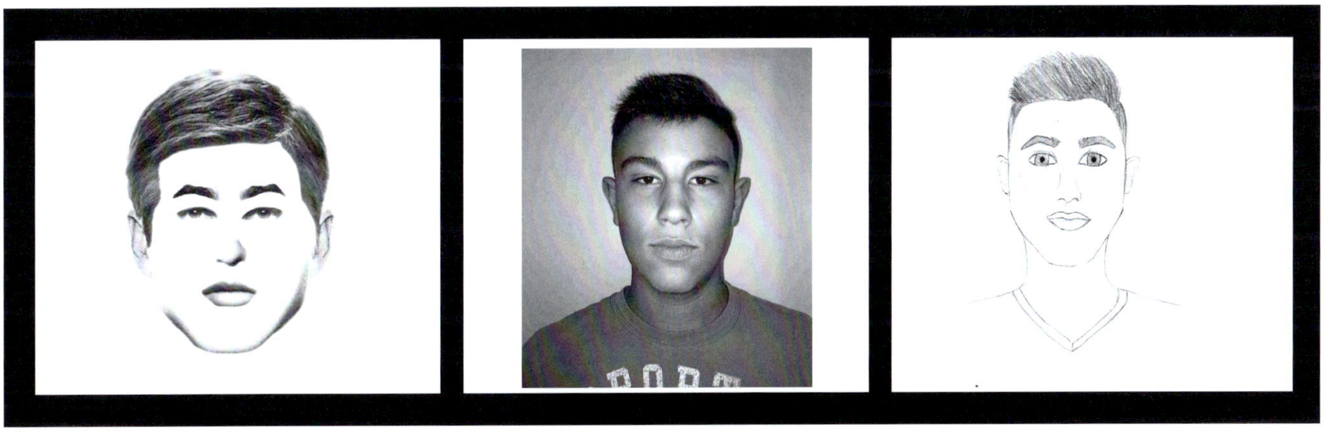



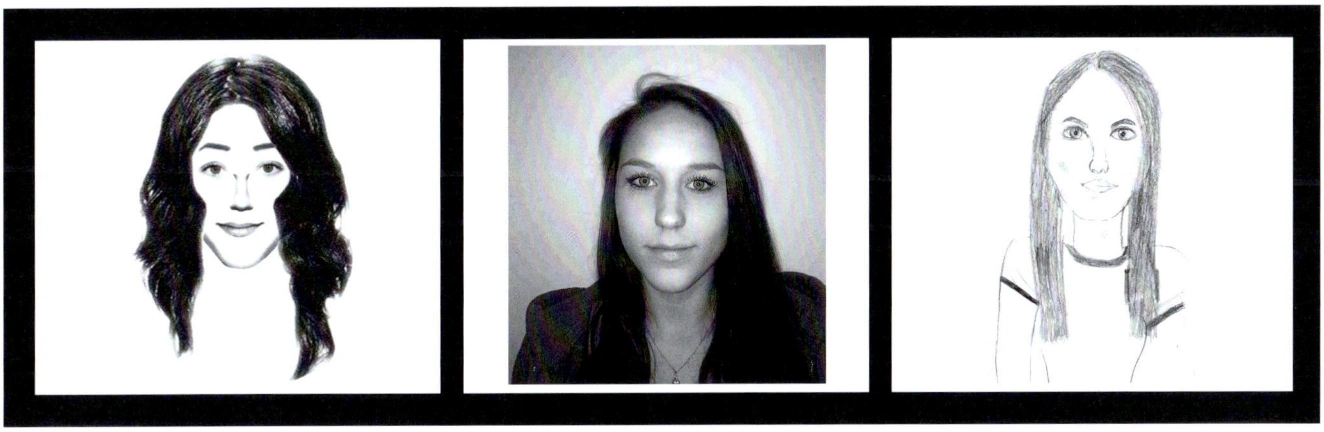

1.

# WER BIN ICH?
## Porträts erstellen

### Kurzbeschreibung

Die Schüler erstellen Porträts von einem Partner in drei verschiedenen Varianten: Sie fotografieren, zeichnen und stellen ein Phantombild mit einem passenden Programm oder einer App auf dem Computer oder auf dem Handy her. Dabei erlernen sie die Grundlagen zur Erstellung eines Porträts.

**Bezug zur Berufswelt:** Bildender Künstler mit dem Schwerpunkt Zeichnen
**Alltagsbezug:** Porträts von Mitschülern erstellen
**Zeitbedarf:** ca. 10 Schulstunden
**Sozialform:** Partnerarbeit

### Material

- für jeden Schüler ein Arbeitsblatt **„Proportionen eines Gesichts“** (S. 34)
- für jeden Schüler eine Anleitung **„Partnerarbeit: Porträt“** (S. 35)
- für jeden Schüler weißes Zeichenpapier, Bleistift, Lineal
- eine Kamera oder ein Handy für jedes Schülerpaar
- ein Computer oder ein Handy mit einer passenden Phantombild-App für jedes Schülerpaar

### Kompetenzen

Die Schüler

- erstellen Porträtfotos von einem Mitschüler.
- zeichnen das Porträt eines Mitschülers.
- erstellen aus dem Kopf eine Phantomzeichnung eines Mitschülers.
- erarbeiten einfache Regeln für die Proportionen eines Gesichts und wenden sie beim Zeichnen der Porträt- und Phantombilder an.
- beschreiben die Porträts im Hinblick auf die festgelegten Bewertungskriterien.

1.

# WER BIN ICH?
## Porträts erstellen

### Möglicher Verlaufsplan der Unterrichtseinheit

| | | |
|---|---|---|
| **1.–2. Stunde** | Proportionen eines Gesichts<br><br>Porträt<br><br>Bewertungskriterien<br><br>Porträtfotos | Der Lehrer bittet die Schüler, in 3 Minuten ein einfaches Gesicht mit Augen, Nase, Mund und Hals auf ein **weißes Blatt** zu zeichnen. Die Schüler betrachten die **Zeichnungen** ihrer Klassenkameraden an der Tafel und erkennen, dass die Proportionen häufig nicht stimmen. Die Proportionen eines Gesichts erarbeiten sie mithilfe des **Arbeitsblattes „Proportionen eines Gesichts"** in Partnerarbeit. Die Schüler beschreiben mithilfe des **Arbeitsblattes „Proportionen eines Gesichts"** den Begriff „Porträt". Die **Anleitung „Partnerarbeit: Porträt"** wird ausgeteilt und besprochen.<br>In einem Unterrichtsgespräch werden die Bewertungskriterien gemeinsam erörtert und festgelegt und anschließend an der **Tafel** notiert und im **Heft** gesichert (Kriterien siehe S. 32).<br>Die Schüler fertigen ein Porträt-Foto ihres Partners mit einer **(Handy-)Kamera** an. |
| **3.–8. Stunde** | Porträtzeichnungen<br><br>Phantombild | Die Schüler zeichnen mithilfe der **Arbeitsblätter** der vorangegangenen Stunden ein Porträt ihres Partners auf **Zeichenpapier**. Unter Verwendung eines entsprechenden Programms fertigen sie gegenseitig Phantombilder mit einem Computer oder einem Handy voneinander an. |
| **9.–10. Stunde** | Zuordnung und Bewertung der Porträts | Zunächst betrachten die Schüler die unterschiedlichen Porträts ihrer Lerngruppe und ordnen diese den einzelnen Schülern zu. Darauf folgt die Beschreibung und Bewertung der eigenen **Porträts** auf Grundlage der zu Beginn besprochenen Bewertungskriterien, zunächst in der Gruppe und dann im Plenum. |

# 1. WER BIN ICH?
## Porträts erstellen

### Bewertungskriterien

- Die Schüler beachten die Proportionen eines Gesichts bei der Erstellung der Porträtzeichnung und des Phantombildes.
- Sie berücksichtigen, dass Gesichter individuell sind, und passen die allgemeinen Kriterien an den zu zeichnenden Mitschüler an.
- Die Zeichnungen sind ordentlich.
- Die Schüler achten bei den Porträtfotos auf Format, Belichtung und Hintergrund.
- Die Fotos sind scharf.

### Proportionen eines Gesichts

Wie schwer es ist, die Proportionen eines Gesichts richtig darzustellen, erkennen die Schüler, wenn sie aufgefordert werden, spontan ein einfaches Porträt zu zeichnen. Befestigen Sie die Zeichnungen der Schüler an der Tafel oder an einer Wand des Unterrichtsraumes und lassen Sie sie von allen betrachten.
Die Berücksichtigung der Proportionen eines Gesichts erleichtert das Porträtzeichnen. Das Gesicht eines Menschen ist individuell, aber dennoch gibt es Regelmäßigkeiten bei den Proportionen. Es gibt unterschiedliche Angaben dazu, wie die Proportionen des Gesicht sind. Für dieses Projekt wurden sehr einfach nachzumessende Angaben verwendet, um den Schülern das Zeichnen zu erleichtern. Das Arbeiten mit Hilfslinien können die Schüler mithilfe des Arbeitsblattes bei der Erstellung der Porträts einüben.

### Porträt

Für den Begriff „Porträt" gibt es unterschiedliche Definitionen. Hier wird er für die Abbildung eines Menschen vom Scheitel bis fast zur Brust verwendet. Ein Porträt kann auf unterschiedliche Art und Weise erstellt werden, z. B. als Porträt-Foto, als Porträt-Zeichnung oder als Phantombild.

### Porträtfotos

Die Schüler verinnerlichen beim Erstellen der Porträtfotos die Kriterien eines Porträts. Außerdem können die Fotos gemeinsam mit den anderen Porträt-Versionen eines Schülers präsentiert werden (siehe S. 29). Beim Erstellen der Fotos müssen die Schüler auf das Format des Porträtbildes, auf die richtige Belichtung der Person und auf einen unauffälligen, möglichst weißen Hintergrund achten. Die erstellten Fotos sollten während des Fotoshootings auf ihre Schärfe hin überprüft werden.

# 1. WER BIN ICH?
## Porträts erstellen

### Porträtzeichnungen

Die Porträt-Zeichnung fertigen die Schüler auf weißem Papier mit einem Bleistift an. Dazu sitzen sich die Partner gegenüber.

### Phantombild

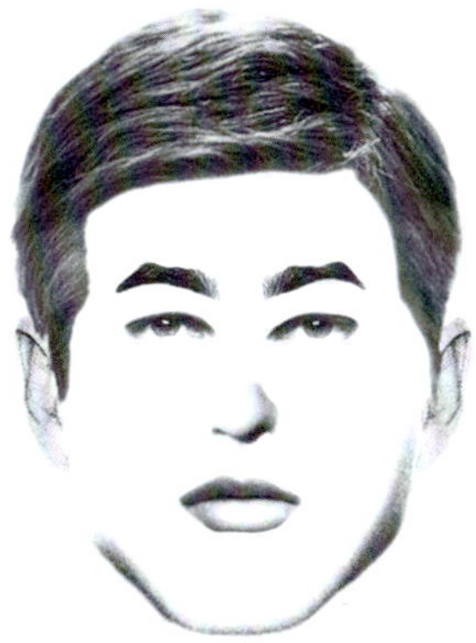



Nachdem die Schüler beim Zeichnen die Proportionen des Kopfes und des Gesichts ihres Partners kennengelernt haben, erstellen sie ein Phantombild aus dem Gedächtnis heraus. Dabei wird deutlich, wie schwer es ist, ein Gesicht mit allen Einzelheiten ohne Vorlage nachzubilden. Zum Erstellen von Phantombildern gibt es kostenpflichtige, aber auch kostenlose Programme und Apps.

Die Phantombilder zu diesem Projekt wurden mit der kostenlosen IPad®-App „FaceKit“ (https://itunes.apple.com/de/app/facekit/id503427862?mt=8) erstellt. Diese können Ihre Schüler ohne Übung anwenden. Sie ist für das IPhone®, das IPad® und den IPod® geeignet. Für Android-Handys und Tablets lässt sich die kostenlose App „FlashFace Free Polizei Tool“ (https://play.google.com/store/apps/details?id=de.brigert.free&hl=de) verwenden, für einen herkömmlichen Computer kann das Programm „Ultimate flashface“ (http://www.heise.de/download/product/ultimate-flashface-53143) kostenlos installiert werden.

Wichtig ist, dass die Schüler das jeweilige Bild nach der Erstellung speichern.

Wenn in Ihrer Schule keine Computer zur Verfügung stehen und Sie im Unterricht keine Handys benutzen möchten, können Ihre Schüler die Phantombilder einfach zeichnen. Auch dabei wird deutlich, wie wichtig es ist, die Proportionen von Kopf und Gesicht, sowie die Individualität des Gesichts, zu berücksichtigen.

### Präsentations-Tipp

Die drei Porträts eines Schülers können gemeinsam, z. B. auf schwarzem oder weißem Plakatkarton, präsentiert werden.

### Aktions-Tipp

Auf einem Schulfest können Phantombilder von Lehrern für ein Quiz erstellt werden. Die Schüler müssen dann raten, um welche Lehrer es sich handelt.

### Kreativ-Tipps

- Aus den Porträts der Schüler kann ein Zuordnungsspiel mit den Regeln von Memory® erstellt werden. Dazu müssen zwei verschiedene Porträt-Versionen (z. B. Zeichnung und Foto) eingescannt, verkleinert und passend ausgedruckt werden.
- Mit einer Fototransferflüssigkeit können die Porträts auf weiße Kissenbezüge übertragen werden und dann als Geschenk dienen.

1.

# PROPORTIONEN EINES GESICHTS

ARBEITSBLATT

Name: ..........................................................................................

## Aufgabe

Miss die Proportionen eines Gesichts mit einem Lineal in der Zeichnung nach und fülle den Lückentext aus. Überprüfe die Proportionen anschließend bei deinem Partner.

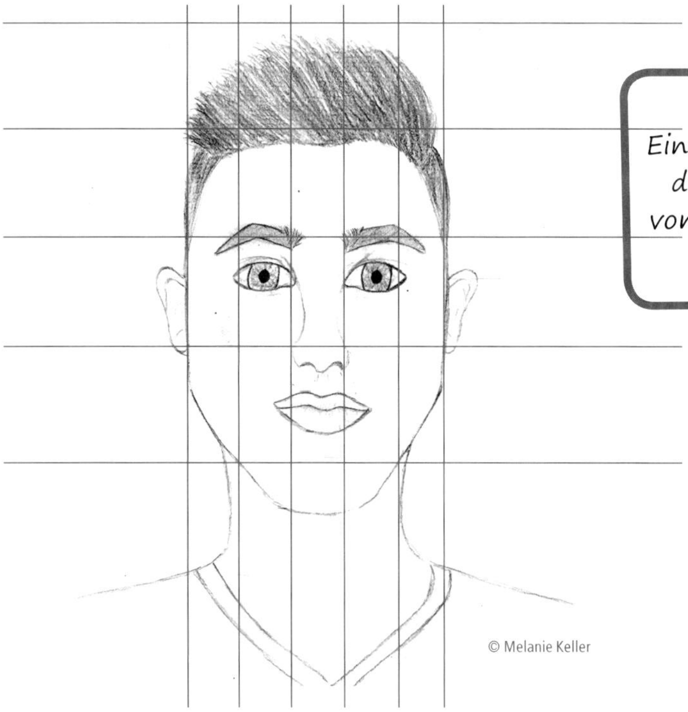

© Melanie Keller

**Porträt:**
Ein Porträt ist die Abbildung eines Menschen vom Scheitel bis fast zur Brust.

Anfängern erscheint das Erstellen eines Porträts oft schwierig. Es hilft, wenn man die Proportionen des Gesichts berücksichtigt. Dazu kann man Orientierungslinien einzeichnen. Zwar ist jedes Gesicht unterschiedlich, die Proportionen ähneln sich jedoch:

**1.** Ein Kopf ist ungefähr so hoch wie .......................................... Nasen.

**2.** Ein Gesicht ist ungefähr so breit wie .......................................... Augen.

**3.** Die Augen liegen ungefähr auf der waagerechten Mittellinie, also .......................................... Nasenlängen vom Kinn entfernt.

**4.** Der Mund liegt .......................................... der zweiten Orientierungslinie von unten.

**5.** Die Nase ist ungefähr so breit wie ein .......................................... und so hoch wie ein Ohr.

**6.** Die Ohren beginnen ungefähr auf der Höhe des Augenwinkels und enden ungefähr auf der Höhe der ...........................................

**7.** Das .......................................... ist ungefähr so breit wie ein Auge.

**Fehlende Wörter:** *Auge – zwei – unter – Nasenspitze – fünf – Kinn – vier*


© Verlag an der Ruhr | Autorin: Sabine Nelke | ISBN 978-3-8346-3079-7 | www.verlagruhr.de

1.

ANLEITUNG

# PARTNERARBEIT: PORTRÄT

Name: ..............................................................................................................

## 1. Porträtfotos

- Erstellt gegenseitig Porträtfotos, z. B. mit einer Handykamera.
- Haltet dabei das Format eines Porträts ein (Abbildung vom Scheitel bis fast zur Brust).
- Wählt einen neutralen Hintergrund.
- Blickt beim Fotografieren in die Kamera.

*Tipp:*
*Achtet darauf, dass beim Fotografieren kein Schatten auf das Gesicht fällt und dass das Bild scharf ist!*

## 2. Porträt-Zeichnung

- Zeichnet gegenseitig ein Porträt von euch.
- Achtet dabei auf die richtige Verteilung der Proportionen.
- Zeichnet zunächst mit leichtem Druck, damit ihr besser radieren könnt.

*Tipp:*
*Zeichnet, mit sehr leichtem Druck, Orientierungslinien auf euer Blatt!*

## 3. Phantombild

- Fertigt von eurem Partner ein Phantombild aus dem Gedächtnis an.
- Verwendet dazu eine Handy-App oder ein Computerprogramm.
- Berücksichtigt dabei die Proportionen eines Gesichts.
- Speichert jedes Phantombild nach seiner Fertigstellung.

*Tipp:*
*Achtet darauf, dass ihr die einzelnen Bestandteile des Porträts in der richtigen Größe einfügt. Ihr könnt sie einzeln verändern!*

## 4. Präsentation der Porträts

- Präsentiert eure Porträts ansprechend. Ihr könnt sie beispielsweise nebeneinander auf eine schwarze oder weiße Pappe kleben.

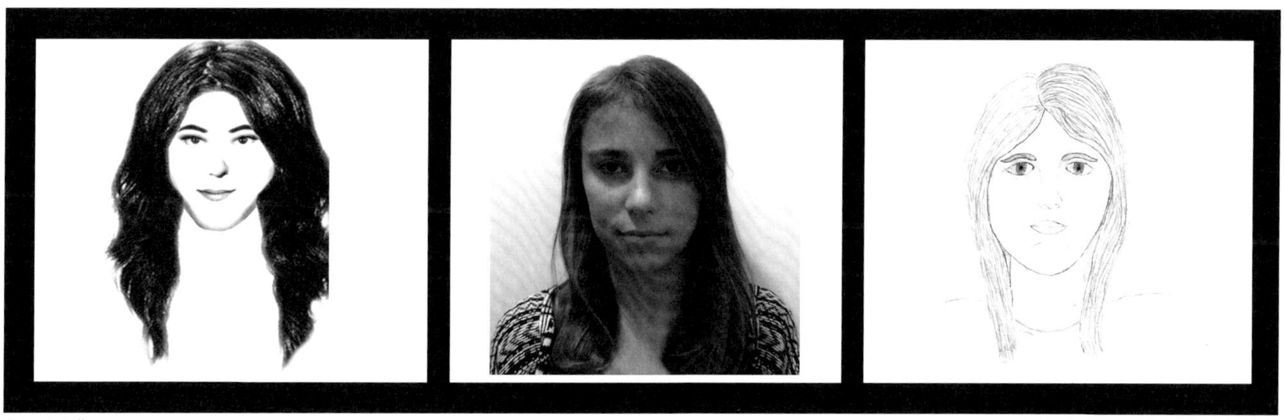

© Jannis Nelke

## 2.

# DIGITALE MEDIEN

### FOTOGRAF

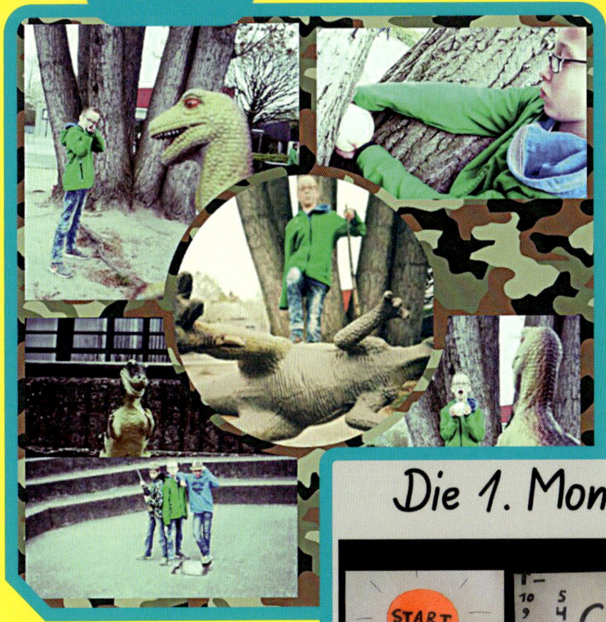



### KOSTÜM- ODER BÜHNENBILDNER

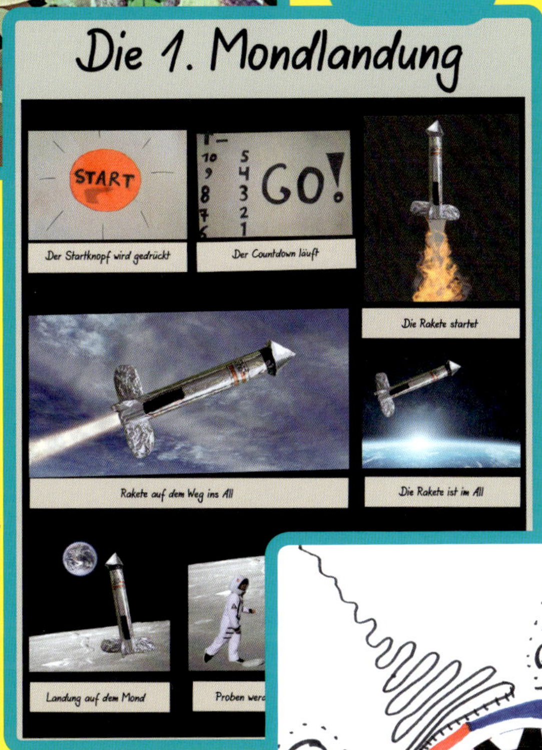




### MASCHINENBAU-INGENIEUR

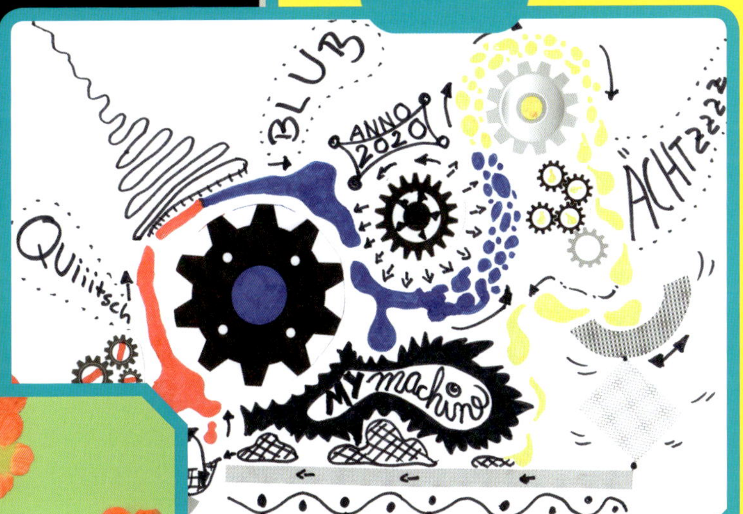


### WERBE- UND MEDIENGESTALTER

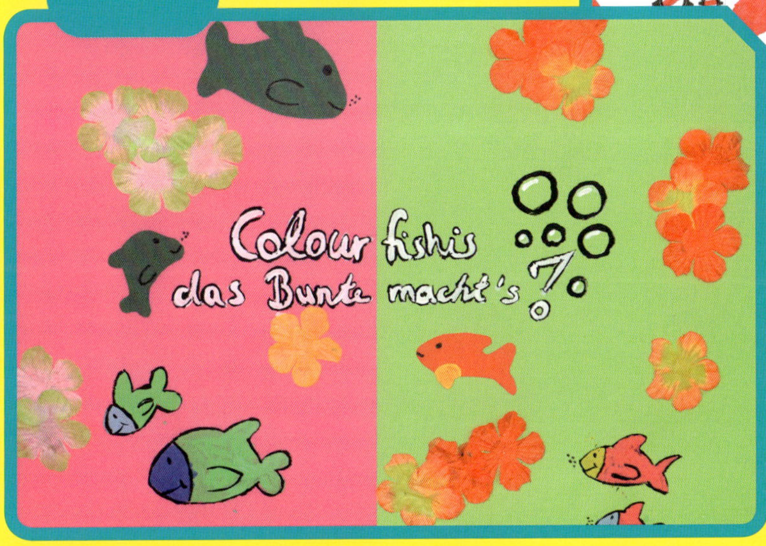

2.

# DAS BIN ICH

## Eine Fotocollage mit dem Handy gestalten

### Berufsfeld: Fotograf

**Tätigkeit:** Fotografen fixieren individuelle Eindrücke, z. B. von Menschen oder Landschaften, mit der Kamera und bearbeiten ihre Ergebnisse danach an einem Computer. Sie richten sich dabei nach den Wünschen ihrer Kunden und sind mit diesen häufig in Kontakt.

**Ausbildung:** 3 Jahre in Handwerksbetrieben (Voraussetzung: Hauptschulabschluss)

**Beschäftigung:** z. B. in Fotostudios und Fotofachgeschäften, bei Pressediensten oder Medienagenturen

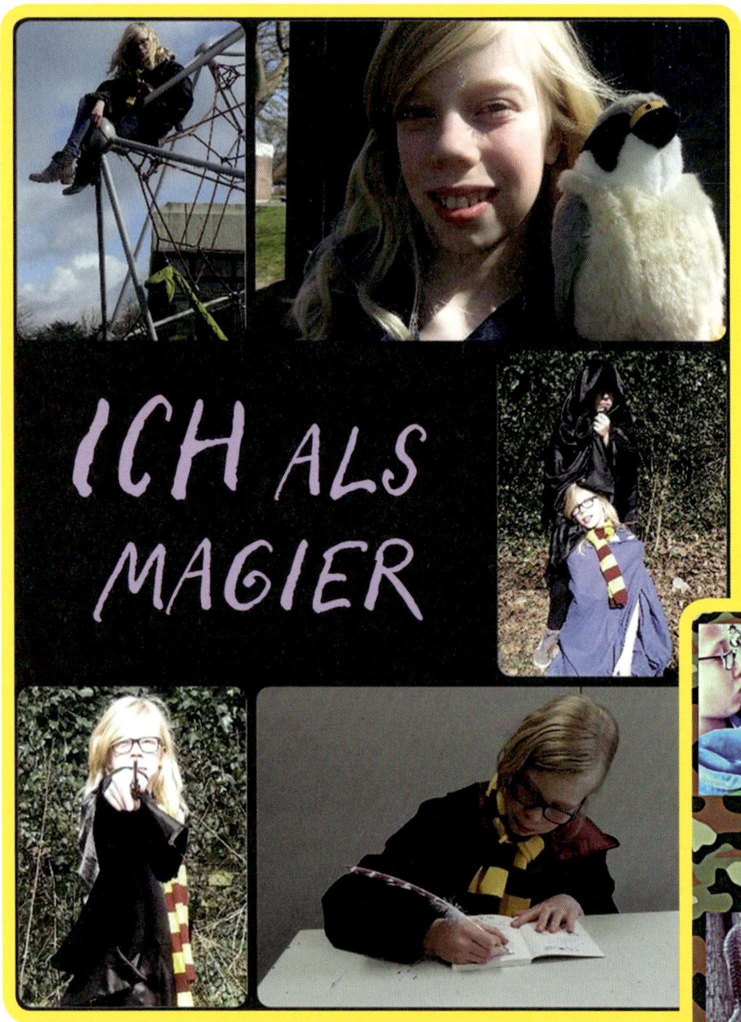


© Franziska-Anna Winkelkotte

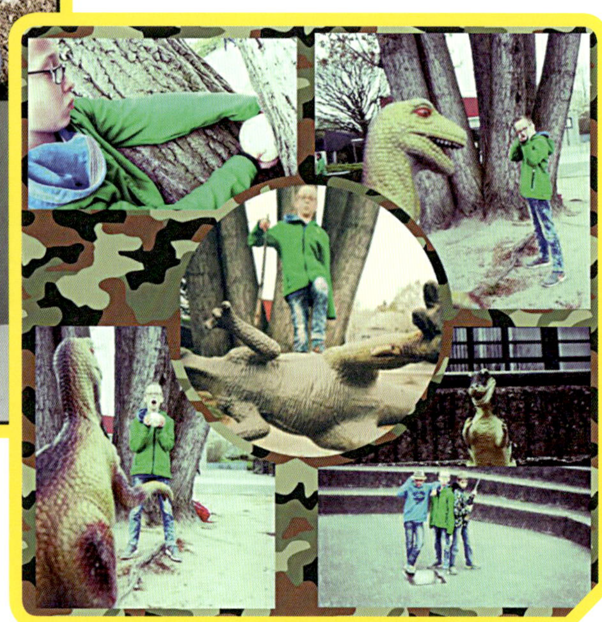

© Chandler Brosterhaus, Nico Pappert, Max Hovenjürgen

2.

# DAS BIN ICH
## Eine Fotocollage mit dem Handy gestalten

### Kurzbeschreibung

Die Schüler erstellen eine Fotocollage zu einem bestimmten Thema. Der Lehrer kann verschiedene Themen vorgeben oder die Schüler machen eigene Vorschläge.
In der Gruppe wird dann für jeden Schüler eine Collage zu einem gemeinsamen Gruppenthema (z. B. mein Hobby) erstellt.

**Bezug zur Berufswelt:** Fotograf
**Alltagsbezug:** Selbstreflexion/Darstellung der eigenen Person
**Zeitbedarf:** ca. 10 Schulstunden
**Sozialform:** Gruppenarbeit (2–4 Schüler)

### Material

- für jeden Schüler ein Arbeitsblatt **„Eine Fotocollage planen"** (S. 43)
- für jeden Schüler ein Arbeitsblatt **„Drehbuch Fotocollage"** (S. 44)
- für jeden Schüler eine Anleitung **„Fotocollage"** (S. 45)
- Drucker
- Fotopapier
- persönliche Requisiten
- ein Handy pro Gruppe

### Kompetenzen

Die Schüler
- planen ihre individuelle Fotocollage gezielt in Bezug auf ein bestimmtes Thema.
- stellen ihre persönliche Wirklichkeit in Form von Bildern dar.
- beachten bildnerische und thematische Kriterien beim Fotografieren.
- beschreiben individuelle Bildinhalte eigener und fremder Fotocollagen im Hinblick auf die festgelegten Kriterien.

# 2. DAS BIN ICH
## Eine Fotocollage mit dem Handy gestalten

### Möglicher Verlaufsplan der Unterrichtseinheit

| | | |
|---|---|---|
| **1.–2. Stunde** | Begriffsklärung: „Fotocollage“<br><br>Gruppenbildung<br><br>Ideensammlung<br><br>Handynutzung in der Schule<br><br>Fotocollagen-Apps<br><br>Hausaufgabe | Der Lehrer erläutert den Begriff „Fotocollage“ (Definition siehe S. 41) und gibt einen Überblick über das Unterrichtsvorhaben.<br>Die Schüler teilen sich in Gruppen von 2–4 Schülern auf.<br>Auf dem **Arbeitsblatt „Eine Fotocollage planen“** sammeln die Schüler in der Gruppe Ideen für ihre Collagen.<br>Der Lehrer erläutert die Bedingungen für die Handynutzung in der Schule und verteilt den **Elternbrief** (Vorlage siehe S. 5).<br>Der Lehrer stellt verschiedene Apps, eventuell mit einem Beamer, für Fotocollagen vor (Beispiele siehe S. 41).<br>Als Hausaufgabe laden die Schüler Apps für Fotocollagen auf das eigene Handy. |
| **3.–4. Stunde** | Bewertungskriterien<br><br>Planung persönlicher Fotocollagen in Gruppen | In einem Unterrichtsgespräch werden die Bewertungskriterien gemeinsam erörtert und festgelegt und anschließend an der **Tafel** notiert und im **Heft** gesichert (Kriterien siehe S. 41).<br>Auf Grundlage der Ergebnisse des **Arbeitsblattes „Eine Fotocollage planen“** skizzieren die Schüler ihre persönlichen Collagen. Dazu fertigen sie auf dem **Arbeitsblatt „Drehbuch Fotocollage“** für jedes geplante Foto eine Skizze an und notieren jeweils Stichpunkte dazu. |
| **5.–6. Stunde** | Fotoshooting | Mithilfe Ihrer Skizzen und Stichpunkte und der **Anleitung „Fotocollage“** erstellen die Schüler mit einem Handy Fotos innerhalb ihrer Gruppe. Dabei verwenden sie ggf. Requisiten (Tipps siehe S. 41/42). |
| **7.–8. Stunde** | Zusammenstellen der Fotocollagen | Für jeden Schüler wird in der Gruppe unter Verwendung der **Anleitung „Fotocollage“** mit einer Handy-App eine Collage zusammengestellt. |
| **9.–10. Stunde** | Präsentation und Bewertung der Fotocollagen | Die Schüler präsentieren ihre Ergebnisse und beschreiben die unterschiedlichen **Fotocollagen** auf Grundlage der zu Beginn besprochenen Bewertungskriterien, zunächst in der Gruppe und dann im Plenum. |

2.

# DAS BIN ICH
## Eine Fotocollage mit dem Handy gestalten

### Bewertungskriterien

- Alle Fotos der Fotocollage beziehen sich auf das gewählte Thema bzw. stellen es in ihrer Gesamtheit dar.
- Für jedes Bild wird ein geeigneter Hintergrund ausgewählt.
- Die fotografierten Personen oder Dinge sind nicht von Schatten verdunkelt.
- Die Bilder sind scharf und nicht verwackelt.

### Fotocollage

In einer Fotocollage werden mehrere Fotos zu einem neuen Ganzen, einem Kunstwerk, zusammengestellt. Eine Fotocollage bezieht sich auf ein Thema oder eine übergreifende Idee. Die Collage kann entweder mit Papier, Schere, Pappe und gedruckten Fotos angefertigt oder digital zusammengestellt werden, z. B. mit einer Handy-App.
Mögliche Themen für eine Collage sind: „Ich und mein Hobby", „Was mich bewegt", „Ich als mein Star", „Ich habe unterschiedliche Gefühle", „Ich bin Pink", „Was mich ausmacht", „Ich in meinem Lieblingsfilm", „Ich und meine Schule".

### Kostenlose Apps für Fotocollagen

In App-Stores im Internet werden sehr viele kostenlose Apps für Fotocollagen angeboten. Probieren Sie vor Beginn dieser Unterrichtseinheit geeignete Apps aus. Diese können Sie dann den Schülern vorstellen. Wichtig ist dabei, dass nur Apps verwendet werden, die nicht ständig eine Verbindung zum Internet benötigen.

**Beispiele:**

**Photo Grid**

- Android-Link: https://play.google.com/store/apps/details?id=com.roidapp.photogrid&hl=de
- iOS-Link: https://itunes.apple.com/us/app/photo-grid-collage-maker-fx/id543577420?mt=8

**Pic Collage**

- Android-Link: https://play.google.com/store/apps/details?id=com.cardinalblue.piccollage.google&hl=de
- iOS-Link: https://itunes.apple.com/de/app/pic-collage-add-photo-video/id448639966?mt=8

### Fotoshooting

Vor dem Fotoshooting sollten Sie mit den Schülern festlegen, wo sich diese auf dem Schulgelände aufhalten dürfen und wann sie wieder in die Klasse zurückkehren müssen.
Die Fotos für die Fotocollagen sollten die Schüler zum größten Teil in der Schule, immer aber in ihrer Gruppe, aufnehmen. Ausnahmsweise kann sich eine Gruppe auch am Nachmittag verabreden, um z. B. ein spezielles Hobby, wie das Reiten, auf einem Foto festzuhalten. Es sollten mindestens doppelt so viele Fotos gemacht werden, wie hinterher für die Collage gebraucht werden. So können später die besten Fotos ausgewählt werden.
Zum Erstellen der benötigten Fotos können verschiedene Requisiten mitgebracht werden. Das kann z. B. ein Fußball sein, um ein Hobby darzustellen. Es können auch Hintergründe zum Fotografieren, z. B. ein weißes oder ein bunt besprühtes Bettlaken, verwendet werden.
Hier ist die Kreativität der Schüler gefragt. Auch im Schulgebäude oder auf dem Schulhof befinden sich häufig Wände, die sich als Hintergrund eignen, z. B. eine bemalte Wand.

2.

# DAS BIN ICH
## Eine Fotocollage mit dem Handy gestalten

### Zusammenstellung der Fotocollagen

Für die Auswahl eines passenden Collage-Rahmens gibt es unendlich viele Möglichkeiten, die sich auf die Anzahl der verwendeten Fotos, die Farbe oder Musterung des Rahmens, die Anordnung oder die Form der Fotos beziehen. Auch hier können Sie Vorgaben machen oder die Schüler frei wählen lassen.
Viele Apps bieten die Verwendung von Stickern mit unterschiedlichen Symbolen an. Das sind kleine bunte Bilder zur Verschönerung der Collagen, die an einer beliebigen Stelle eingefügt werden können. Wenn Sticker verwendet werden, sollten sie zum Thema passen und nicht zu häufig eingesetzt werden.
Die Schüler können die Fotos außerdem mit Foto-Apps verändern. Dabei können verschiedene Farbfilter zum Einsatz kommen, grafische Elemente in die Fotos eingefügt werden u. Ä. So kann z. B. jeweils ein Bildelement in einer Farbe hervorgehoben werden, um eine Lieblingsfarbe („Ich in Pink") darzustellen.

**Beispiel:** ◉ **Snapseed**
– Android-Link: https://play.google.com/store/apps/details?id=com.niksoftware.snapseed&hl=de
– iOS-Link: https://itunes.apple.com/de/app/snapseed/id439438619?mt=8

### Drucken der Fotocollagen

Am einfachsten ist es, wenn Sie sich nach Abschluss des Projekts die Collagen per E-Mail schicken lassen und gesammelt ausdrucken. Das bietet den Vorteil, dass sie die Arbeiten vor dem Drucken ggf. korrigieren und den Schülern zurückschicken können. Auch können die Schüler die Collagen dann nicht vergessen.

### Differenzierung

Schülergruppen, die sehr schnell arbeiten, können nach der Fertigstellung der persönlichen Fotocollagen eine weitere Collage erstellen, welche die gesamte Lerngruppe bildnerisch darstellt.

### Aktions-Tipp

Alle erstellten Fotocollagen können in der Klasse oder der Schule in einer Ausstellung präsentiert werden. Diese kann z. B. durch Steckbriefe und vergrößerte Porträt-Fotos der einzelnen Schüler sinnvoll ergänzt werden.

2.

ARBEITSBLATT

# EINE FOTOCOLLAGE PLANEN

Name: ..................................................

Erstellt in der Gruppe für jedes Mitglied eine persönliche Fotocollage mit einer Handy-App. Alle Collagen haben das gleiche Thema (z. B. Hobbys), werden aber für jeden von euch mit eigenen Bildern individuell zusammengestellt.

## Aufgabe 1

Diskutiert über mögliche Themen für eure Gruppe.
Notiert drei Ideen, die euch interessieren.
Einigt euch dann auf ein Thema und unterstreicht es.

1. ..................................................

2. ..................................................

3. ..................................................

## Aufgabe 2

Überlegt in Einzelarbeit, wie die Bilder für eure eigene Collage aussehen sollen.
Notiert eure Ideen und diskutiert sie anschließend in der Gruppe.

1. ..................................................

2. ..................................................

3. ..................................................

4. ..................................................

5. ..................................................

6. ..................................................

2.

ARBEITSBLATT

# DREHBUCH FOTOCOLLAGE

Name: ..........

Thema ..........

## Aufgabe 1

Skizziere die Fotos, die du für deine Collage verwenden möchtest.
Notiere dabei hilfreiche Stichpunkte zu den einzelnen Fotos, z. B. zu Personen oder Hintergrund.
Besprich das Ergebnis anschließend mit deiner Gruppe.

## Aufgabe 2

Überlege, welche Requisiten du brauchst, und besprich mit deiner Gruppe, wer was mitbringt.

2.

ANLEITUNG

# FOTOCOLLAGE

Name: ..............................................................................................

## 1. Fotoshooting

- Jede Fotocollage wird aus 5–6 Bildern bestehen. Macht mindestens doppelt so viele Fotos, damit ihr nachher die besten Bilder auswählen könnt.
- Achtet darauf, dass die Personen, die ihr fotografiert, gut beleuchtet sind und keine unerwünschten Schatten auf sie fallen.
- Wählt passende Hintergründe für eure Fotos aus. Ihr könnt auch draußen fotografieren oder Bettlaken in weiß oder bunt als Hintergrund aufhängen.

## 2. Foto-App

- Ladet kostenlos, also am besten zu Hause, wenn ihr im WLAN seid, verschiedene Foto-Apps mit Rahmen für Collagen auf euer Handy.
- Stellt euch in der Schule die verschiedenen Foto-Apps vor. Entscheidet dann gemeinsam, welche App ihr verwenden wollt.
- Benutzt von jetzt an in der Schule innerhalb eurer Gruppe nur ein Handy zur Erstellung der Fotocollagen.

## 3. Rahmen auswählen

- Wählt für die Fotocollagen der einzelnen Gruppenmitglieder jeweils einen geeigneten Rahmen aus. Achtet darauf, dass die Bilder durch den Rahmen gut zur Geltung kommen.

## 4. Bilder auswählen und einfügen

- Probiert aus, welche Bilder gut zusammenpassen, im Rahmen wirken und euer Thema besonders treffend darstellen.
- Entscheidet euch dann, welche Bilder ihr verwendet und stellt die Collagen fertig.

## 5. Collagen ausdrucken und überprüfen

- Druckt die Collagen im DIN-A4-Format aus und überprüft eure Ergebnisse kritisch in der Gruppe. Achtet darauf, ob sie den aufgestellten Bewertungskriterien entsprechen. Besprecht die Collagen dann mit eurem Lehrer.

## 6. Korrektur der Collagen

- Korrigiert in eurer Gruppe eure Collagen, falls nötig. Ihr könnt dazu z. B. neue Fotos schießen, einen anderen Rahmen wählen oder Fotos austauschen.

## 7. Präsentation der Fotocollagen

- Stellt die Fotocollagen eurer Lerngruppe vor und diskutiert die Ergebnisse. Berücksichtigt dabei die zuvor aufgestellten Bewertungskriterien.

2.

# BEWEGENDE BILDER
## Eine Fotostory erstellen

**Berufsfeld:** **Kostüm- oder Bühnenbildner** (siehe auch: Berufsfeld Fotograf S. 38)

**Tätigkeit:** Kostüm- oder Bühnenbildner gestalten Bühnen und Dekorationen oder Kostüme für Film- und Theaterproduktionen. Sie arbeiten dabei eng mit dem Regisseur und dem Dramaturgen zusammen.

**Ausbildung:** ca. 4 Jahre Studium an einer Kunstakademie (Voraussetzung: Abitur, Mappe mit Arbeitsproben)

**Beschäftigung:** z. B. in einem Theater oder in einem Filmstudio

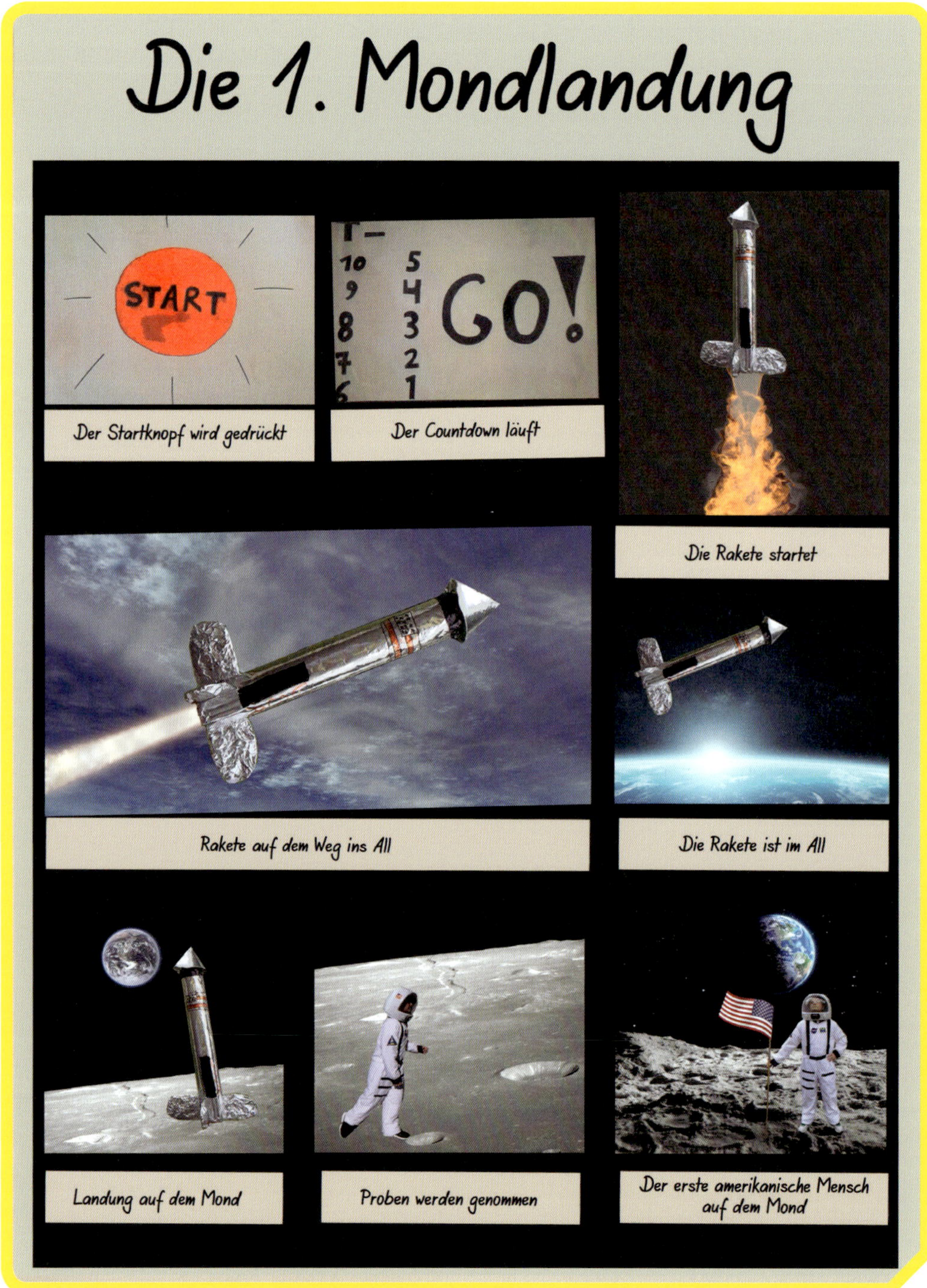

2.

# BEWEGENDE BILDER
## Eine Fotostory erstellen

### Kurzbeschreibung

Die Schüler erstellen eine Fotostory zu einem frei gewählten Thema, das sie bewegt. Dazu erfinden sie eine kleine Geschichte, halten sie in Stichpunkten fest und teilen sie in einzelne Abschnitte von zehn bis zwölf Fotos ein. In einem ausführlichen Storyboard skizzieren sie alle wichtigen Aspekte der jeweiligen Fotos im Detail. Sie wählen Kostüme und Requisiten aus und stellen passende Hintergründe für ihr Fotoshooting zusammen.

**Bezug zur Berufswelt:** Kostüm- und Bühnenbildner (auch Fotograf)
**Alltagsbezug:** Darstellung einer Geschichte, die Jugendliche bewegt
**Zeitbedarf:** ca. 10 Schulstunden
**Sozialform:** Gruppenarbeit

### Material

- für jede Gruppe mehrere Arbeitsblätter **„Storyboard Fotostory"** (siehe S. 51)
- für jeden Schüler ein Infoblatt **„Bildausschnitte und Kamerawinkel"** (siehe S. 52)
- für jede Gruppe Requisiten, entsprechend der jeweiligen Fotostory
- für jede Gruppe ein Handy oder eine Kamera

### Kompetenzen

Die Schüler
- entscheiden sich für ein Thema, das sie bewegt, und erfinden dazu eine kleine Geschichte.
- stellen ihre Geschichte in Form eines ausführlichen Storyboards dar.
- wählen Kostüme, Requisiten und Hintergründe für ein Fotoshooting passend aus.
- beachten die Schärfe der Aufnahmen sowie Bildausschnitte und Kamerawinkel bei der Erstellung und Auswahl der Fotos.
- stellen eine Fotostory zusammen und ergänzen sie mit Bildunterschriften und Sprechblasen.
- beschreiben die verschiedenen Fotostorys im Hinblick auf die festgelegten Kriterien.

2.

# BEWEGENDE BILDER
## Eine Fotostory erstellen

### Möglicher Verlaufsplan der Unterrichtseinheit

| | | |
|---|---|---|
| **1.–2. Stunde** | ◉ Gruppenbildung<br>◉ Entscheidung für ein bewegendes Thema<br><br>◉ Schreiben, Einteilen und Notieren der Geschichte<br><br>◉ Handynutzung in der Schule | Die Schüler bilden 3er- oder 4er-Gruppen.<br>Die Gruppen überlegen sich jeweils drei Themen, zu denen sie eine Fotostory erstellen könnten. Die Themen werden an der **Tafel** gesammelt und auf die Gruppen verteilt.<br>Jede Gruppe schreibt eine Geschichte zu ihrem Thema in Stichpunkten auf (Beispiele siehe Seite 49), kürzt diese auf die wesentlichen Aspekte und unterteilt sie in 10–12 Sinnabschnitte. Ein grober Entwurf der Bilder wird ins **Skizzenheft** gezeichnet.<br>Der Lehrer erläutert die Bedingungen für die Handynutzung in der Schule und verteilt den **Elternbrief** (Vorlage siehe S. 5). |
| **3.–4. Stunde** | ◉ Kamerawinkel und Bildausschnitte<br><br>◉ Bewertungskriterien<br><br>◉ Anfertigen eines detaillierten Storyboards | Jede Gruppe übt mithilfe des **Infoblattes „Kamerawinkel und Bildausschnitte"** das Fotografieren und fertigt zu jedem Winkel oder Ausschnitt jeweils ein **Handy**-Foto an.<br>Die Fotos werden der Lerngruppe präsentiert und besprochen.<br>In einem Unterrichtsgespräch werden die Bewertungskriterien gemeinsam festgelegt und anschließend an der **Tafel** notiert und im **Heft** gesichert (Kriterien siehe S. 49).<br>Die Gruppen erstellen mithilfe des **Arbeitsblattes „Storyboard Fotostory"** ein ausführliches, detailliertes Storyboard für ihre Fotostory. |
| **5.–8. Stunde** | ◉ Fotoshooting<br><br>◉ Fertigstellen der Fotostory<br><br>◉ Überprüfung | Die Schüler machen ein Fotoshooting mithilfe ihres Storyboards und der notwendigen **Requisiten**.<br>Sie wählen geeignete Fotos aus, kleben sie auf eine schwarze Pappe und fügen Bildunterschriften und Sprechblasen ein.<br>Die Stimmigkeit der zusammengestellten Fotostory wird in den Gruppen überprüft und ggf. korrigiert. |
| **9.–10. Stunde** | ◉ Präsentation und Bewertung der Fotostorys | Die Schüler präsentieren ihre Ergebnisse und beschreiben die verschiedenen Fotostorys auf Grundlage der zu Beginn besprochenen Bewertungskriterien, zunächst in der Gruppe und dann im Plenum. |

2.

# BEWEGENDE BILDER
## Eine Fotostory erstellen

### Bewertungskriterien

- Ein ausführliches Storyboard wird für die Fotostory angefertigt.
- Passende Bildausschnitte und Kamerawinkel werden beim Erstellen der Fotos ausgewählt.
- Für die Fotostory werden scharfe Bilder ausgewählt.
- Für das Verständnis der Fotostory notwendige Bildunterschriften und Sprechblasen ergänzen die Fotos.

### Eine bewegende Geschichte als Fotostory darstellen

Die Schüler erstellen eine Fotostory, indem sie mit einem Handy oder einer Kamera und einem Storyboard arbeiten. Das Thema für ihre Geschichte können sie frei wählen. Es eignen sich persönliche, aber auch aktuelle, geschichtliche und naturwissenschaftliche Themen:

- Freundschaft
- Liebe
- Gewalt unter Schülern
- Die erste Mondlandung
- Die Entdeckung Amerikas
- Die Entwicklung eines Baumes aus einem Samen
- Die Evolution

### Erstellung eines Storyboards

Zu ihrem Thema schreiben die Schüler eine kleine Geschichte. Diese halten sie stichpunktartig fest und unterteilen sie in zehn bis zwölf Abschnitte für die einzelnen Fotos. Anschließend wird ein grober Entwurf der Bilder ins Skizzenheft gezeichnet.
Wenn die Schüler das ausführliche Storyboard mit dem Arbeitsblatt „Storyboard Fotostory" erstellen, ist es wichtig, dass sie möglichst viele Details ihrer Fotos skizzieren. So können z. B. Gesichtsausdruck, Stimmungen oder Körperhaltungen notiert werden. Dabei sollen die Schüler außerdem wie Bühnenbildner, Kostümbildner oder auch Maskenbildner arbeiten, indem sie Requisiten, Kostüme und Masken für das Bild einplanen.
Bei einigen Themen können nicht alle Details der Geschichte real dargestellt werden. Hier ist Kreativität gefragt: Wenn z. B. ein kleiner Kunststoffelefant sehr dicht an die Handykamera gehalten wird, kann er riesig wirken. Auch können Hintergründe gemalt oder Figuren aus Knetgummi hergestellt werden. Teilweise bietet es sich an, Hintergründe mit einer App zu erstellen. So wurden z. B. die Hintergründe der Fotostory auf Seite 45 mit der App „Enlight" erstellt.

### Kamerawinkel und Bildausschnitte

Als Vorübung erstellen die Schüler zu jedem Kamerawinkel und zu jedem Bildausschnitt ein Foto, das sie mit den passenden Überschriften und Bildunterschriften, ähnlich wie auf dem Infoblatt „Kamerawinkel und Bildausschnitte" (siehe S. 52), präsentieren. Dazu können die Bilder z. B. in einem sehr kleinen Format ausgedruckt und auf schwarzes Tonpapier geklebt werden. Überschriften und Bildunterschriften werden auf weißes Papier geschrieben, ausgeschnitten und aufgeklebt.
Die Übungsfotos sollten gemeinsam besprochen werden.

2.

# BEWEGENDE BILDER
## Eine Fotostory erstellen

### Fotoshooting

Wenn das Storyboard detailreich beschrieben wurde, kann das Fotoshooting gut vorbereitet werden.
Die Schüler müssen dazu z. B. Requisiten, Kostüme, Perücken oder Schminke mitbringen. Fotos können überall auf dem Schulgelände gemacht werden. Hauptsächlich sollten Fotos verwendet werden, die auf dem Schulgelände mit der ganzen Gruppe erstellt wurden. Bei manchen Themen ist es allerdings sinnvoll, einige Bilder außerhalb der Schule zu machen.
Wenn sich die Schüler für das Fotoshooting frei auf dem Schulgelände bewegen dürfen, sollten sie auf einer Liste notieren, wo sie sich aufhalten, und 10 Minuten vor den Pausen wieder im Unterrichtsraum sein.

### Druck und Auswahl der Fotos

Achten Sie darauf, dass die Schüler für die Fotostory nur scharfe Bilder auswählen. Die Fotos müssen im Hinblick auf die Geschichte sehr aussagekräftig sein. Die Schüler können die Bilder am Computer ausdrucken oder in einem Geschäft entwickeln lassen.

### Erstellung der Fotostory

Auf schwarzem Plakatkarton kommen die Fotos besonders gut zur Geltung. So lenkt nichts von den Fotos der Geschichte ab. Bei einigen Fotos ist es zum Verständnis der Geschichte notwendig, dass Bildunterschriften oder Sprechblasen eingefügt werden. Diese können auf einem Computer oder mit der Hand geschrieben werden und aus weißem oder farbigem Papier ausgeschnitten werden.

### Aktions-Tipp

Fotostorys können auch Regeln, z. B. Klassenregeln oder Aspekte der Schulordnung, auf ansprechende Weise darstellen. So kann eine Fotostory z. B. davon erzählen, dass jeder Schüler in der Schule seinen Müll wegräumen sollte.

### Präsentations-Tipp

In einer „Kunstausstellung“ können Schüler zu lebenden Kunstwerken werden, indem sie Bilder aus ihrer Fotostory „live“ nachstellen.

2.

ARBEITSBLATT

# STORYBOARD FOTOSTORY

Name: ..........

Foto Nr. ..........

Beschreibung: ..........

..........

..........

..........

..........

Hintergrund: ..........

Requisiten: ..........

..........

Bildausschnitt: ..........

Blickwinkel: ..........

Foto Nr. ..........

Beschreibung: ..........

..........

..........

..........

..........

Hintergrund: ..........

Requisiten: ..........

..........

Bildausschnitt: ..........

Blickwinkel: ..........

Foto Nr. ..........

Beschreibung: ..........

..........

..........

..........

..........

Hintergrund: ..........

Requisiten: ..........

..........

Bildausschnitt: ..........

Blickwinkel: ..........

# 2. BILDAUSSCHNITTE UND KAMERAWINKEL

INFOBLATT

Name: ..............................

## Bildausschnitte

Wenn man eine Szene filmt oder fotografiert, kann man daraus einen bestimmten Ausschnitt wählen:

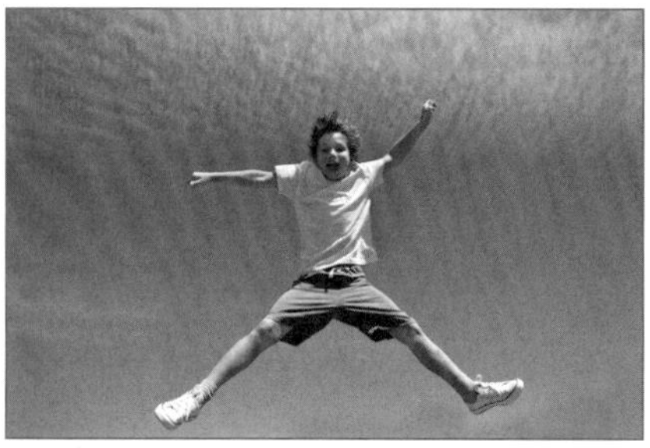

**Totale**

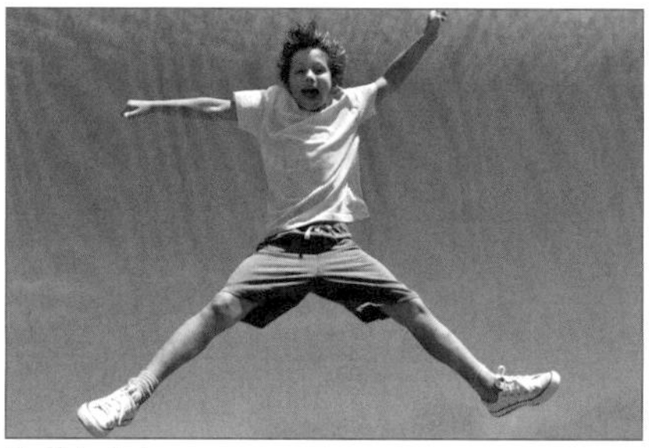

**Halbtotale**

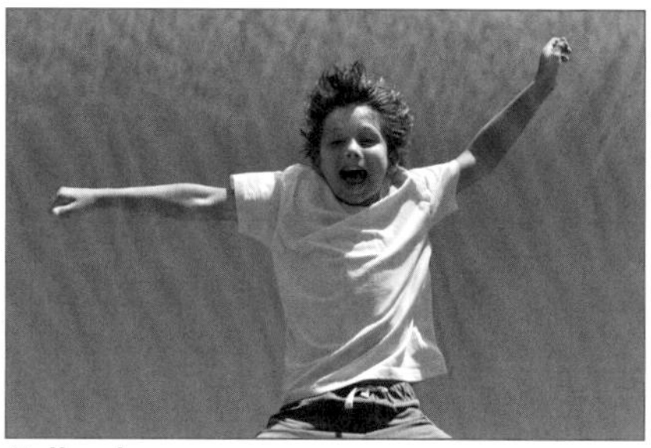

**Halbnah**

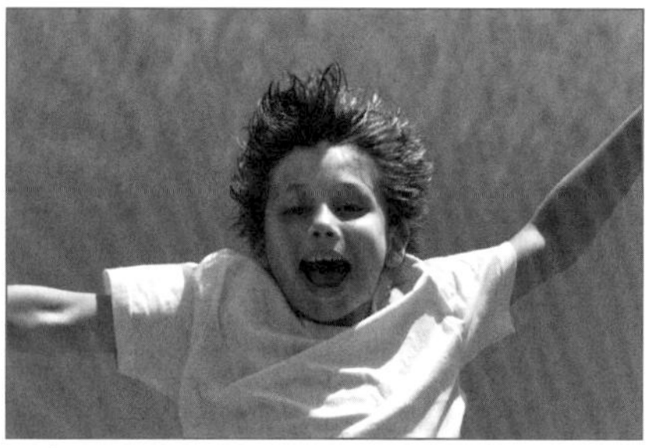

**Nah**

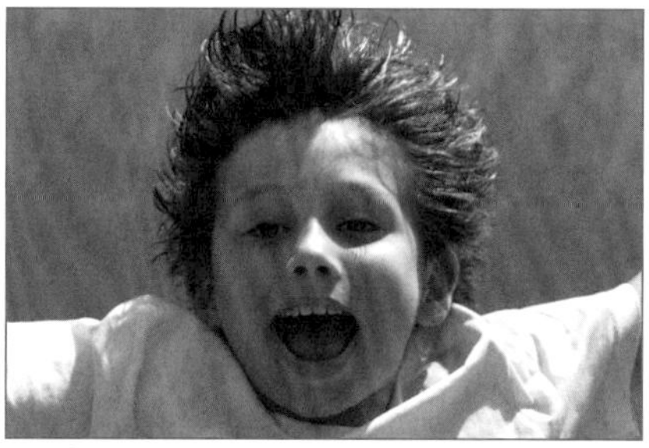

**Groß**

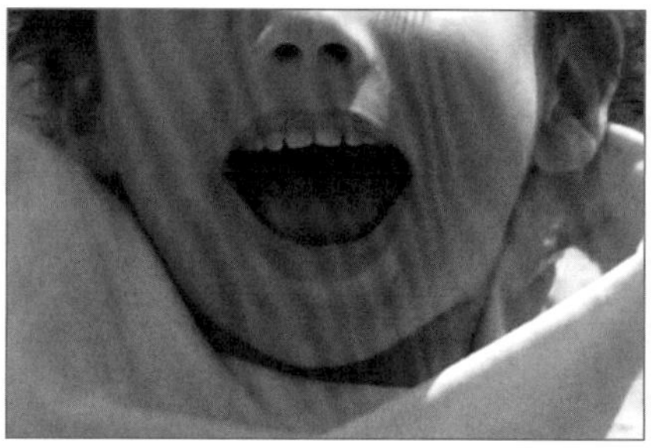

**Detail**



## Kamerawinkel

Ein Foto kann aus unterschiedlichen Blickwinkeln aufgenommen werden:

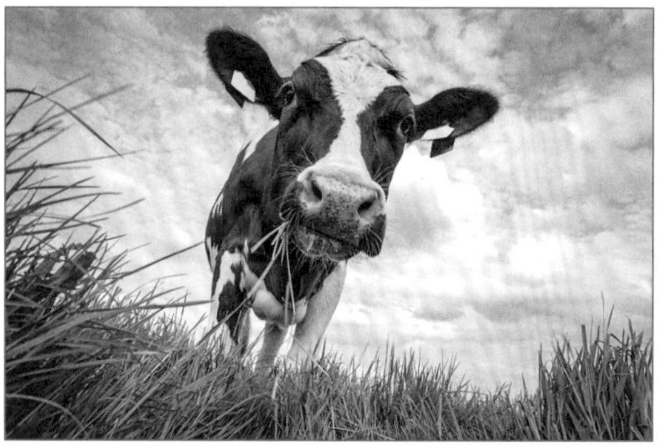



**Froschperspektive**

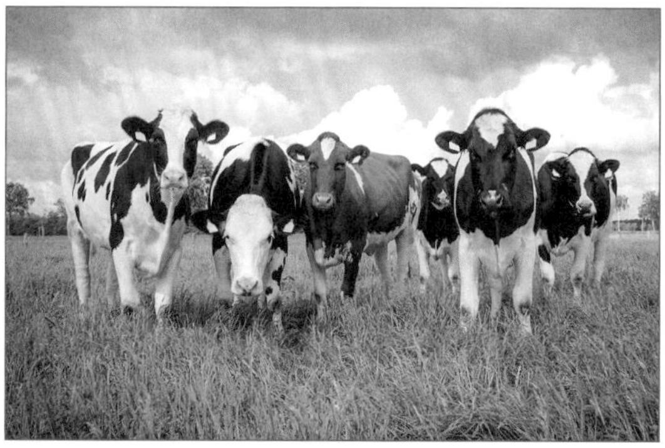



**Bauchhöhe**

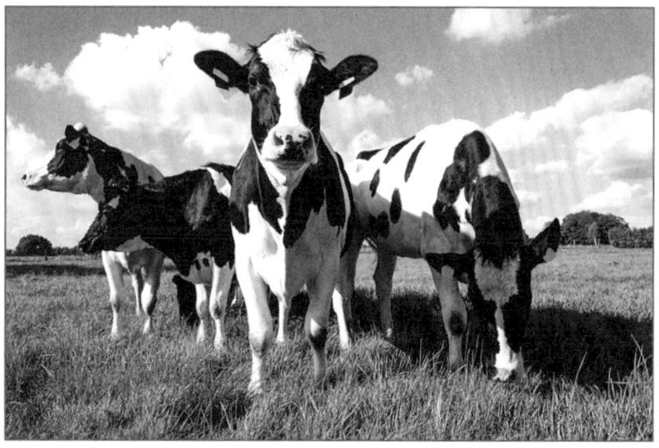



**Augenhöhe**

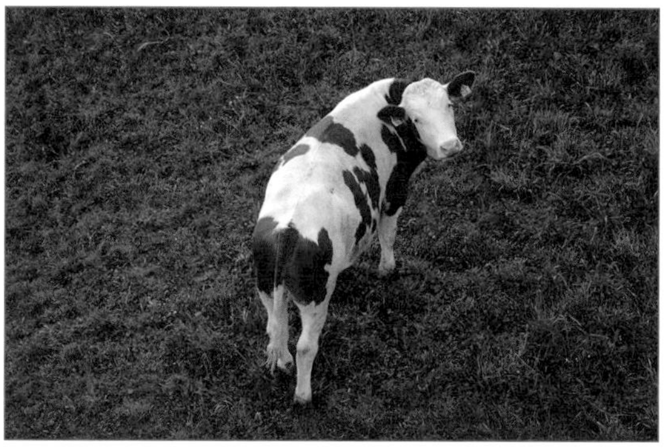

**Vogelperspektive**



© Verlag an der Ruhr | Autorin: Sabine Nelke | ISBN 978-3-8346-3079-7 | www.verlagruhr.de

2.

# EINE FANTASTISCHE MASCHINE

## Maschinen am PC kreieren

**Berufsfeld: Maschinenbauingenieur**

**Tätigkeit:** Maschinenbauingenieure konstruieren und entwickeln Maschinen für ganz unterschiedliche Bereiche der Industrie.

**Ausbildung:** ca. 5 Jahre Studium Maschinenbau (Voraussetzung: Abitur)

**Beschäftigung:** z. B. in Ingenieurbüros oder in Betrieben, die Maschinen herstellen (Automobilindustrie etc.)

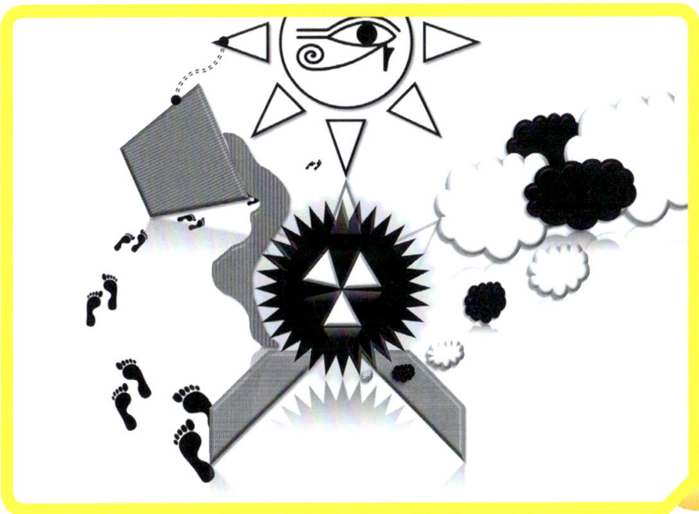

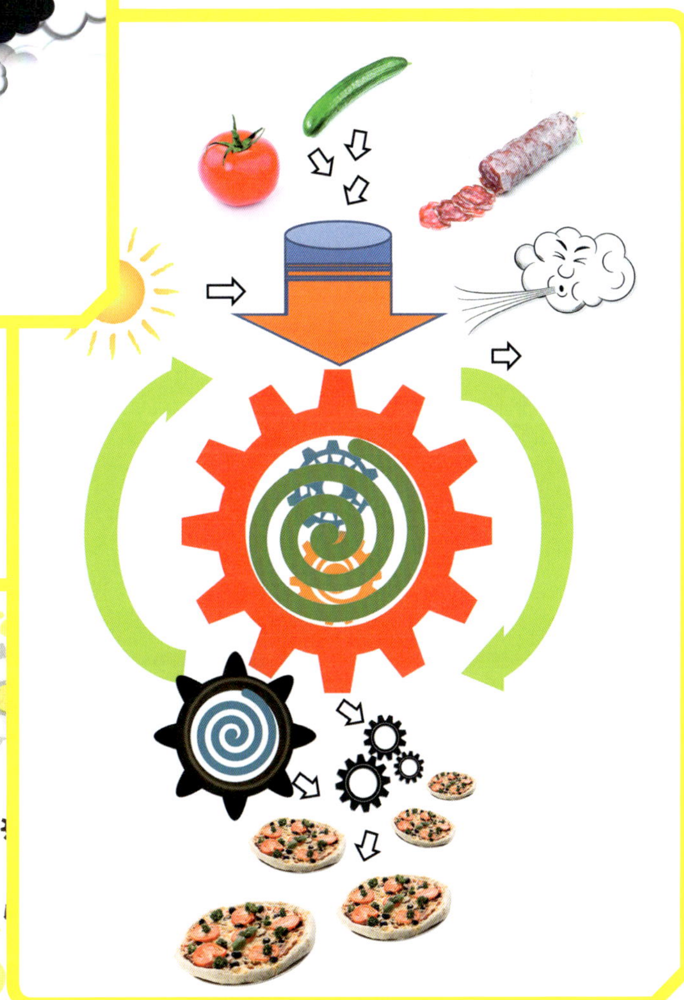

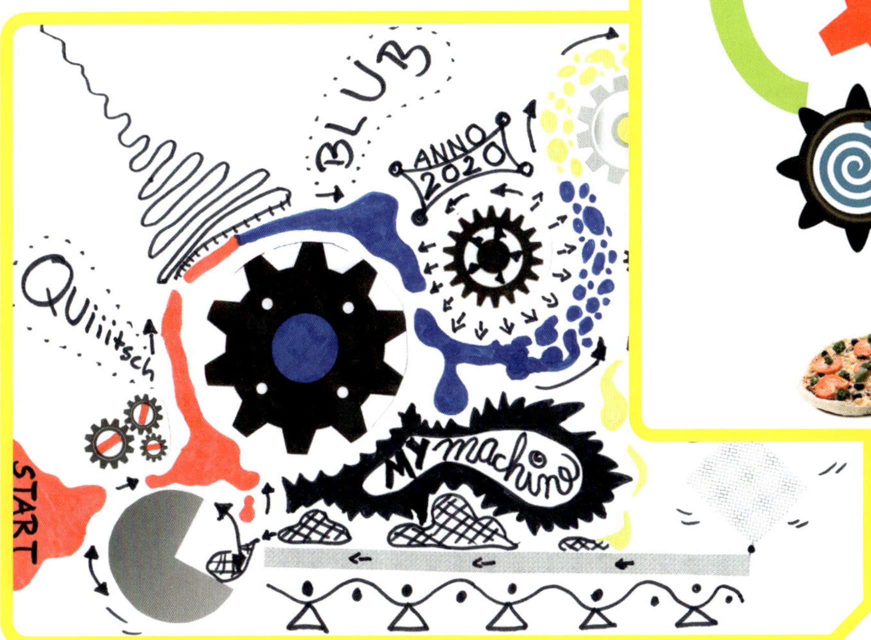

2.

# EINE FANTASTISCHE MASCHINE

## Maschinen am PC kreieren

### Kurzbeschreibung

Die Schüler kreieren fantastische Maschinen aus verschiedenen geometrischen Formen und Grafiken. Dazu verwenden sie unterschiedliche Farbkontraste und arbeiten mit dem Programm Word am PC.

**Bezug zur Berufswelt:** Maschinenbauingenieur
**Alltagsbezug:** Umgang mit technischen Geräten
**Zeitbedarf:** ca. 6 Schulstunden
**Sozialform:** Partnerarbeit

### Material

- für jeden Schüler ein Arbeitsblatt **„Farbkontraste"** (S. 58)
- für jeden Schüler ein Arbeitsblatt **„Maschinen-Baukasten"** (S. 59)
- für je zwei Schüler ein Arbeitsblatt **„Unsere fantastische Maschine"** (S. 60)
- ggf. für jeden Schüler ein Arbeitsblatt **„Mit Word gestalten"** (S. 14)
- für jeden Schüler fein zeichnende und dicke Filzstifte
- für jeden Schüler Klebstoff, Schere und weißes Papier (DIN A3 oder A4)
- für je zwei Schüler ein Computer
- Drucker

### Kompetenzen

Die Schüler

- entwerfen eine fantastische Maschine mit verschiedenen geometrischen Figuren.
- setzen Farbkontraste bei der Konstruktion der fantastischen Maschine ein.
- verwenden verschiedene geometrische Formen und Grafiken aus dem Programm Word und verändern Form, Farbe, Schatten oder Spiegelung passend zu ihrer Maschine.
- beschreiben und bewerten eigene und fremde Ergebnisse im Hinblick auf die Bewertungskriterien.

2.

# EINE FANTASTISCHE MASCHINE

## Maschinen am PC kreieren

### Möglicher Verlaufsplan der Unterrichtseinheit

| | | |
|---|---|---|
| **1.–2. Stunde** | ◉ Definition Maschine<br>◉ Bauteile einer Maschine<br>◉ Farbkontraste<br>◉ Fantastische Maschinen kleben und zeichnen | In einem Unterrichtsgespräch wird der Begriff „Maschine" definiert.<br>Mögliche Formen für Bauteile, aus denen eine Maschine zusammengesetzt sein könnte, werden in Form von Zeichnungen an der **Tafel** gesammelt.<br>Die Schüler bearbeiten das **Arbeitsblatt „Farbkontraste".** Die Ergebnisse werden im Plenum besprochen.<br>Mithilfe des **Arbeitsblattes „Maschinen-Baukasten"** und unter Verwendung verschiedener Farbkontraste entwerfen sie ihre persönliche fantastische Maschine. |
| **3.–4. Stunde** | ◉ Bewertungskriterien<br>◉ Übungen mit dem Programm Word<br>◉ Planung einer fantastischen Maschine<br>◉ Kreieren einer fantastischen Maschine am PC | In einem Unterrichtsgespräch werden die Bewertungskriterien gemeinsam erörtert und festgelegt und anschließend an der **Tafel** notiert und im **Heft** gesichert (Kriterien siehe S. 56).<br>Falls die Schüler noch keine Erfahrung im Umgang mit dem Programm Word haben, können sie die verschiedenen Befehle mithilfe des **Arbeitsblattes „Mit Word gestalten"** (S. 14) üben.<br>In einer Partnerarbeit planen die Schüler die fantastischen Maschinen, die sie am PC erstellen werden, mithilfe des **Arbeitsblattes „Unsere fantastische Maschine".** Dabei können sie sich an ihren aufgeklebten Maschinen orientieren.<br>In einer Partnerarbeit kreieren die Schüler eine fantastische Maschine unter Einbeziehung eines Farbkontrasts. |
| **5.–6. Stunde** | ◉ Präsentation und Bewertung der fantastischen Maschinen | Die Schüler präsentieren ihre Ergebnisse und beschreiben die unterschiedlichen **fantastischen Maschinen** auf Grundlage der zu Beginn besprochenen Bewertungskriterien, zunächst in der Gruppe und dann im Plenum. |

2.

# EINE FANTASTISCHE MASCHINE

## Maschinen am PC kreieren

### Bewertungskriterien

- Die Maschine wird aus unterschiedlichen Formen und Grafiken aus dem Programm Word kreiert.
- Die eingefügten Formen werden z. B. hinsichtlich der Muster, Schatten, Spiegelungen und 3-D-Effekte verändert.
- Die Darstellung der fantastischen Maschine wird durch die Verwendung von Farben und das Einfügen von Pfeilen ergänzt.
- In der Darstellung wird deutlich, was diese Maschine bearbeitet oder herstellt und welche Energiequelle sie nutzt.
- Es wird mindestens ein Farbkontrast verwendet.

### Maschine

Als „Maschine" beschreibt man ein Gerät, welches unterschiedliche Produkte bearbeitet oder herstellt. Jede Maschine besteht aus verschiedenen Bauteilen und wird mit irgendeiner Form von Energie betrieben.
Als Hausaufgabe in der Stunde vor der Reihe können Sie die Schüler auffordern, Abbildungen von unterschiedlichen Maschinen mit in den Unterricht zu bringen.

### Maschinen-Baukasten

Bei der Darstellung einer fantastischen Maschine mithilfe des Arbeitsblattes „Maschinen-Baukasten" bekommen die Schüler eine erste Vorstellung davon, wie eine Maschine aufgebaut ist. Die Aufgabe dient als Vorübung zur Erstellung der Maschinen am PC. Nach dem Ausschneiden der einzelnen Bauteile sollten sie zunächst durch deren Verschieben unterschiedliche Varianten einer fantastischen Maschine ausprobieren, bevor sie diese aufkleben. Nachdem die ersten fantastischen Maschinen zusammengeklebt wurden, können sie, wenn genügend Zeit vorhanden ist, gemeinsam betrachtet werden.

Die Schüler können Überlegungen dazu anstellen, was die Maschinen herstellen oder bearbeiten, wie sie mit Energie versorgt werden oder welchen Namen sie haben könnten.

### Fantastische Maschinen am Computer kreieren

Mit dem Programm Word können die Schüler durch das Einfügen verschiedener geometrischer Formen und einiger Clipart-Grafiken eine fantastische Maschine kreieren. Dazu verändern sie die Formen, indem sie z. B. Muster, Schatten, Spiegelungen oder 3-D-Effekte verwenden. Sie setzen auch Farben und Pfeile ein. So können Ihre Schüler unter dem Einsatz von viel Fantasie und Kreativität z. B. eine „Pizza-Maschine" oder einen „Wolkenmacher" am Computer kreieren.
Das Programm Word (weitere Infos siehe S. 11) dient eigentlich der Textverarbeitung. Damit können allerdings auch unterschiedliche Formen und Grafiken in ein Dokument eingefügt und vielseitig verändert werden. So kreieren Schüler mit diesem Programm sehr einfach eine fantastische Maschine aus vorgegebenen Formen und Clipart-Grafiken.

Sie sollten zunächst klären, ob Ihre Schüler bereits Erfahrung im Umgang mit dem Programm haben oder ob sie die wichtigsten Befehle zunächst einüben müssen. Dazu können sie das Arbeitsblatt „Mit Word gestalten" (S. 14) verwenden.
Eine fantastische Maschine können Schüler besonders gut mithilfe von vorgegebenen Formen oder Grafiken darstellen. Diese fügen sie ein, indem sie in der Menüleiste „Einfügen" im Menüpunkt „Illustrationen" „Formen" oder „Clipart" aufklappen und eine Form oder Grafik auswählen.
Die unterschiedlichen Formen können verändert werden, indem man sie mit der rechten Maustaste anklickt und dann den Menüpunkt „Grafik formatieren" ebenfalls mit der rechten Maustaste

# EINE FANTASTISCHE MASCHINE
## Maschinen am PC kreieren

anklickt. Hier können dann z. B. Muster, Farben oder 3-D-Effekte ausgewählt werden. Verschiedenste Arten von Pfeilen finden die Schüler ebenfalls unter den vorgegebenen Formen.

Unterschiedlich gestaltete Buchstaben können unter dem Menüpunkt „WordArt" ausgewählt werden. Auch diese können auf vielfältige Art und Weise verändert werden.

### Der Einsatz von Farbkontrasten beim Kreieren einer fantastischen Maschine

Durch den Einsatz von Farbkontrasten können Formen oder Grafiken der fantastischen Maschinen hervorgehoben werden. Dazu eignen sich besonders die auf dem Arbeitsblatt „Farbkontraste" dargestellten Kontraste: Hell-dunkel-Kontrast, Warm-kalt-Kontrast, Komplementär-Kontrast und Farbe-an-sich-Kontrast.
Damit die Schüler die Wirkung der Kontraste nachvollziehen können, ist ein Farbkreis hilfreich. Mit dessen Hilfe können die Schüler z. B. warme und kalte Farben oder Komplementärfarben benennen.

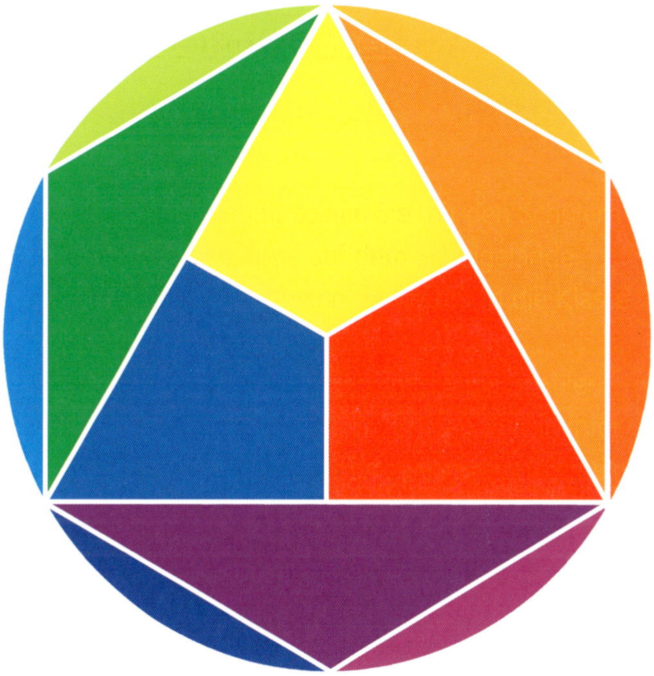

### Kreativ-Tipp

Auch aus gebrauchten Alltagsgegenständen können die Schüler fantastische Maschinen bauen. Dafür können z. B. alte Blechdosen, Fahrradketten oder Schrauben verwendet werden. Mit buntem Lack können die selbst gebauten Maschinen farbig gestaltet werden.

2.

ARBEITSBLATT

# FARBKONTRASTE

Name: ..........................................................................................

## Aufgabe

Lies die Texte und notiere zu jedem Kontrast ein Beispiel.

### Hell-dunkel-Kontrast

Der Hell-dunkel-Kontrast entsteht, wenn helle und dunkle Farben gemeinsam abgebildet werden. So ist z. B. eine weiße Wolke vor einem dunkelblauen Himmel deutlicher zu erkennen als vor einem hellblauen. Besonders stark wird der Hell-dunkel-Kontrast, wenn man Schwarz und Weiß verwendet.

Beispiel: .......................................................... und ..........................................................

### Warm-kalt-Kontrast

Der Warm-kalt-Kontrast entsteht, wenn warme und kalte Farben gemeinsam abgebildet werden. Z. B. kommt ein Baum mit rot gefärbten Blättern vor einem hellblauen Hintergrund besonders zur Geltung. Warme Farben sind Farben, die im Feuer vorkommen, also Gelb-, Orange- und Rottöne. Zu den kalten Farben gehören die, mit denen du Wasser und Pflanzen auf einem Bild vom Meeresgrund darstellen würdest, also Blau- und Grüntöne.

Beispiel: .......................................................... und ..........................................................

### Komplementär-Kontrast

Der Komplementär-Kontrast entsteht, wenn Farben, die sich im Farbkreis gegenüberstehen, nebeneinander abgebildet werden. So tritt z. B. ein roter Würfel vor einem grünen Hintergrund deutlicher hervor als ein türkisfarbener. Die Komplementärfarben bringen sich deshalb gegenseitig zur Geltung, da sie die geringste Ähnlichkeit mit einanderhaben.

Beispiel: .......................................................... und ..........................................................

### Farbe-an-sich-Kontrast

Der Farbe-an-sich-Kontrast entsteht, wenn Farben nebeneinander abgebildet werden, die möglichst rein sind. Z. B. lassen die Farben Rot, Blau und Gelb ein Bild besonders lebhaft und bunt erscheinen. Die Farben bringen sich gegenseitig zur Geltung, da sie nicht mit einer anderen Farbe gemischt wurden. Es sind die drei Grundfarben, aus denen alle anderen Farben gemischt werden können.

Beispiel: .......................................................... und ..........................................................

2.

ARBEITSBLATT

# MASCHINEN-BAUKASTEN

Name: ..........................................................................................

## Aufgabe

Kreiere mithilfe des Maschinen-Baukastens eine fantastische Maschine:

**a)** Schneide die verschiedenen Bauteile aus dem Baukasten aus.

**b)** Lege diese Bauteile auf ein weißes Blatt (DIN A4 oder A3) und ordne sie so an, dass sie eine fantastische Maschine darstellen.

**c)** Klebe sie auf, wenn du mit deiner Kreation zufrieden bist.

**d)** Vervollständige die Maschine, indem du Zeichnungen mit fein zeichnenden oder dickeren Filzstiften hinzufügst. Du kannst auch Pfeile oder Buchstaben verwenden.

2.

ANLEITUNG

# UNSERE FANTASTISCHE MASCHINE

Name: ..........

Eine Maschine ist ein Gerät, das unterschiedliche Produkte herstellt oder verarbeitet, z. B. Lebensmittel. Jede Maschine besteht aus verschiedenen Bauteilen, wie z. B. Zahnrädern. Sie wird mit irgendeiner Form von Energie, z. B. mit Windenergie, betrieben. Mithilfe eines Computers könnt ihr mit dem Programm Word fantastische Maschinen kreieren.

## Aufgabe 1

Beantwortet die wichtigsten Fragen zu eurer fantastischen Maschine.

**1.** Was soll eure Maschine herstellen oder bearbeiten?

..........

..........

..........

**2.** Mit welcher Art von Energie wird eure Maschine betrieben?

..........

..........

..........

**3.** Aus welchen Bauteilen soll eure Maschine bestehen?

..........

..........

..........

**4.** Wie heißt eure Maschine?

..........

..........

..........

## Aufgaben 2

Kreiert eine Maschine am PC, indem ihr …

**a.** unterschiedliche geometrische Formen verwendet.

**b.** die Formen durch Muster, Schatten, Spiegelungen oder 3-D-Effeke verändert.

**c.** Pfeile und Farben einsetzt.

**d.** Clipart-Grafiken einfügt.

# 2.

# „VERFÜHR MICH!“
## Einen Werbefilm drehen

**Berufsfeld: Werbe- und Mediengestalter**
(siehe auch Berufsfeld Kostüm- oder Bühnenbildner S. 46)

**Tätigkeit:** Ein Werbe- und Mediengestalter gestaltet sehr unterschiedliche digitale und gedruckte Medien, z. B. Prospekte, Zeitschriften, Anzeigen, Logos, Visitenkarten oder Websites und Apps, am Computer.
Das jeweilige Produkt wird ganz auf die Wünsche des einzelnen Kunden zugeschnitten. Dadurch haben Werbe- und Mediengestalter viel Kundenkontakt.

**Ausbildung:** 3-jährige Ausbildung (Voraussetzung: Mittlerer Bildungsabschluss) oder 2- bis 4-jährige Weiterbildung an einer Fachschule

**Beschäftigung:** z. B. in einem Büro für Kommunikationsmedien, Buch-/Zeitschriftenverlag oder in einer Werbeagentur

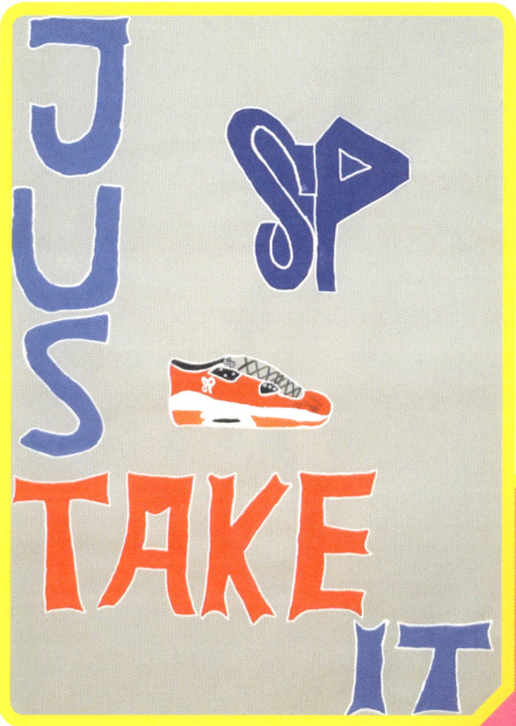

© Laura Meußen

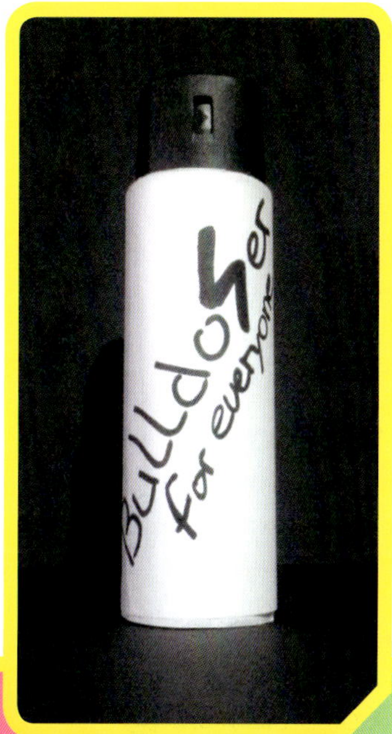

© Jonas Dreckmann

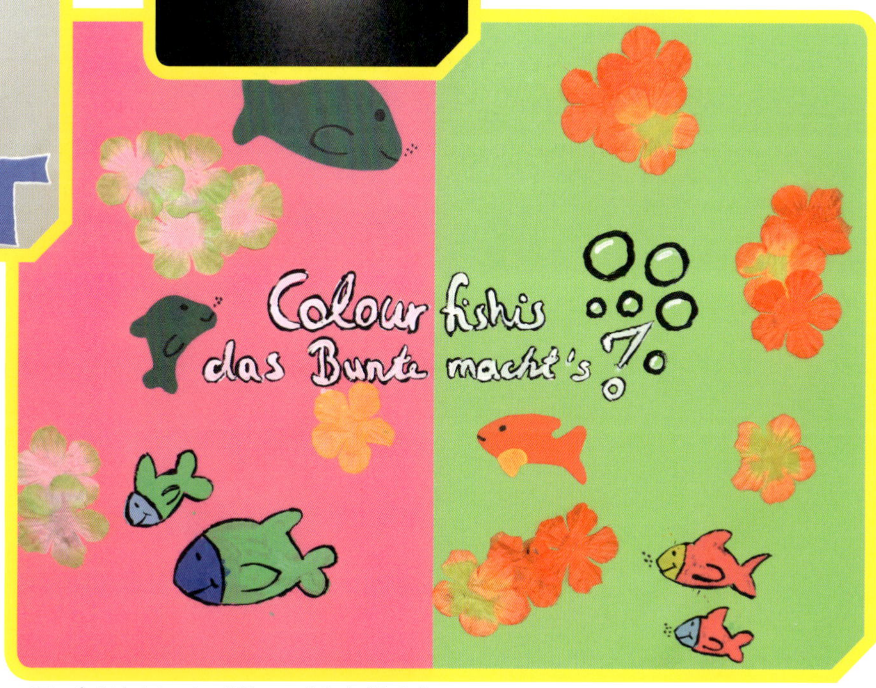

© Jennifer Brinkert, Anna-Lena Nöldemann, Katharina Thienhoff

2\.

ABC

# „VERFÜHR MICH!"
## Einen Werbefilm drehen

### Kurzbeschreibung

Die Schüler erstellen einen Werbefilm für ein fiktives Produkt. Dabei stellen sie eine kleine Werbegeschichte in einem ausführlichen Storyboard dar und bringen das Produkt beim Kreieren eines Werbeplakats und bei den Filmaufnahmen dadurch besonders zur Geltung, dass sie einen Farbkontrast einsetzen.

**Bezug zur Berufswelt:** Werbe- und Mediengestalter
**Alltagsbezug:** Darstellung eines Produktes, das Jugendliche anspricht
**Zeitbedarf:** ca. 10 Schulstunden
**Sozialform:** Gruppenarbeit

### Material

- für jeden Schüler ein Arbeitsblatt **„Farbkontraste"** (S.58)
- pro Gruppe ein Arbeitsblatt **„Werbung und Farbe"** (S. 66)
- für jede Gruppe mehrere Arbeitsblätter **„Storyboard Werbefilm"** (S. 67)
- für jeden Schüler ein Infoblatt **„Bildausschnitte und Kamerawinkel"** (S. 52)
- für jede Gruppe eine Kamera oder ein Handy
- Requisiten

### Kompetenzen

Die Schüler
- entscheiden sich für ein Produkt und kreieren einen ansprechenden Werbefilm.
- kennen verschiedene Bildausschnitte und Kamerawinkel und wenden sie bei den Aufnahmen an.
- stellen die Werbegeschichte in Form eines ausführlichen Storyboards dar.
- versehen ihre Fotostory eventuell mit gesprochenen Texten und Musik.
- beschreiben die verschiedenen Werbefilme im Hinblick auf die festgelegten Bewertungskriterien.

2.

ABC

# „VERFÜHR MICH!“
## Einen Werbefilm drehen

### Möglicher Verlaufsplan der Unterrichtseinheit

| | | |
|---|---|---|
| **1.–2. Stunde** | ◉ Gruppenbildung<br>◉ Entscheidung für ein Produkt<br><br>◉ Wirkung von Farbe<br><br><br><br>◉ Schreiben und Einteilen der Geschichte<br><br>◉ Handynutzung in der Schule | Die Schüler bilden Gruppen von 3–4 Schülern. Die Gruppen entscheiden sich für ein Produkt, welches sie in einem Werbefilm präsentieren möchten.<br>Mithilfe des **Arbeitsblattes „Farbkontraste“** (siehe S. 58) informieren sich die Schüler über die Wirkung von Kontrasten. Auf dem **Arbeitsblatt „Werbung und Farbe“** stellt jede Gruppe ihr Produkt mithilfe eines Farbkontrasts als Werbeplakat dar.<br>Die Gruppen erfinden eine passende Werbegeschichte zu ihrem Produkt und halten sie in Stichpunkten in ihrem **Skizzenheft** fest. Sie berücksichtigen dabei auch den Einsatz eines Farbkontrastes.<br>Der Lehrer erläutert die Bedingungen für die Handynutzung in der Schule und verteilt den **Elternbrief** (Vorlage siehe S. 5). |
| **3.–4. Stunde** | ◉ Kamerawinkel und Bildausschnitte<br><br><br>◉ Bewertungskriterien<br><br><br><br>◉ Anfertigen eines detaillierten Storyboards | Jede Gruppe übt mithilfe des **Infoblattes „Bildausschnitte und Kamerawinkel “** das Fotografieren und fertigt zu jedem Winkel oder Ausschnitt jeweils ein **Handy**-Foto an.<br>Die Fotos werden der Lerngruppe präsentiert und besprochen. In einem Unterrichtsgespräch werden die Bewertungskriterien gemeinsam festlegt und anschließend an der **Tafel** notiert und im **Heft** gesichert (Kriterien siehe S. 64).<br>Die Gruppen erstellen mithilfe des **Arbeitsblattes „Storyboard Werbefilm“** ein detailliertes Storyboard für ihren Film. |
| **5.–8. Stunde** | ◉ Drehen des Films<br><br>◉ Fertigstellen des Werbefilms<br>◉ Überprüfung | Die Schüler drehen den Film mithilfe ihres Storyboards und notwendiger **Requisiten**.<br>Die gefilmten Szenen werden eventuell zusammengeschnitten und mit Sprache und Musik versehen.<br>Die Stimmigkeit des zusammengestellten **Werbefilms** wird in den Gruppen überprüft und ggf. korrigiert. |
| **9.–10. Stunde** | ◉ Vorführung und Bewertung der Werbefilme | Die Schüler präsentieren ihre **Filme** und beschreiben sie im Hinblick auf die zu Beginn besprochenen Bewertungskriterien. |

2.

ABC

# „VERFÜHR MICH!“ Einen Werbefilm drehen

## Bewertungskriterien

- Die Schüler entscheiden sich für ein ansprechendes Produkt.
- Sie wählen einen passenden Farbkontrast, der das Produkt besonders zur Geltung bringt.
- Der Werbefilm wird in einem ausführlichen Storyboard dargestellt.
- Im Film werden passende Bildausschnitte und Kamerawinkel ausgewählt.
- Die einzelnen Szenen werden ggf. sinnvoll zusammengeschnitten und vertont.
- Die Werbegeschichte bringt das ausgewählte Produkt besonders zur Geltung.

## Ein Produkt in einem Werbefilm darstellen

Die Schüler erstellen eine Werbung für ein selbst gewähltes Produkt, indem sie mit einem Handy und einem Storyboard arbeiten. Mithilfe des Arbeitsblattes „Farbkontraste“ (siehe S. 58) informieren sie sich zunächst über die Wirkung von Kontrasten und fertigen dann ein Werbeplakat an, auf welchem sie das Produkt durch einen Kontrast farbig gestalten. So gewinnen die Schüler einen ersten Eindruck darüber, ob der gewählte Farbkontrast das jeweilige Produkt entsprechend zur Geltung bringt. Anschließend wählen sie für die Aufnahmen passende Bildausschnitte und Kamerawinkel aus. Die Schüler bringen dabei das selbst gewählte Produkt durch den Einsatz eines Farbkontrastes besonders zur Geltung.

## Erstellung eines Storyboards

Zunächst halten die Schüler den Verlauf ihres Werbefilms stichpunktartig in ihrem Skizzenheft fest und unterteilen ihn dabei in einzelne Szenen. Wenn sie das ausführliche Storyboard mit dem Arbeitsblatt „Storyboard Werbefilm“ erstellen, ist es wichtig, dass sie möglichst viele Details der einzelnen Szenen skizzieren. So können z. B. Gesichtsausdrücke, Stimmungen oder Körperhaltungen notiert werden. Dabei sollen die Schüler außerdem wie Bühnenbildner, Kostümbildner oder auch Maskenbildner arbeiten, indem sie Requisiten, Kostüme und Masken für das Bild einplanen.
Bei einigen Themen können nicht alle Details der Geschichte real dargestellt werden. Hier ist Kreativität gefragt: Wenn z. B. ein kleiner Kunststoffelefant sehr dicht an die Handykamera gehalten wird, kann er riesig wirken. Auch können Hintergründe gemalt oder Figuren aus Knetgummi hergestellt werden.

## Kamerawinkel und Bildausschnitte

Als Vorübung erstellen die Schüler zu jedem Kamerawinkel und zu jedem Bildausschnitt ein Foto, das sie mit den passenden Überschriften und Bildunterschriften, ähnlich wie auf dem Infoblatt „Kamerawinkel und Bildausschnitte“ (siehe S. 52), präsentieren. Dazu können die Bilder z. B. in einem sehr kleinen Format ausgedruckt und auf schwarzes Tonpapier geklebt werden. Überschriften und Bildunterschriften werden auf weißes Papier geschrieben, ausgeschnitten und aufgeklebt. Die Übungsfotos sollten gemeinsam besprochen werden.

2.

ABC

# „VERFÜHR MICH!“
## Einen Werbefilm drehen

### Filmdreh

Wenn das Storyboard detailreich beschrieben wurde, kann der Dreh des Films gut vorbereitet werden. Die Schüler müssen dazu z. B. Requisiten, Kostüme, Perücken oder Schminke mitbringen. Die Filme können überall auf dem Schulgelände gedreht werden. Hauptsächlich sollten Szenen verwendet werden, die auf dem Schulgelände mit der ganzen Gruppe erstellt wurden. Bei manchen Themen ist es allerdings sinnvoll, auch außerhalb der Schule zu drehen.
Wenn sich die Schüler beim Drehen frei auf dem Schulgelände bewegen dürfen, sollten sie auf einer Liste notieren, wo sie sich aufhalten, und 10 Minuten vor den Pausen wieder im Unterrichtsraum sein.

### Filmschnitt und Vertonung

Die einfachste Variante ist es, die einzelnen Szenen des Werbefilms hintereinander mit dem Handy aufzunehmen. Es können aber auch Programme oder Apps für das Schneiden und Vertonen von Filmen verwendet werden. Lassen Sie die Schüler einfach selbst entscheiden, wie sie vorgehen.

### Präsentation des Werbefilms

Die Schüler können Ihnen ihre Werbefilme per E-Mail senden. Dann haben Sie die Möglichkeit, diese in Ruhe anzusehen und zu bewerten.
Die Filme sollten auch der ganzen Lerngruppe über einen Beamer, per Computer oder Tablet gezeigt werden. Diese Möglichkeit bietet sich in der abschließenden Unterrichtsphase, der Betrachtung der Werbefilme im Hinblick auf die Einhaltung der aufgestellten Bewertungskriterien, an.

### Aktions-Tipp

Die Schüler können „Werbung“ für ihre eigene Schule machen. Dazu erstellen sie zunächst ein Schullogo (siehe Kapitel „Typisch meine Schule“ ab S. 22). Der Film kann dann auf der Internetseite der Schule oder an Tagen der offenen Tür präsentiert werden.

### Präsentations-Tipp

In einer Ausstellung können die Schüler ihre Werbefilme per Beamer auf einer Leinwand präsentieren.

2.

ABC ARBEITSBLATT

# WERBUNG UND FARBE

Name: ..........

## Aufgabe 1

Einigt euch in der Gruppe auf ein Produkt und einen Produktnamen für eure Werbung. Wählt einen Farbkontrast, der euer Produkt besonders gut zur Geltung bringt.

Produkt: ..........

Farbkontrast: ..........

## Aufgabe 2

Stellt das Produkt mithilfe des von euch gewählten Farbkontrastes in einem Werbeplakat dar.

**a)** Zeichnet zuächst mit Bleistift den Namen des Produkts und einen Werbeslogan in den Kasten. Zeichnet anschließend das Produkt selbst ein.

**b)** Gestaltet die Werbung unter Berücksichtigung des Farbkontrastes bunt.


© Verlag an der Ruhr | Autorin: Sabine Nelke | ISBN 978-3-8346-3079-7 | www.verlagruhr.de

2.

ABC ARBEITSBLATT

# STORYBOARD WERBEFILM

Name: ........................................

Szene Nr. .................... Zeit: ....................

Beschreibung: ........................................

........................................

........................................

........................................

........................................

Ton: ........................................

........................................

........................................

Requisiten: ........................................

........................................

Bildausschnitt: ........................................

Kamerawinkel: ........................................

Hintergrund: ........................................

........................................

Kameraführung: ........................................

........................................

Szene Nr. .................... Zeit: ....................

Beschreibung: ........................................

........................................

........................................

........................................

........................................

Ton: ........................................

........................................

........................................

Requisiten: ........................................

........................................

Bildausschnitt: ........................................

Kamerawinkel: ........................................

Hintergrund: ........................................

........................................

Kameraführung: ........................................

........................................

## 3.

# PLASTIK SKULPTUR OBJEKT

BILDHAUER

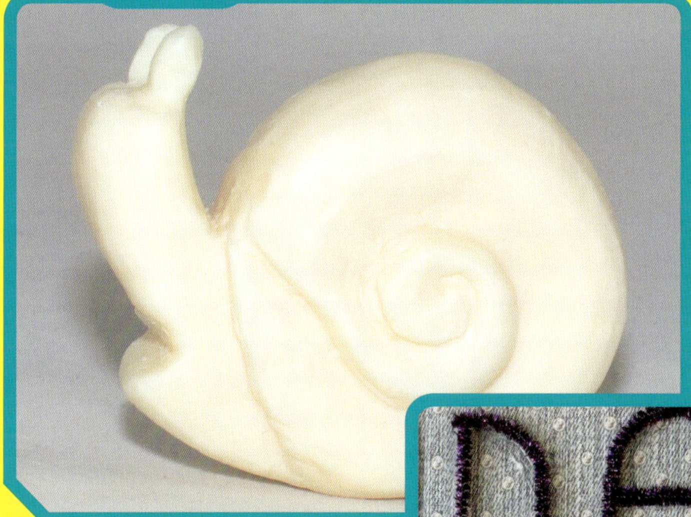

ILLUSTRATOR

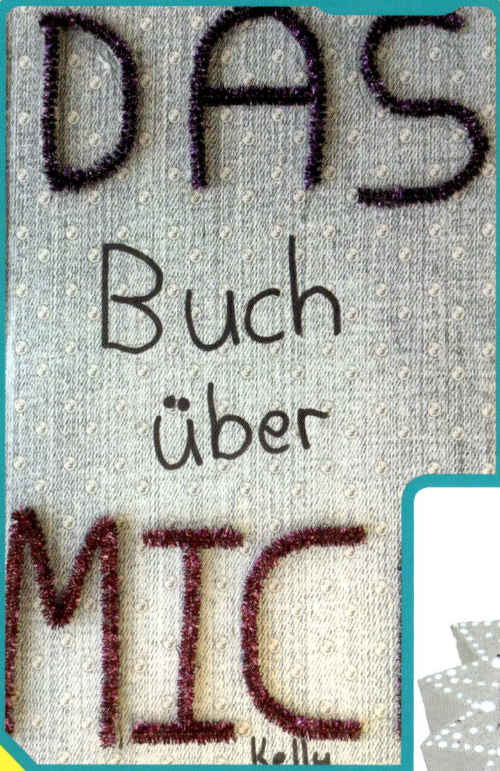




BETONBAUER

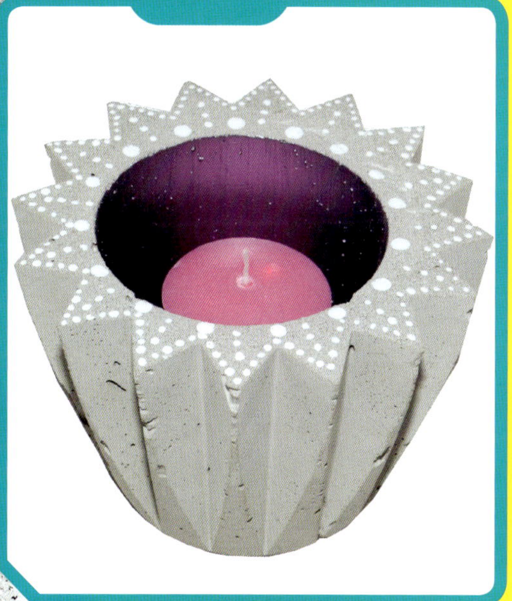

STEINMETZ

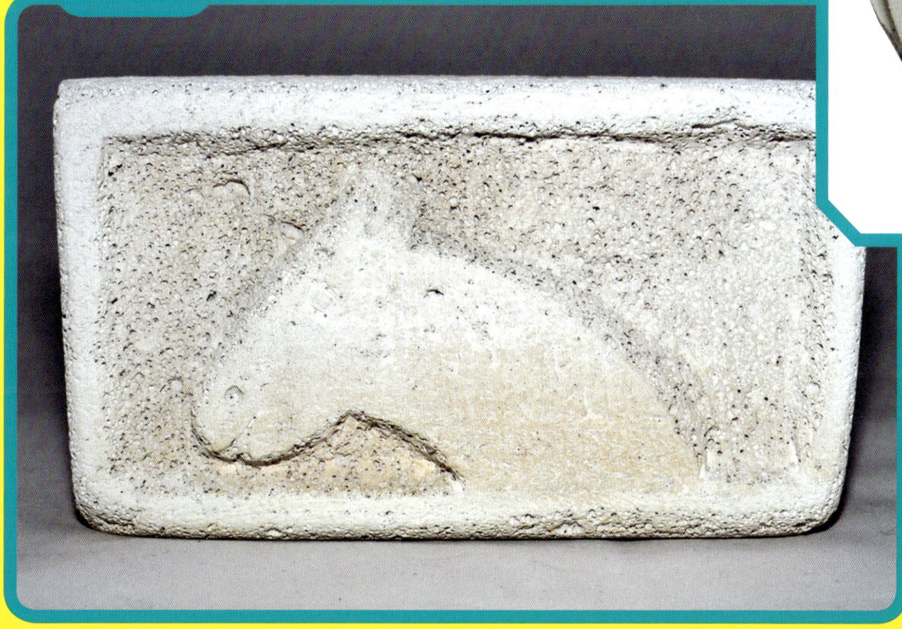

3.

# DAS SEIFENTIER
## Eine Seifenskulptur in Tierform anfertigen

**Berufsfeld: Bildhauer**

**Tätigkeit:** Bildhauer erschaffen mit einer künstlerischen Gestaltungsabsicht Skulpturen, Plastiken oder Reliefs. Diese fertigen sie aus verschiedenen Materialien an, z. B. aus Holz, Marmor, Ton oder Sandstein.

**Ausbildung:** 2- bis 4-jährige Ausbildung (Voraussetzung: Hauptschulabschluss, Mittlerer Bildungsabschluss)

**Beschäftigung:** z. B. in einer Bildhauerwerkstatt oder selbstständig als freischaffender Künstler

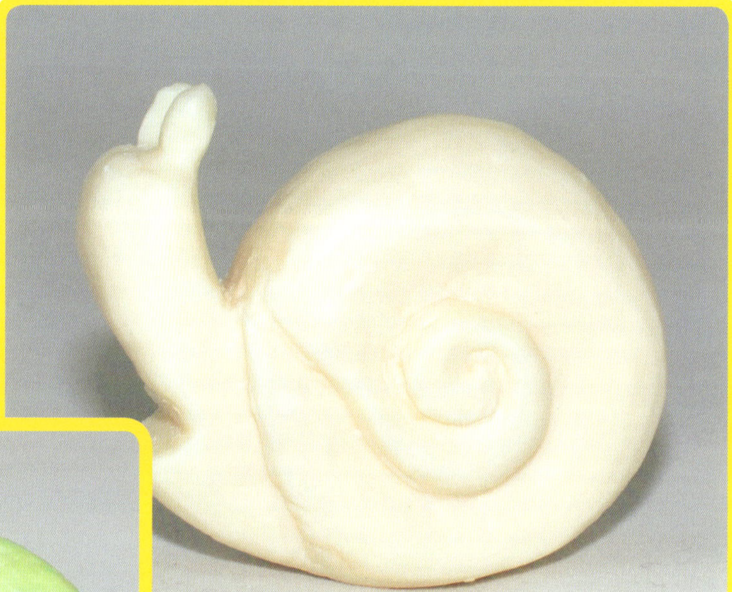

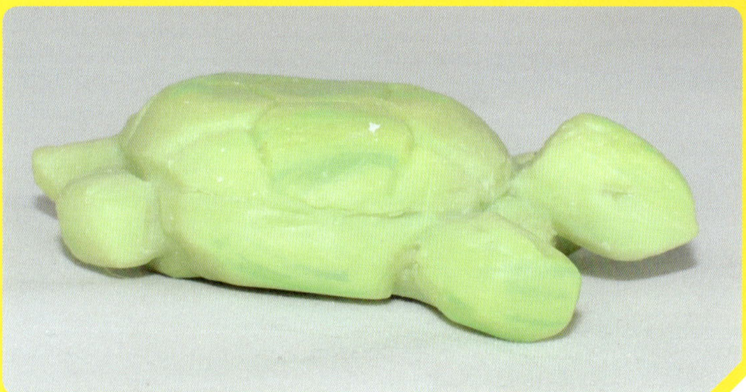

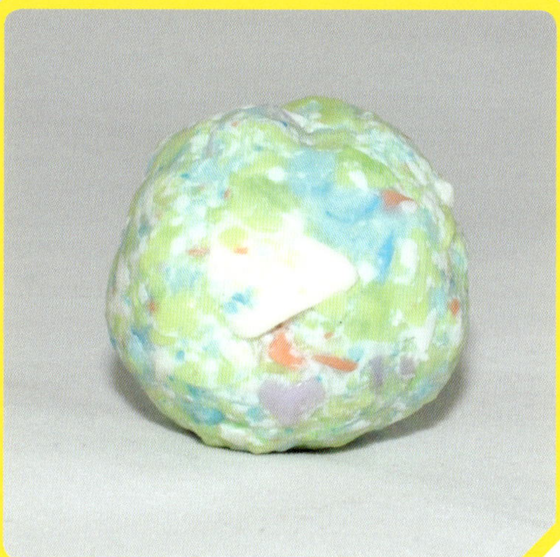

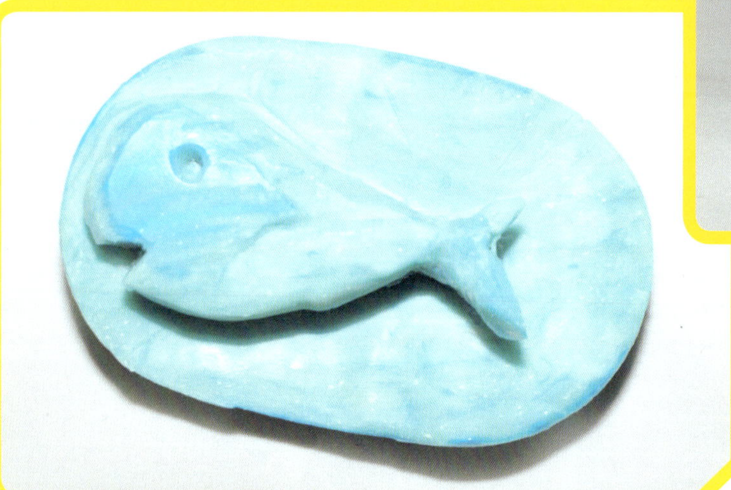

3.

# DAS SEIFENTIER
## Eine Seifenskulptur in Tierform anfertigen

### Kurzbeschreibung

Die Schüler fertigen eine Tierskulptur aus Seife an. Dabei zeichnen sie ein Motiv auf ein Stück Seife und tragen es mithilfe verschiedener Werkzeuge ab.

**Bezug zur Berufswelt:** Bildhauer
**Alltagsbezug:** Darstellung des Lieblingstieres
**Zeitbedarf:** ca. 8 Schulstunden
**Sozialform:** Einzelarbeit

### Material

- für jeden Schüler ein Arbeitsblatt **„Plastik oder Skulptur?"** (S. 74)
- für jeden Schüler eine Anleitung **„Eine Seifenskulptur anfertigen"** (S. 75)
- für jeden Schüler zwei Stücke Seife
- für jeden Schüler ein kleines Küchenmesser
- ggf. verschiedene Werkzeuge, wie z. B. eine Feile
- alte Zeitungen zum Abdecken der Tische
- ggf. Flüssigseife zum Herstellen von Seifenkugeln aus den Seifenresten

### Kompetenzen

Die Schüler
- kennen den Unterschied zwischen einer Plastik und einer Skulptur.
- zeichnen das Motiv ihres Lieblingstieres auf ein Stück Seife.
- fertigen Seifenskulpturen in Form ihres Lieblingstieres an, indem sie mit verschiedenen Werkzeugen Seife abtragen.
- glätten die Konturen der Skulptur mit Wasser.
- beschreiben die Skulpturen im Hinblick auf die festgelegten Bewertungskriterien.

3.

# DAS SEIFENTIER

## Eine Seifenskulptur in Tierform anfertigen

### Möglicher Verlaufsplan der Unterrichtseinheit

| | | |
|---|---|---|
| **1.–2. Stunde** | Plastik und Skulptur | Der Lehrer fragt die Schüler nach ihren Lieblingstieren und gibt einen Überblick über das Unterrichtsvorhaben. Die Schüler erarbeiten anschließend mithilfe des **Arbeitsblattes „Plastik oder Skulptur?"** die Unterschiede der beiden Begriffe in einer Partnerarbeit. |
| | Entwurf der Seifenskulptur | Die Schüler skizzieren einen ersten Entwurf für ihre Seifenskulptur in ihrem **Skizzenheft**. Diesen besprechen sie zunächst mit ihrem Partner und dann mit dem Lehrer (im Hinblick auf schwer darzustellende Details). Sie korrigieren den Entwurf, falls nötig. |
| | Hausaufgabe | Der Lehrer fordert die Schüler dazu auf, in der nächsten Stunde zwei Stücke Seife für ihre Seifenskulptur mitzubringen. |
| **3.–6. Stunde** | Bewertungskriterien | In einem Unterrichtsgespräch werden die Bewertungskriterien gemeinsam erörtert und festgelegt und anschließend an der **Tafel** notiert und im **Heft** gesichert (Kriterien siehe S. 73). |
| | Anfertigung der Seifenskulptur | In Einzelarbeit fertigen die Schüler mithilfe der **Anleitung „Eine Seifenskulptur anfertigen"** und mit unterschiedlichen **Werkzeugen** eine Skulptur ihres Lieblingstieres aus einem Stück **Seife** an. |
| **7.–8. Stunde** | Präsentation und Bewertung der Seifenskulpturen | Die Schüler präsentieren ihre Ergebnisse und beschreiben die unterschiedlichen **Seifenskulpturen** auf Grundlage der zu Beginn besprochenen Bewertungskriterien, zunächst in der Gruppe und dann im Plenum. |

3.

# DAS SEIFENTIER

## Eine Seifenskulptur in Tierform anfertigen

### Bewertungskriterien

- Das Motiv des Lieblingstieres wird bei der Anfertigung der Seifenskulptur sinnvoll auf der Seife platziert.
- Das Seifentier wird ordentlich angefertigt.
- Die Oberfläche des Seifentieres wird nach dem Fertigstellen mit Wasser gleichmäßig geglättet.

### Skulptur

Eine Skulptur ist – ebenso wie eine Plastik – ein körperhaftes Objekt. Wenn aus einem Material (hier Seife) mithilfe von Werkzeugen durch Abtragen oder Schnitzen ein Objekt, z. B. ein Tier, hergestellt wird, spricht man von einer Skulptur. Eine Plastik wird im Gegensatz zur Skulptur nach und nach aufgebaut, z. B. aus Ton. So würde bei einer Schneckenplastik zunächst das Schneckenhaus geformt, an welches dann nach und nach Hals, Kopf und Fühler angebracht würden.

### Skulpturen aus Seife

Mit verschiedenen Werkzeugen sollen die Schüler Skulpturen ihrer Lieblingstiere aus einem Stück Seife anfertigen. Das Thema kann man auch eingrenzen, indem man es z. B. auf Meerestiere, Gliederfüßer oder Haustiere beschränkt. Außer Tieren können natürlich auch andere Skulpturen zu unterschiedlichen Themen hergestellt werden (siehe Aktions-Tipp).

### Anfertigen eines Seifentieres

Nachdem die Schüler einen Entwurf für ihr Seifentier angefertigt haben, müssen sie sich bis zur nächsten Stunde eine Seife besorgen, die farblich zu ihrem Lieblingstier passt. Dabei sollten sie Creme-Seifen bevorzugen, da diese leichter zu bearbeiten sind. Weil Seife bei der Bearbeitung leicht zerbrechen kann, sollte jeder Schüler zwei Stücke Seife kaufen. Schnelle Schüler haben so außerdem die Möglichkeit, eine zweite Skulptur anzufertigen.
Am besten kann die Seife mit einem einfachen, leicht gebogenen Schälmesser bearbeitet werden. Einige Schüler arbeiten aber auch gern mit weiteren Werkzeugen. So können sie z. B. Feilen, Hammer und kleine Meißel oder Schraubenzieher von zu Hause mitbringen.
Während der Bearbeitung sollten die Schülertische mit alten Zeitungen abgedeckt werden. So sind die Tische vor Verunreinigungen geschützt und die Seifenreste können gesammelt werden. Sie können dann später mit etwas Flüssigseife verknetet und zu Seifenkugeln geformt werden. Diese müssen an der Luft trocknen, damit sie stabil werden.

#### Aktions-Tipp

Für einen Weihnachtsbasar können Seifenskulpturen in Form von Weihnachtsmotiven, z. B. Engel, Sterne, Tannenbäume, Kerzen oder Weihnachtsmänner, angefertigt werden.

3.

ARBEITSBLATT

# PLASTIK ODER SKULPTUR?

Name: ..............................................................................................

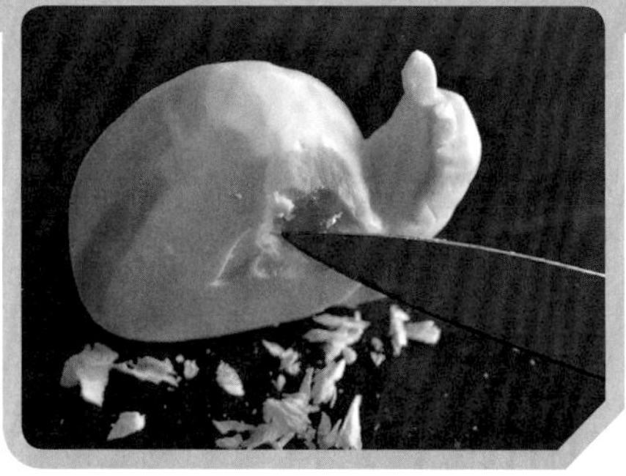

## Skulptur

Wenn du eine Skulptur herstellst, entfernst du etwas von dem Material, das du bearbeitest. So entsteht durch Wegnehmen, z. B. von Holz oder auch von Seife, nach und nach eine Skulptur.

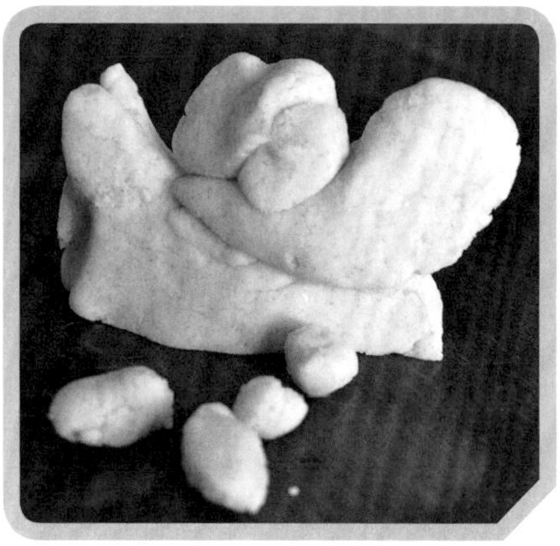

## Plastik

Wenn du eine Plastik herstellst, fügst du etwas von dem Material, das du bearbeitest, hinzu. So entsteht durch Hinzufügen, z. B. von Ton, nach und nach eine Plastik.

## Aufgabe 1

Begründe, ob es sich bei einem selbst angefertigten Seifentier um eine Plastik oder um eine Skulptur handelt.

..............................................................................................

..............................................................................................

..............................................................................................

..............................................................................................

## Aufgabe 2

Nenne weitere Materialien, aus denen man Plastiken oder Skulpturen herstellen kann.

..............................................................................................

..............................................................................................

..............................................................................................

..............................................................................................

## Aufgabe 3

Skizziere einen ersten Entwurf für dein Seifentier in deinem Skizzenheft.


© Verlag an der Ruhr | Autorin: Sabine Nelke | ISBN 978-3-8346-3079-7 | www.verlagruhr.de

ANLEITUNG

# EINE SEIFENSKULPTUR ANFERTIGEN

Name: ..............................................................................

## 1. Motiv zeichnen

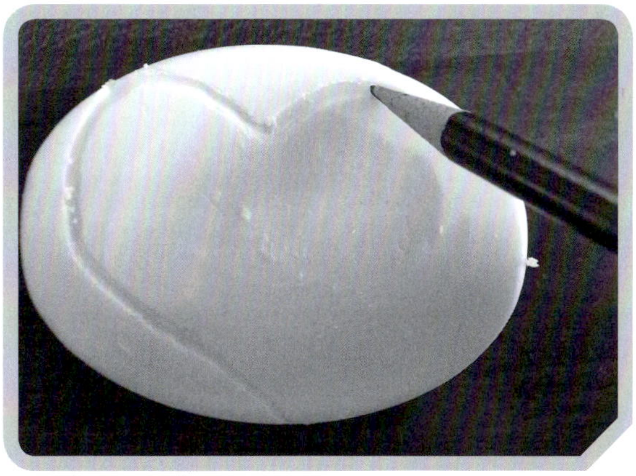

Zeichne das Motiv deiner Skulptur mit einem Bleistift auf ein Stück Seife. Wenn du möchtest, verwende dafür eine Vorlage. Du kannst dabei ruhig die Seife ein wenig einritzen, indem du mit dem Bleistift fest genug drückst. So kannst du das Motiv anschließend sehr deutlich erkennen. Wenn nötig, zeichne dein Motiv auch auf der Rückseite auf.

## 2. Grobe Form schnitzen

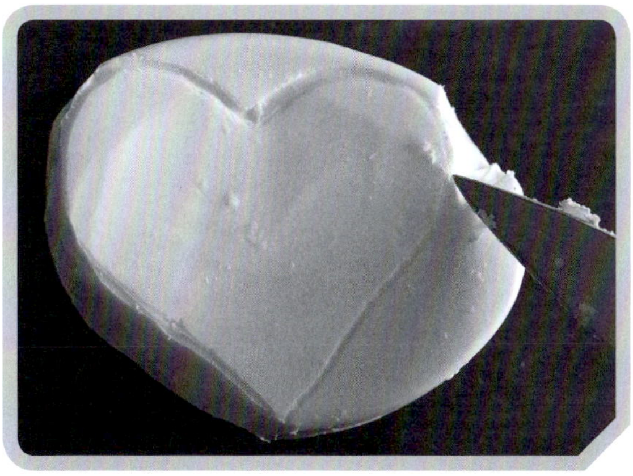

Bearbeite deine Seife vorsichtig mit einem Messer. Beginne zunächst an einer Ecke, die für dein Motiv nicht wichtig ist. Trage etwas Seife mit dem Messer ab und beobachte, wie die Seife sich verhält. Manche Seifen lassen sich leicht bearbeiten und andere zerbrechen schnell. Wenn deine Seife leicht zerbricht, trage immer nur kleine Stücke davon ab. Arbeite so zunächst die grobe Form deines Motivs heraus.

## 3. Feinheiten herausarbeiten

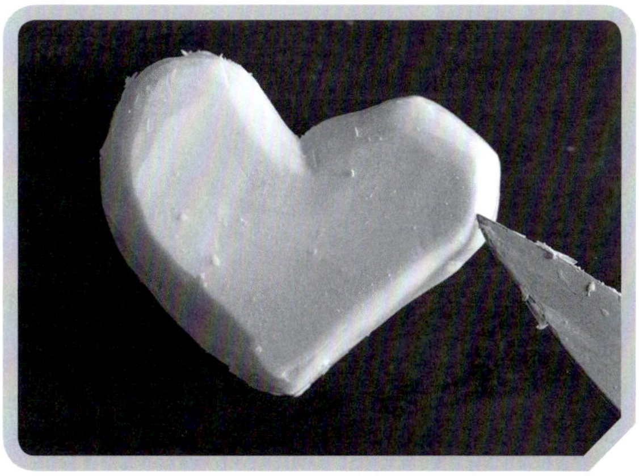

Wenn du die grobe Form deiner Seifenskulptur herausgearbeitet hast, kannst du dich an die Feinarbeit machen. Arbeite nun vorsichtig die Details heraus. Wenn du das geschafft hast, bearbeite die Oberfläche deiner Skulptur so, dass sie möglichst glatt und eben wird.

## 4. Seife glätten

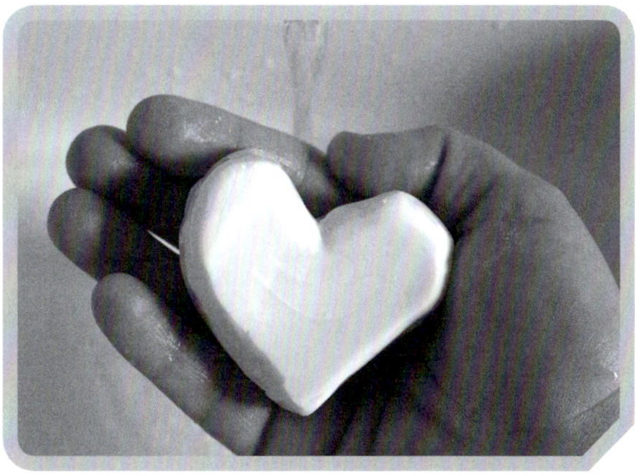

Damit deine Seifenskulptur eine schöne, ebenmäßige und glatte Oberfläche erhält, hältst du sie kurz unter Wasser. Dann seifst du sie vorsichtig an allen Stellen ein. Dieser Vorgang darf nicht zu lange dauern, damit Muster und Strukturen deiner Skulptur nicht verschwinden. Lasse deine Seife anschließend trocknen.

# 3. DAS BUCH ÜBER MICH
## Ein altes Buch neu gestalten

Buch

**Berufsfeld: Illustrator**

**Tätigkeit:** Illustratoren bebildern verschiedene Druckerzeugnisse, wie z. B. Bücher, Illustrierte, Verpackungen oder Anzeigen auf unterschiedliche Art und Weise. Sie fertigen dazu Zeichnungen, Bilder oder Cartoons an, welche z. B. das Cover und die Innenseiten eines Buches schmücken oder einfach das Geschriebene bildhaft veranschaulichen.

**Ausbildung:** Studiengänge in ganz unterschiedlichen künstlerischen Bereichen, z. B. ein Studium der freischaffenden oder bildenden Kunst (Voraussetzung: Abitur, Bewerbungsmappe mit Arbeitsproben)

**Beschäftigung:** z. B. freiberuflich für Verlage oder Werbeagenturen

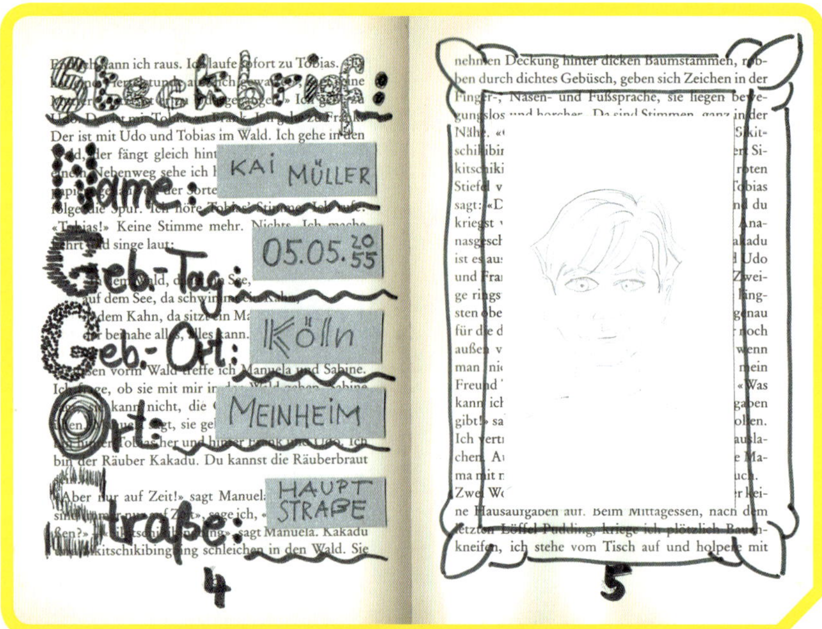


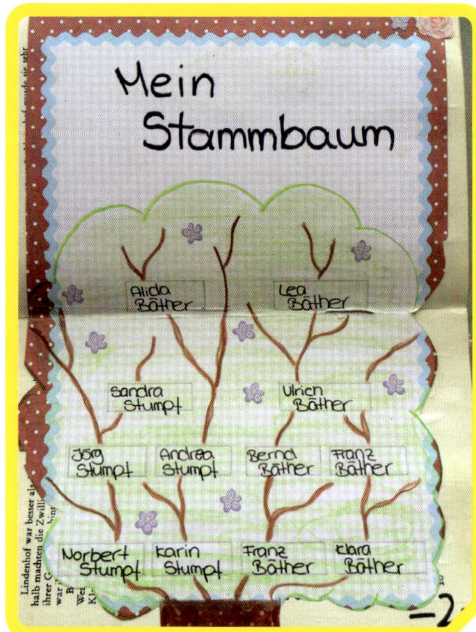


© Alida Bather

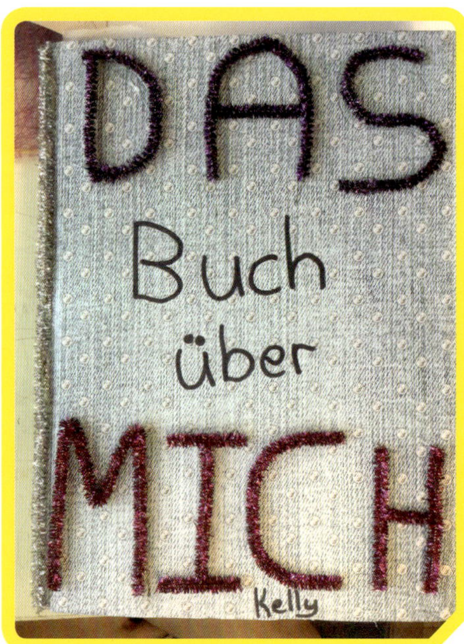


© Kelly Ellermann

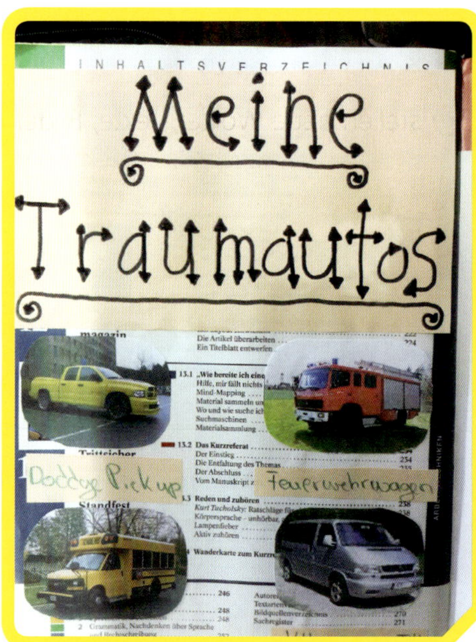


© Robin Schmidt

3.

Buch

# DAS BUCH ÜBER MICH

## Ein altes Buch neu gestalten

### Kurzbeschreibung

Die Schüler gestalten ein altes Buch neu. Sie stellen sich selbst kreativ in diesem Buch dar, indem sie collagenartig verschiedene Informationen über sich selbst einbringen. So gestalten sie z. B. SelbstPorträts, einen Steckbrief, Seiten über Hobbys und Interessen usw.

**Bezug zur Berufswelt:** Illustrator
**Alltagsbezug:** Selbstreflexion/Darstellung der eigenen Person
**Zeitbedarf:** ca. 10 Schulstunden
**Sozialform:** Einzelarbeit

### Material

- für jeden Schüler ein Arbeitsblatt **„Der Aufbau (m)eines Buches“** (S. 82)
- für jeden Schüler ein Arbeitsblatt **„Mindmap: Das Buch über MICH“** (S. 83)
- für jeden Schüler eine Anleitung **„Das Buch über MICH“** (S. 84)
- für jeden Schüler Klebestift, Schere und unterschiedliche Materialien wie z. B. Pappe, Transparentpapier, Acrylfarben und Filzstifte
- jeder Schüler sollte ein altes Buch, das nicht mehr gebraucht wird, mit in den Unterricht bringen.

### Kompetenzen

Die Schüler

- kennen den Aufbau eines Buches.
- gestalten ein altes Buch neu, indem sie collagenartig verschiedene Informationen über sich selbst einbringen.
- beziehen Texte und Bilder der ursprünglichen Buchseite sinnvoll in ihre Seite ein.
- gestalten die verschiedenen Seiten kreativ auf unterschiedliche Art und Weise.
- stellen neue Wörter, Texte, Bilder oder Zeichnungen so deutlich dar, dass sie sich von der alten Gestaltung der Seiten gut abheben.
- beschreiben die gestalteten Bücher im Hinblick auf die festgelegten Bewertungskriterien.

3.

Buch

# DAS BUCH ÜBER MICH
## Ein altes Buch neu gestalten

### Möglicher Verlaufsplan der Unterrichtseinheit

| | | |
|---|---|---|
| 1.–2. Stunde | ◉ Aufbau eines Buches | Der Lehrer präsentiert verschiedene Bücher. Die Schüler beschreiben diese und informieren sich anschließend mithilfe des **Arbeitsblattes „Der Aufbau (m) eines Buches“** über die Bestandteile eines Buches. Dort notieren sie, wie sie ihr eigenes Buch gestalten. |
| | ◉ Bewertungskriterien | In einem Unterrichtsgespräch werden die Bewertungskriterien gemeinsam erörtert und festgelegt und anschließend an der **Tafel** notiert und im **Heft** gesichert (Kriterien siehe S. 79). |
| | ◉ Ideen skizzieren | Die Schüler skizzieren erste Ideen zu ihrem Buch in einer Mindmap auf dem **Arbeitsblatt „Mindmap: Das Buch über MICH“** |
| 3.–8. Stunde | ◉ Gestaltung des „Buches über MICH“ | Die Schüler gestalten mithilfe der **Arbeitsblätter** der vorangegangenen Stunde und der **Anleitung „Das Buch über MICH“** ihr eigenes Buch. Darin stellen sie sich selbst kreativ dar und verwenden **unterschiedliche Materialien**. |
| 9.–10. Stunde | ◉ Präsentation und Bewertung der selbst gestalteten Bücher | Die Schüler präsentieren ihre Ergebnisse und beschreiben die unterschiedlichen Bücher auf Grundlage der zu Beginn besprochenen Bewertungskriterien, zunächst in der Gruppe und dann im Plenum. |

# DAS BUCH ÜBER MICH
## Ein altes Buch neu gestalten

### Bewertungskriterien

- Verschiedene Bestandteile eines Buches werden gestaltet.
- Die Seiten werden neu gestaltet, indem collagenartig Wörter, Texte, Bilder oder Zeichnungen eingefügt werden.
- Jeder Schüler stellt sich selbst kreativ dar.
- Texte und Bilder der ursprünglichen Buchseite werden sinnvoll integriert.
- Neue Wörter, Texte, Bilder oder Zeichnungen sind so deutlich dargestellt, dass sie sich von der alten Gestaltung der Seiten gut abheben.
- Ungenutzte Seiten werden miteinander verbunden.
- Das Cover des Buches wird so gestaltet, dass es zum neuen Inhalt passt.

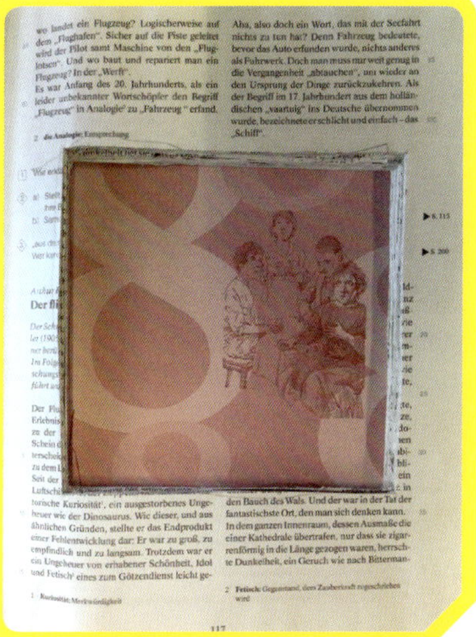



### „Das Buch über MICH“ aus einem alten Buch gestalten

Die Schüler gestalten ein altes Buch neu und machen es zu einem Buch über sich selbst. Dazu gestalten sie einige Seiten des Buches mit Themen, die sie selbst betreffen, auf ganz unterschiedliche Weise neu. Für das Unterrichtsprojekt sollte jeder Schüler ein altes Buch, das nicht mehr gebraucht wird, mit in den Unterricht bringen. Die Bücher können auch veranschaulichen, wie ein Buch aufgebaut ist.
Wenn es in der Schule noch alte Schulbücher gibt, können Sie auch diese den Schülern zur Verfügung stellen.

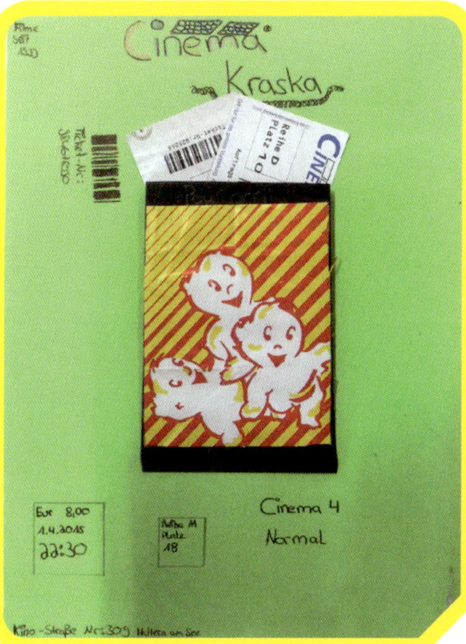




### Der Aufbau eines Buches

Über die Bestandteile eines Buches informieren sich die Schüler zunächst mithilfe des Arbeitsblattes „Der Aufbau (m)eines Buches“. In ihrem „Buch über MICH“ müssen sie nicht alle aufgeführten Bestandteile neu gestalten. So können die Schüler z. B. den Schmutztitel weglassen. Zusätzlich können dem Buch weitere Elemente, die nicht auf dem Arbeitsblatt abgebildet sind, zugefügt werden. Das kann z. B. ein versteckter Hohlraum sein, der in nicht genutzte Seiten mit einem Cutter hineingeschnitten wird. Die Seiten werden danach zusammengeklebt. Der Hohlraum kann als Aufbewahrungsort für persönliche Geheimnisse verwendet werden. Auch kann vorn oder hinten im Buch eine kleine Tasche eingeklebt werden, in der man Erinnerungen, wie Kino- oder Konzertkarten, aufbewahren kann.

3.

Buch

# DAS BUCH ÜBER MICH
## Ein altes Buch neu gestalten

### Bücher gestalten

Bei der Gestaltung des „Buches über MICH" sollten die Schüler zunächst mit dem Inhaltsverzeichnis beginnen, damit sie einen Überblick darüber haben, welche Seiten sie in den folgenden Stunden gestalten möchten. Für das Inhaltsverzeichnis wird zunächst nur eine Skizze im Skizzenheft angefertigt, weil es so jederzeit von den Schülern ergänzt werden kann.
Sie sollten den Schülern eine gewisse Anzahl von Seiten vorgeben, z. B. fünf Doppelseiten (ohne Inhaltsverzeichnis). Da einige Schüler sehr schnell und andere sehr sorgfältig und langsam arbeiten, sollten sie die Seitenanzahl nach oben hin nicht begrenzen.
Zunächst gestalten die Schüler die einzelnen Seiten. Themen können z. B. sein:

- Steckbrief
- Hobbys
- Lieblings-Autos
- Lieblings-Tier
- Lieblings-Musik
- Lieblings-Stadt
- Lieblings-Land
- Freunde

Damit auf den verschiedenen Seiten des Buches Texte oder Bilder der ursprünglichen Gestaltung sichtbar bleiben, können die Schüler sie z. B. mit durchsichtigen Materialien, wie Transparentpapier oder Architektenpapier, bekleben (siehe auch Anleitung „Das Buch über MICH").

Einige Textpassagen, Wörter oder Bilder des ursprünglichen Buches können in die neue Gestaltung einbezogen werden. So kann z. B. das Wort „Inhaltsverzeichnis" im Buch unterstrichen und damit wiederverwendet werden. Der Rest des alten Verzeichnisses kann dann mit Transparentpapier überklebt und mit dem neuen Inhaltsverzeichnis überschrieben werden. Eine Seite für einen Steckbrief kann in einem alten Erdkundebuch z. B. auf der Seite gestaltet werden, auf der eine Deutschlandkarte ist. Dort kann dann der Wohnort des Schülers eingezeichnet werden.
Alle neuen Seiten des Buches müssen sich deutlich von der ursprünglichen Gestaltung, dem jetzigen Hintergrund, abheben. So sollten die Schüler auf eine Seite mit schwarzer Schrift keinen neuen Text in ähnlicher Schriftgröße und gleicher Farbe schreiben. Einen dicken, vielleicht auch farbigen Stift kann man auf der beschriebenen Seite besser erkennen.

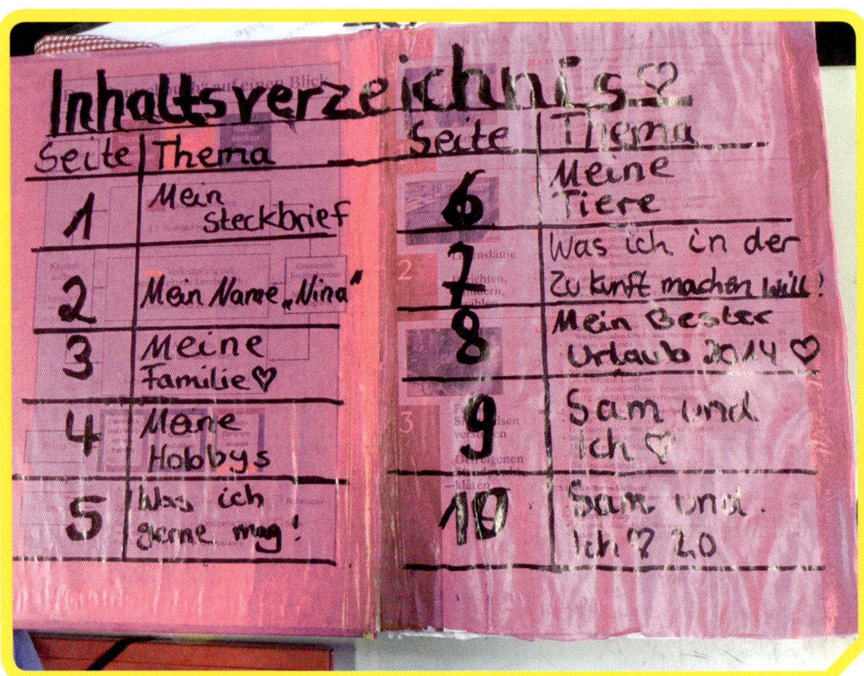


© Nina Schmitz

# 3. DAS BUCH ÜBER MICH
## Ein altes Buch neu gestalten

„Das Buch über MICH" wird wie eine Collage aus vielen verschiedenen Einzelteilen zusammengestellt. Dazu sollen die Schüler möglichst viele unterschiedliche Gestaltungsmöglichkeiten anwenden. Sie können das Cover mit Acrylfarbe bemalen, ein Porträt von sich zeichnen, mit Stempeln drucken, Buchstaben aus unterschiedlichen Materialien ausschneiden, verschiedene Schriftarten, Farben oder Muster für Buchstaben verwenden, Texte oder Bilder aus Zeitschriften ausschneiden u. v. m. Spezielle Materialien sollten die Schüler selbst mitbringen. Es ist jedoch sinnvoll, wenn Sie einen Materialpool mit Tonpapier in verschiedenen Farben, Transparentpapier und Plakatkarton bereitstellen. Auch gemusterter Plakatkarton wird von vielen Schülern sehr gern genutzt. Mit Acrylfarben kann das Cover farbig gestaltet werden.

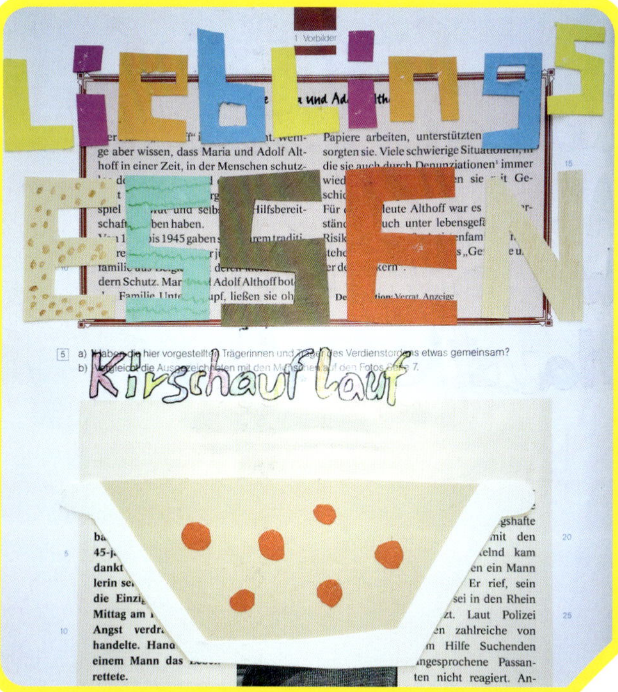




Wenn alle neuen Seiten des Buches gestaltet sind, werden die übrigen Seiten zusammengeklebt. Dazu eignet sich generell am besten ein Klebestift, denn mit flüssigem Kleber entstehen oft Wellen auf den Seiten. Die Seiten können aber auch mit Klebeband oder einem Tacker verbunden werden.

### Präsentations-Tipp

Die fertigen Bücher können in einer „Lesung" präsentiert werden, indem einzelne Schüler aus ihren Büchern vorlesen.

### Kreativ-Tipps

Aus alten Büchern kann nicht nur „Das Buch über MICH" gestaltet werden.

- Die Bücher können auch – mit dicken Filzstiften überschrieben – als Urlaubstagebücher dienen. Dort können dann Urlaubsfotos eingeklebt werden.
- Als Tagebuch können sie mit einem Schloss versehen werden, damit sie alle Geheimnisse des Besitzers schützen.
- In den verschiedenen Unterrichtsfächern können in alten Büchern Texte und Bilder zu verschiedenen Themen gesammelt werden. So kann im Biologieunterricht z. B. ein Buch über Insekten entstehen und im Englischunterricht ein Buch über London.

### Aktions-Tipp

Während einer Klassenfahrt kann aus einem alten Buch ein Reisetagebuch werden. Jeden Tag können andere Schüler hineinschreiben, zeichnen oder Erinnerungsstücke, wie Eintrittskarten, einkleben.

3.

Buch
ARBEITSBLATT

# DER AUFBAU (M)EINES BUCHES

Name: ..............................................................................

## Aufgabe 1

Informiere dich mithilfe der Abbildung über den Aufbau eines Buches.

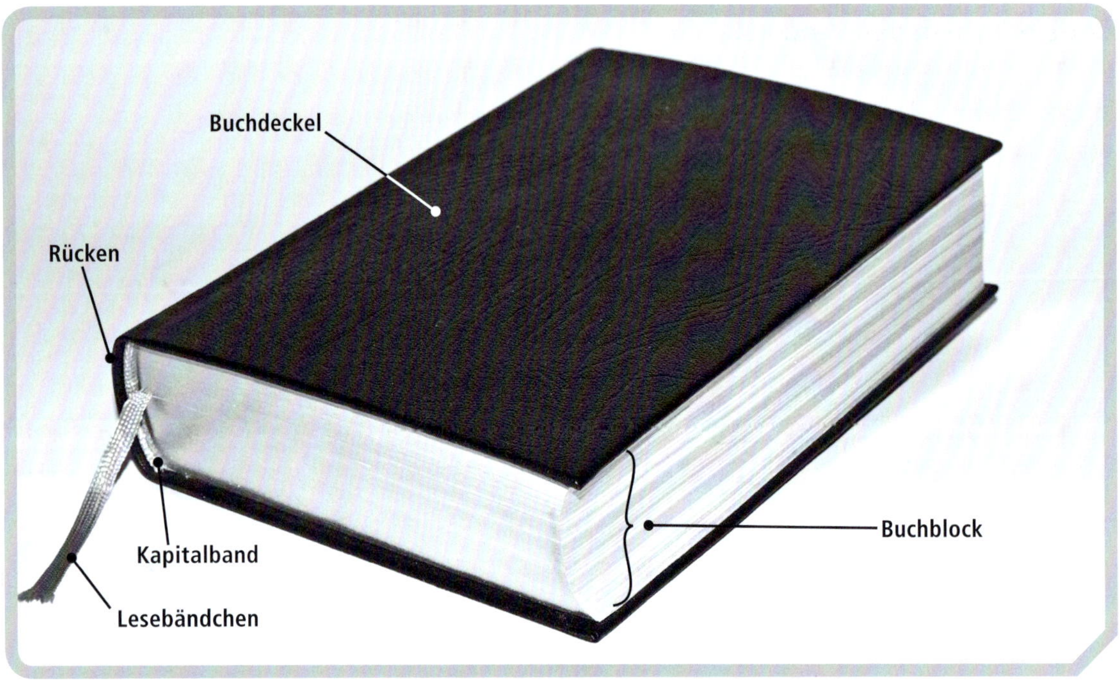


© Birgit Brandlhuber – Fotolia.com

## Aufgabe 2

Betrachte mit deinem Partner gemeinsam eure Bücher.
Sucht die einzelnen Bestandteile an euren Büchern.

## Aufgabe 3

Notiere, welche Teile eines Buches du in deinem „Buch über MICH" gestalten möchtest

1. ..............................................................................
2. ..............................................................................
3. ..............................................................................
4. ..............................................................................
5. ..............................................................................
6. ..............................................................................
7. ..............................................................................
8. ..............................................................................
9. ..............................................................................

3.

Buch
ARBEITSBLATT

# MINDMAP: DAS BUCH ÜBER MICH

Name: ..................................................

## Aufgabe

Sammle Ideen für dein Buch in der Mindmap.

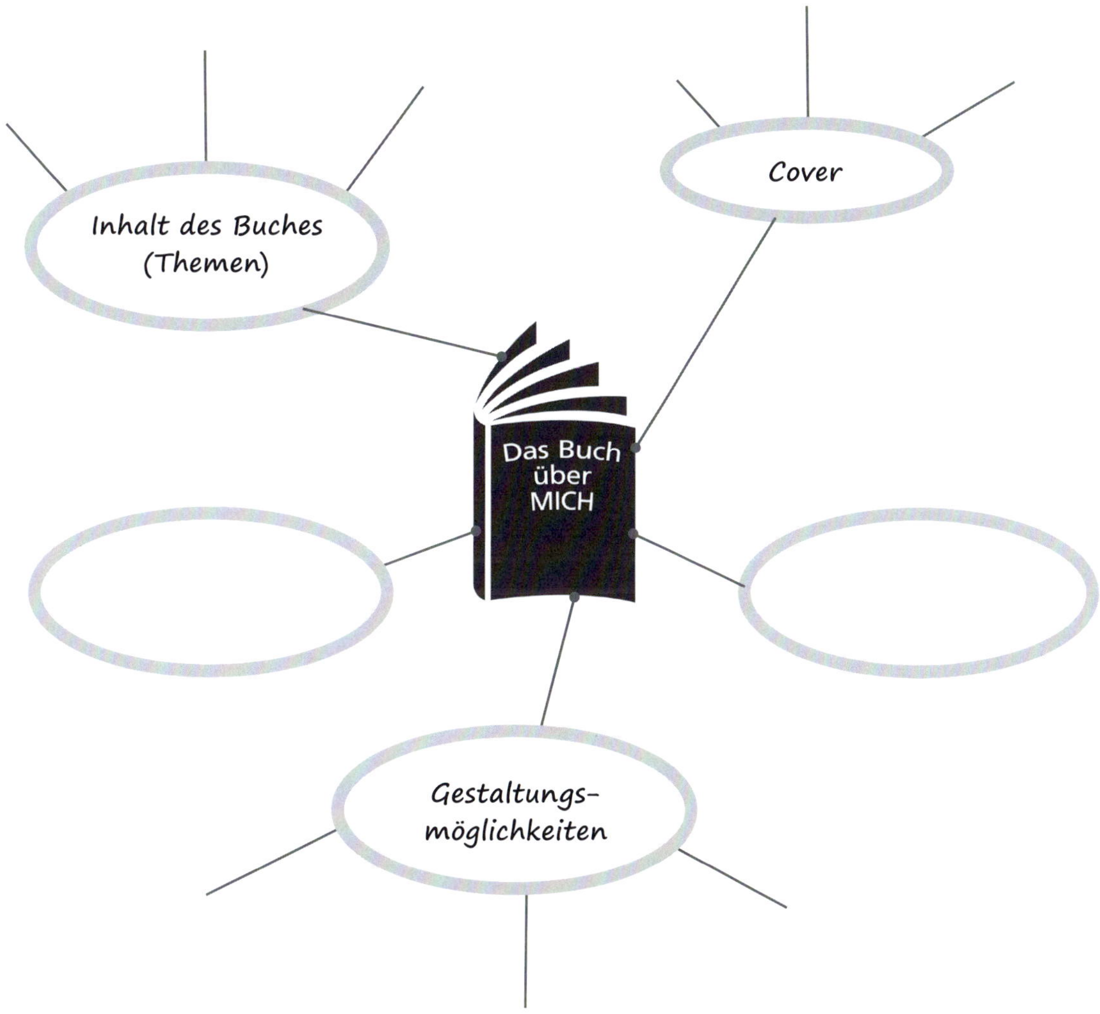

# 3. DAS BUCH ÜBER MICH

Buch ANLEITUNG

Name: ...................................................................

## 1. Inhaltsverzeichnis

- Schreibe ein vorläufiges Inhaltsverzeichnis in dein Skizzenheft. Überarbeite und ergänze es während der Arbeit an deinem Buch, falls nötig.
- Übertrage das Inhaltsverzeichnis ganz am Schluss ordentlich in dein Buch.

*Gestaltungs-Tipp:*
Schreibe deine Texte in verschiedenen Schriftarten und mit unterschiedlichen Stiften.

## 2. Seitenverteilung

- Zähle mithilfe deines vorläufigen Inhaltsverzeichnisses, wie viele Doppelseiten du in deinem Buch gestalten wirst. Schreibe Seitenzahlen auf die Seiten, die du verwenden möchtest.

*Gestaltungs-Tipp:*
Schreibe den Text für deine Seiten auf durchsichtiges Material: Transparentpapier, Frischhaltefolie, Butterbrotpapier, Architektenpapier ...

## 3. Gestaltung der Seiten

- Fertige für jede Seite zunächst eine Skizze mit Bleistift in deinem Skizzenheft an. Gestalte die Skizze auch farbig.
- Übertrage deine Skizzen in dein Buch und integriere dabei Texte oder Bilder der ursprünglichen Seite in deine Gestaltung. Auf jeder Seite soll etwas von der ursprünglichen Seite zu sehen bleiben.
- Deine neuen Texte, Bilder oder Zeichnungen müssen sich deutlich von der alten Seite abheben und gut erkennbar sein.
- Die einzelnen Seiten sollen möglichst unterschiedlich sein: Du kannst Collagen gestalten und Fotos, Bilder, Zeichnungen, Zeitungsausschnitte usw. einkleben.

## 4. Seiten verbinden

- Wenn du mit der Gestaltung deines Buches fertig bist, verbinde alle nicht genutzten Seiten, z. B. mit Klebsoff, Klebeband oder Heftklammern.

*Gestaltungs-Tipp:*
Schneide Buchstaben für das Cover oder für Überschriften aus verschiedenen Materialien aus: Strohhalme, Filz, gemusterte Pappe, Alufolie, Wolle, Stoff, Gummibänder ...

## 5. Gestaltung des Covers und anderer Teile

- Gestalte das Cover so, dass es zum Inhalt deines Buches passt. Wenn du möchtest, füge weitere Teile, wie ein Lesebändchen, ein.

3.

# DIE LEUCHTE
## Kerzenständer aus Beton gießen

**Berufsfeld: Betonbauer**

**Tätigkeit:** Betonbauer fertigen Betonteile, z. B. für Bauwerke, an. Sie gießen, montieren und sanieren Beton.

**Ausbildung:** 3-jährige Ausbildung in einem Handwerksbetrieb (Voraussetzung: Hauptschulabschluss, Mittlerer Bildungsabschluss)

**Beschäftigung:** z. B. bei Bauunternehmen oder auf Baustellen

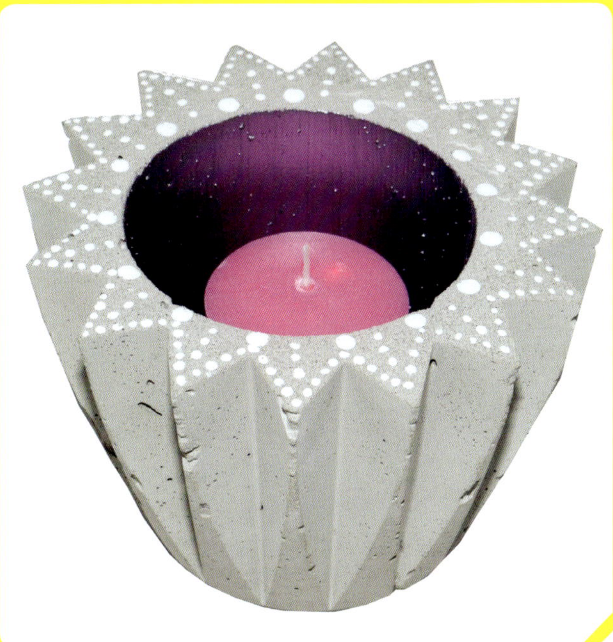

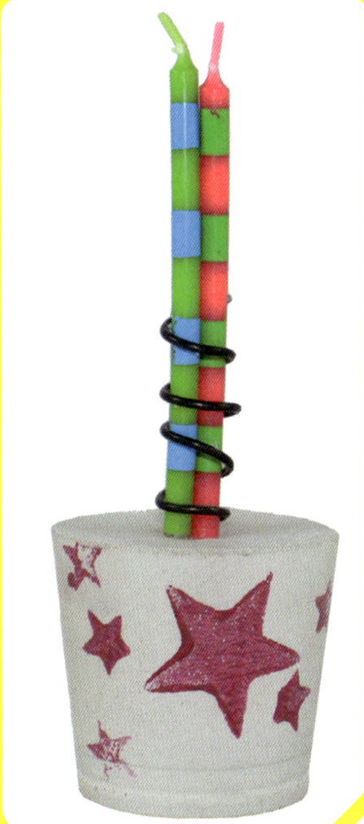

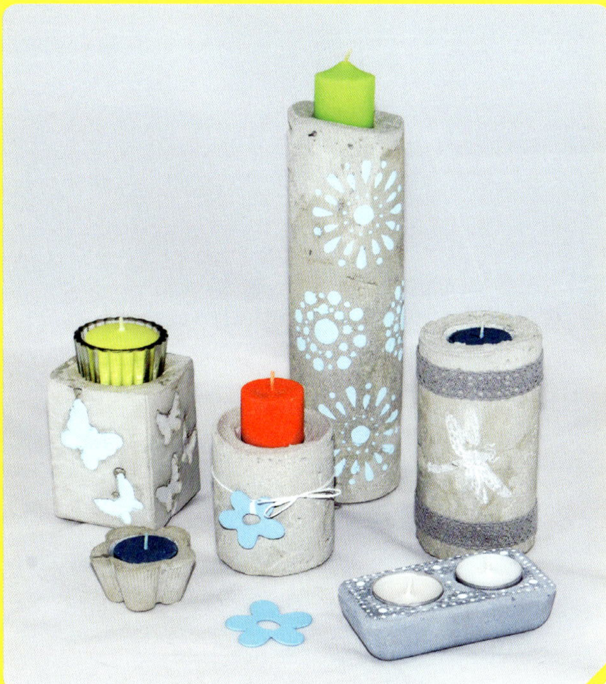

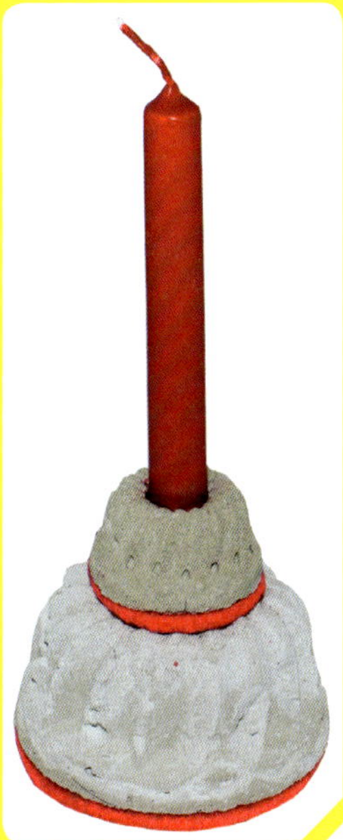

3.

# DIE LEUCHTE
## Kerzenständer aus Beton gießen

### Kurzbeschreibung

Die Schüler gießen einen Kerzenständer aus Beton. Sie verwenden dazu eine Gießform, die ihrer Gestaltungsabsicht entspricht. Das können z. B. Milchtüten, Joghurtbecher, Konservendosen, Silikonformen oder selbst erstellte Pappformen sein. Die entstandenen Betonkerzenleuchter können auf unterschiedliche Weise gestaltet werden.

**Bezug zur Berufswelt:** Betonbauer
**Alltagsbezug:** Schüler gießen einen Betonkerzenleuchter im Hinblick auf eine persönliche Gestaltungsabsicht
**Zeitbedarf:** ca. 8 Schulstunden
**Sozialform:** Einzelarbeit

### Material

- für jeden Schüler ein Arbeitsblatt **„Betonkerzenleuchter“** (S. 91)
- für jeden Schüler eine Anleitung **„Beton gießen“** (S. 92)
- für jeden Schüler eine Gießform und weitere Materialien zum Gestalten der Kerzenleuchter
- für alle Schüler eine fertige Betonmischung oder Sand und Zement (ca. 5 Kilo), Salatöl als Trennmittel, Acrylfarben
- Zeitungen oder Folien zum Abdecken der Arbeits- und Trockenflächen
- für jede Gruppe einen alten Eimer oder eine Schüssel und einen alten Kochlöffel

### Kompetenzen

Die Schüler
- skizzieren einen Kerzenleuchter mit einer bestimmten Gestaltungsabsicht.
- bereiten eine Gießform für den Beton vor.
- rühren Beton an und gießen ihn.
- glätten den Beton und gestalten ihren Leuchter individuell.
- beschreiben die Betonkerzenleuchter im Hinblick auf die festgelegten Bewertungskriterien.

3.

# DIE LEUCHTE

## Kerzenständer aus Beton gießen

### Möglicher Verlaufsplan der Unterrichtseinheit

| | | |
|---|---|---|
| **1.–2. Stunde** | Arbeit eines Betonbauers | Die Schüler betrachten auf einem Unterrichtsgang Bauteile von Gebäuden, die aus Beton gefertigt wurden. In einem Unterrichtsgespräch erörtern sie, wie ein Betonbauer arbeitet. |
| | Beton gießen | Der Lehrer präsentiert einen Gebrauchsgegenstand aus Beton, z. B. einen **Kerzenleuchter**, und die Schüler mutmaßen, wie dieser hergestellt wird. |
| | Bewertungskriterien | In einem Unterrichtsgespräch werden die Bewertungskriterien gemeinsam erörtert und festgelegt und anschließend an der **Tafel** notiert und im **Heft** gesichert (Kriterien siehe S. 88). |
| | Kerzenleuchter aus Beton planen | Mithilfe des **Arbeitsblattes „Betonkerzenleuchter"** skizzieren sie einen Kerzenleuchter in ihrem **Skizzenheft** und notieren, welche Materialien sie für den Kerzenleuchter benötigen. |
| **3.–6. Stunde** | Herstellung von Betonkerzenleuchtern | Die Schüler erstellen mithilfe der **Anleitung „Beton gießen"** in einer Gruppenarbeit Kerzenleuchter. Dazu **werden mit unterschiedlichen Materialien** Gießformen vorbereitet, **Beton** angerührt und gegossen. Nach dem Trocknen werden die Leuchter individuell bemalt und bunt gestaltet. |
| **7.–8. Stunde** | Präsentation und Bewertung der Kerzenleuchter | Die Schüler präsentieren ihre Ergebnisse und beschreiben die unterschiedlichen **Kerzenleuchter** auf Grundlage der zu Beginn besprochenen Bewertungskriterien, zunächst in der Gruppe und dann im Plenum. |

## 3.
# DIE LEUCHTE
## Kerzenständer aus Beton gießen

### Bewertungskriterien

- Der Betonkerzenleuchter wird mit einer bestimmten Gestaltungsabsicht skizziert.
- Die Gießform wird der Skizze entsprechend angefertigt.
- Die Schritte der Anleitung zum Betongießen werden befolgt und der Leuchter ist ordentlich gegossen.
- Der Kerzenleuchter wird geglättet und so gestaltet, wie er im Skizzenheft geplant wurde.

### Bauteile aus Beton

In unserer Umgebung können wir viele unterschiedliche Bauteile aus Beton betrachten.
Auch in der Umgebung Ihrer Schule wird es sie geben, z. B. im Gebäude, auf dem Schulhof, an der Bushaltestelle, an Straßen oder angrenzenden Grundstücken. Alles, was aus Beton besteht, wird von Betonbauern auf ähnliche Art und Weise hergestellt: Zunächst wird eine Form (Schalung) vorbereitet, dann wird der Beton angerührt und gegossen. Er muss eine bestimmte Zeit lang trocknen und wird dann entschalt. Wenn Ihre Schüler Kerzenleuchter oder andere Gegenstände aus Beton herstellen, werden sie ebenfalls diese Arbeitsschritte durchführen.

### Gießformen

Zum Gießen von Beton können fertige Formen verwendet werden oder, z. B. aus Pappe, selbst hergestellt werden.
Chipsdosen, Milchtüten oder auch Joghurtbecher eignen sich sehr gut als Gießformen. Natürlich müssen diese zuvor gründlich gereinigt werden.
Ein besonderer Vorteil bei Recycling-Gießformen ist, dass sie zum Entschalen einfach mit einer Schere aufgeschnitten werden können.

Sehr schön lassen sich Silikonformen zum Gießen von Beton verwenden. Sie sind in vielen unterschiedlichen Formen erhältlich, z. B. als kleine Gugelhupf-Form, und können ohne Trennmittel verwendet werden.

### Trennmittel

Damit der Beton nach dem Trocknen einfach entschalt werden kann, müssen die meisten Formen mit einem Trennmittel bestrichen werden. Einfaches Salatöl, z. B. Sonnenblumenöl, ist günstig und gut geeignet. Alle Gießformen müssen vor dem Gießen sehr gründlich von innen mit einem Pinsel oder einem Papiertuch bestrichen werden. Anderenfalls kann es passieren, dass die Gießform nach dem Trocknen nicht von dem Beton getrennt werden kann.

### Beton oder Betonmischungen anrühren

Im Bauhandel können Sie unterschiedliche Fertigmischungen für Beton kaufen, z. B. Betonspachtel. Die Fertigmischungen haben den Vorteil, dass Sie Sand und Zement nicht abmessen müssen. Auch lassen sie sich meistens sehr leicht verarbeiten.
Wenn Sie Beton selbst mit Ihren Schülern anrühren möchten, mischen Sie zwei Teile feinen Sand und einen Teil Zement (z. B. Portlandzement) so lange mit Wasser, bis dickflüssiger Betonbrei entsteht. Dazu können Sie Schüsseln oder Baueimer und alte Kochlöffel oder Schneebesen verwenden. Nach dem Anrühren sollte der Beton gleichmäßig dickflüssig sein, sich aber noch gut gießen lassen. Es sollte immer genug angerührt werden, da sie den flüssigen Beton nicht „verlängern" können. Das gelingt nur bei einigen Betonmischungen.

3.

# DIE LEUCHTE
## Kerzenständer aus Beton gießen

### Beton einfärben

Wenn Ihre Schüler den Beton einfärben möchten, können sie dazu am besten Acrylfarbe verwenden. Diese wird vor dem Gießen unter den angerührten Beton gemischt. So können auch Werkstücke mit unterschiedlichen Farben, z. B. mehrfarbige Kerzenleuchter, entstehen. Kräftige Farben erhalten sie, wenn sie Farbpigmente in den Beton mischen. Diese sind allerdings viel teurer als Acrylfarben.

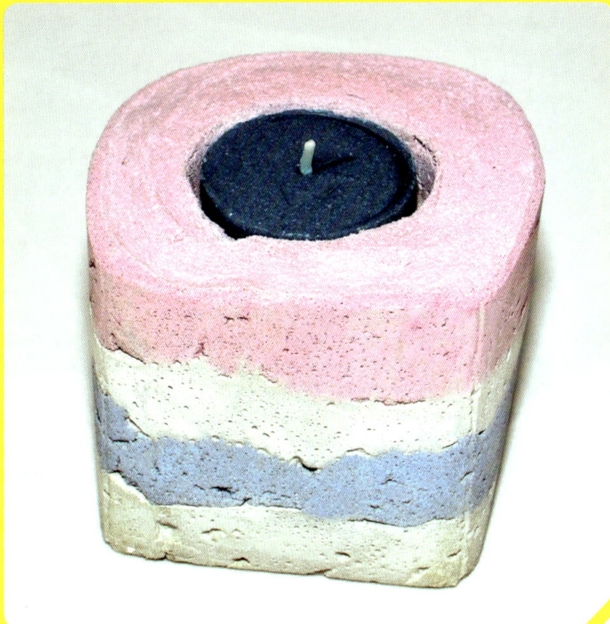

### Beton gießen

Der angerührte Beton wird in die vorbereiteten Gießformen geschüttet oder mit einem Löffel hineingegeben. Dann werden die Formen leicht auf einen Untergrund geklopft oder geschüttelt, damit eventuell beim Gießen entstandene Luftkammern entweichen.

### Beton trocknen

Das Trocknen von Beton dauert unterschiedlich lange und hängt von der Wassermenge der Betonmischung, der Größe des Werkstücks und der Temperatur beim Trocknen ab. Die Schüler sollten mindestens 48 Stunden bis zum Entschalen warten, am besten jedoch eine Woche. Nach dem Entschalen kann es vorkommen, dass die Werkstücke noch weiter trocknen müssen.

### Beton entschalen

Die Gießformen müssen vom getrockneten Beton sehr vorsichtig entfernt werden, da er erst nach einigen Wochen seine volle Stabilität erreicht. Deshalb müssen Ihre Schüler sehr vorsichtig arbeiten, besonders wenn sie die Entschalung mit Cuttern, Messern oder Scheren vornehmen.

### Beton versiegeln

Damit die Kerzenleuchter aus Beton lange schön bleiben, kann ihre Oberfläche versiegelt werden. Dazu bietet das Baugewerbe spezielle Oberflächenversiegelungen für Beton an, die z. B. für Küchen verwendet werden. Sie können aber auch matten Klarlack verwenden oder die Kerzenleuchter einfach mit dem Wachs eines weißen Teelichts einreiben.

### Betonkerzenleuchter glätten

Nach dem Trocknen ist es möglich, dass die Kanten der Betonkerzenleuchter oder auch ihre Oberflächen uneben oder rau sind. Nach ca. einer Woche Trockenzeit können die Leuchter mit Feilen oder Schleifpapier geglättet werden. Es können auch Muster in den Beton gefeilt werden.

3.

# DIE LEUCHTE
## Kerzenständer aus Beton gießen

### Betonkerzenleuchter gestalten

Es gibt eine Vielzahl von Möglichkeiten, die Kerzenleuchter individuell zu gestalten (s. u.). Mit dem Arbeitsblatt „Betonkerzenleuchter" können sich die Schüler informieren, bevor sie sich für eine Möglichkeit entscheiden.

### Betonkerzenleuchter mit Haltern aus Draht

Kerzenleuchter aus Beton können nach dem Gießen sehr einfach mit einem Drahthalter für die Kerzen versehen werden. Dazu wird ein Steckdraht um den Stiel eines Kochlöffels, eines Besens o. Ä. gedreht. Die so entstandene Spirale wird zum Trocknen in den Beton gesteckt. Dabei muss kontrolliert werden, ob sie gerade im Beton stehen bleibt.

### Betonkerzenleuchter mit Stempeln bedrucken

Sehr einfach können Betonkerzenleuchter mit Stempeln verziert werden. Dazu können jegliche Stempel verwendet werden. Als Farbe eignet sich Acrylfarbe.

### Betonkerzenleuchter mit Schablonen verzieren

Zum Gestalten von Beton können gut selbstklebende Schablonen verwendet werden. Sie werden mit Acrylfarbe ausgefüllt und dann vorsichtig entfernt.

### Betonkerzenleuchter mit Pinseln oder Rundhölzern bemalen

Betonkerzenleuchter können auch mit Acrylfarbe und Pinseln bemalt werden. Besonders schön sieht eine Bemalung mit dem „Dot-Painting-Verfahren" aus. Dazu werden Rundhölzer, z. B. die Enden von Kochlöffeln oder Essstäbchen, in Farbe getaucht und damit Punkte auf den Beton getupft.

### Betonkerzenleuchter mit Bändern oder Anhängern verzieren

Fertige Betonkerzenleuchter können mit Bändern oder Anhängern verziert werden und so auch auf einen bestimmten Anlass (z. B. Weihnachten) bezogen werden.

### Betonkerzenleuchter mit Aussparungen

Betonkerzenleuchter können auf verschiedene Art und Weise mit Aussparungen versehen werden. Dazu können z. B. eingeölte Teelichter in ihrer Oberfläche versenkt werden. Die versenkten Formen müssen, z. B. mit Steinen, beschwert werden, da sie ansonsten nicht im Beton verbleiben. Es können auch Formen aus Moosgummi (Schmetterlinge, Blumen usw.) vor dem Befüllen mit der Betonmasse in die Gießformen eingeklebt werden. Diese sind dann später als Aussparungen auf der Oberfläche des Kerzenleuchters sichtbar.

### Aktions- und Präsentations-Tipp

Mit den brennenden Kerzenleuchtern kann z. B. eine Nachtausstellung im Kunstraum oder eine Lesenacht im Klassenraum beleuchtet werden.

3.

# BETONKERZENLEUCHTER

ARBEITSBLATT

Name: ..............................................................................................................................................................................

## Aufgabe 1

Sieh dir auf den Beispielbildern an, wie du einen Betonkerzenleuchter gestalten kannst.

## Kerzenleuchter …

**… aus Chipsdosen, Milchtüten oder Joghurtbechern**

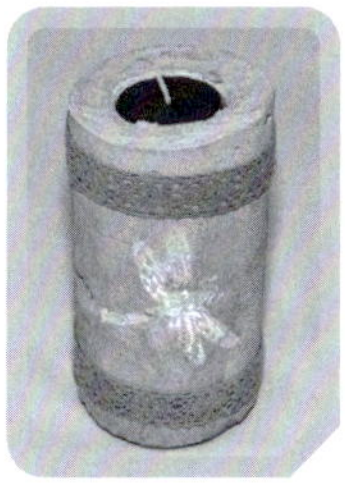

**… mit Haltern aus Draht**

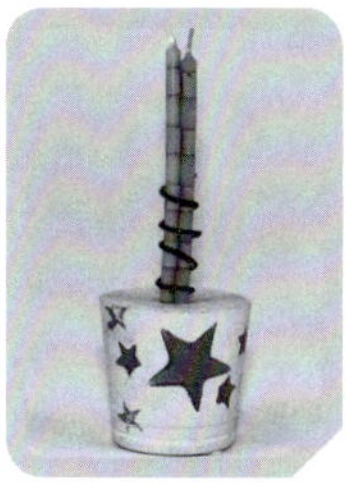

**… für Geburtstage in Kuchenform**

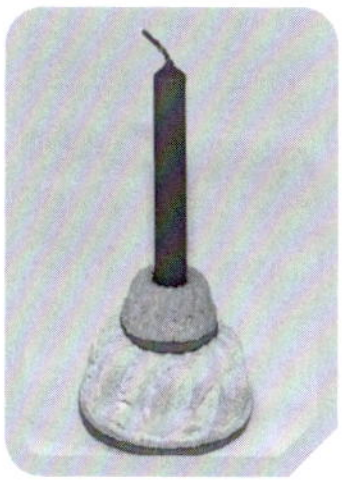

**… mit Stempeln bedruckt**

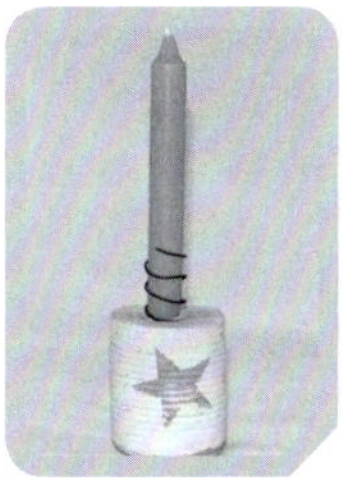

**… mit Schablonen verziert**

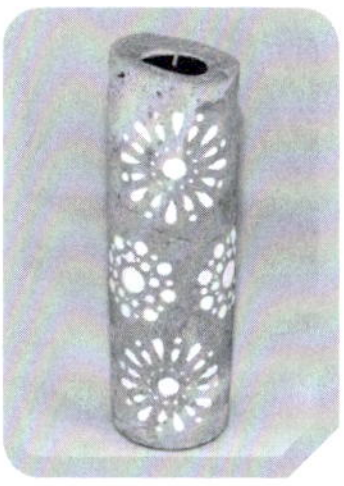

**… mit Feilen und Schleifpapier geglättet**

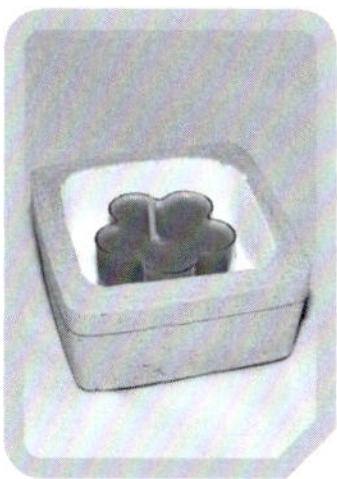

**… mit Pinseln oder Rundhölzern bemalt**

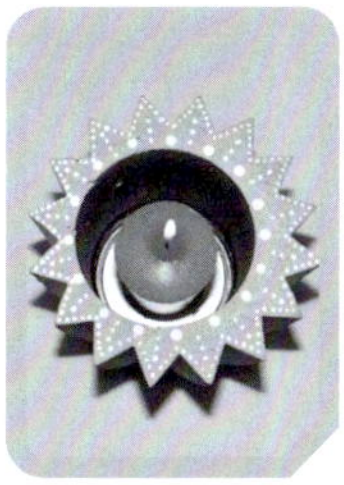

**… mit Bändern und Anhängern verziert**

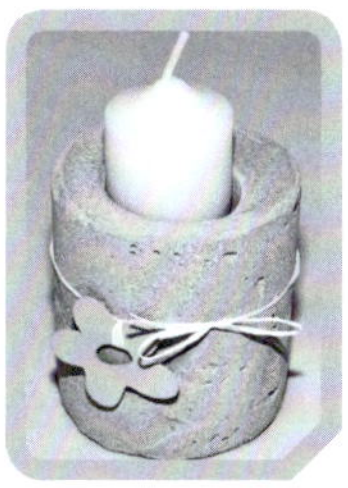

**… mit Aussparungen**

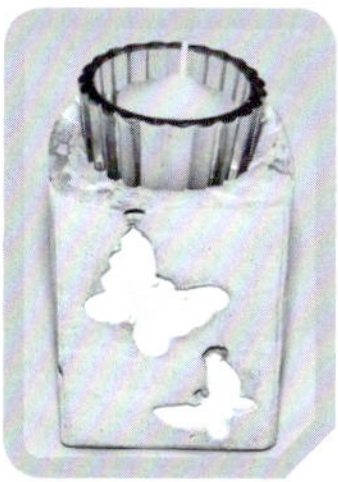

## Aufgabe 2

Notiere in deinem Skizzenheft, welchen Zweck dein Kerzenleuchter erfüllen soll. Überlege z. B., wie die Kerze aussieht, die er halten soll (Größe, Farbe etc.), und ob er für einen bestimmten Anlass (Geburtstag, Weihnachten etc.) verwendet werden soll.

## Aufgabe 3

Zeichne eine Skizze von dem Betonkerzenleuchter, den du gießen willst, in dein Skizzenheft. Notiere darunter, welche Materialien du zur Herstellung benötigst.

3.

# BETON GIESSEN

ANLEITUNG

Name: ..............................................................................................

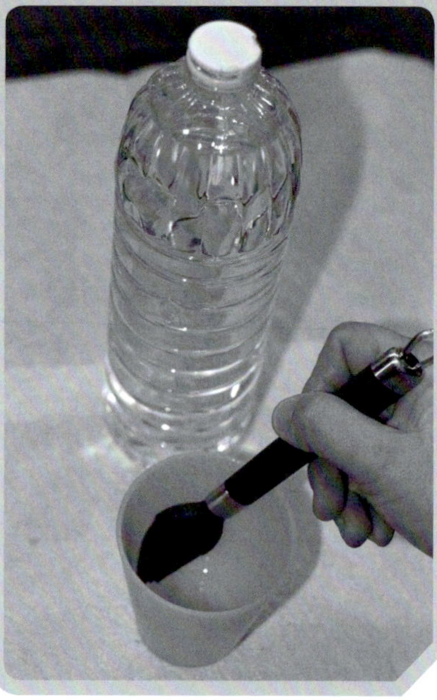

## 1. Gießform vorbereiten

- Wähle eine Gießform für den Beton, die beweglich ist und nach oben nicht enger wird.
- Schneide deine Form gegebenenfalls zurecht.
- Fette sie mit einem Pinsel oder einem Papiertuch von innen sorgfältig mit Speiseöl ein.

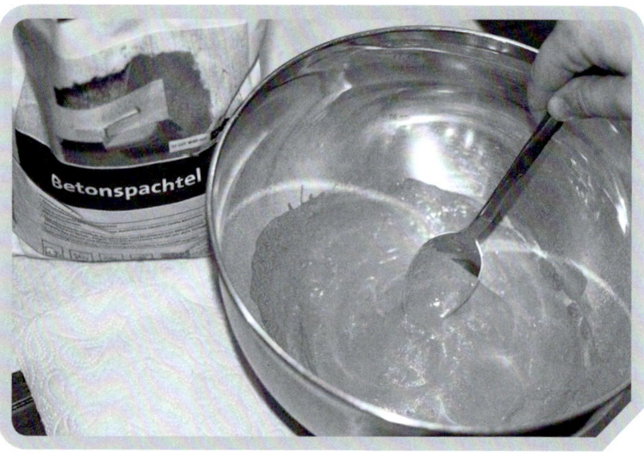


## 2. Beton anrühren

- Rühre Betonmischungen nach der Packungsanweisung an oder mische den Beton selbst, indem du zwei Teile Sand und einen Teil Zement verrührst und Wasser hinzufügst, bis eine dickflüssige Masse entstanden ist.
- Rühre so lange, bis die Masse einheitlich und ohne Klümpchen ist.

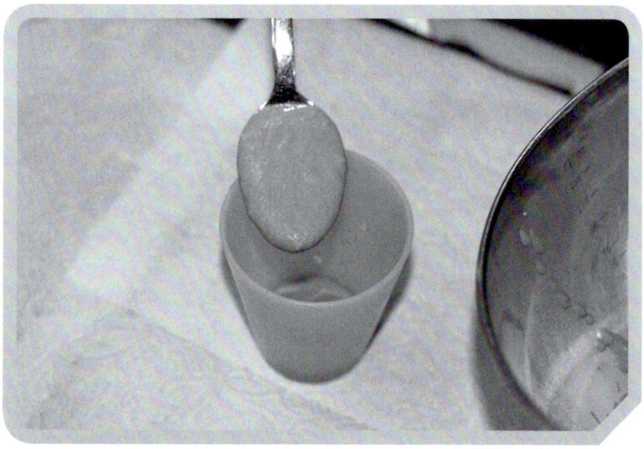

## 3. Beton gießen

- Gieße den Beton vorsichtig in die Form. Du kannst ihn auch mit einem alten Löffel einfüllen.
- Schüttle die Gießform vorsichtig, damit eventuell entstandene Luftblasen aufsteigen können.
- Reinige deinen Arbeitsplatz sofort mit Wasser.

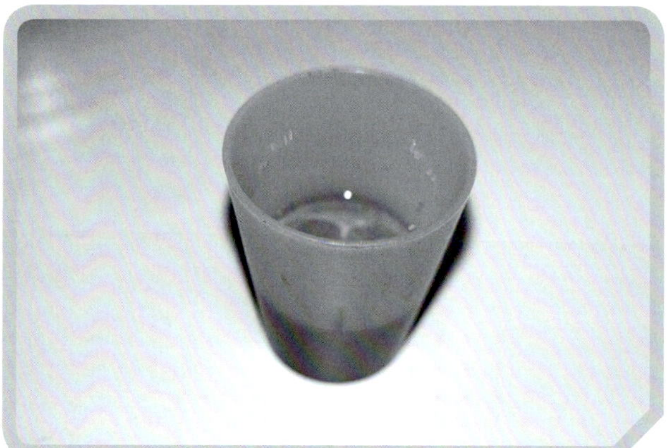

## 4. Beton trocknen und Form entfernen

- Stelle deinen frisch gegossenen Beton zum Trocknen auf eine waagerechte Fläche.
- Lasse den Beton mindestens 48 Stunden trocknen.
- Entferne die Gießform vorsichtig.

3.

# MEIN MEILENSTEIN
## Eine Skulptur aus Ytong® herstellen

**Berufsfeld: Steinmetz**

**Tätigkeit:** Ein Steinmetz stellt Skulpturen, Reliefs und andere Steinarbeiten aus Natursteinen her, indem er diese mit unterschiedlichen Werkzeugen bearbeitet. Außerdem führt er auch Reparaturen und Restaurierungen an Steinarbeiten durch.

**Ausbildung:** 3-jährige Ausbildung in einem Handwerksbetrieb (Voraussetzungen: Hauptschulabschluss, Mittlerer Bildungsabschluss)

**Beschäftigung:** z. B. in Steinmetzbetrieben oder im Kirchenbau

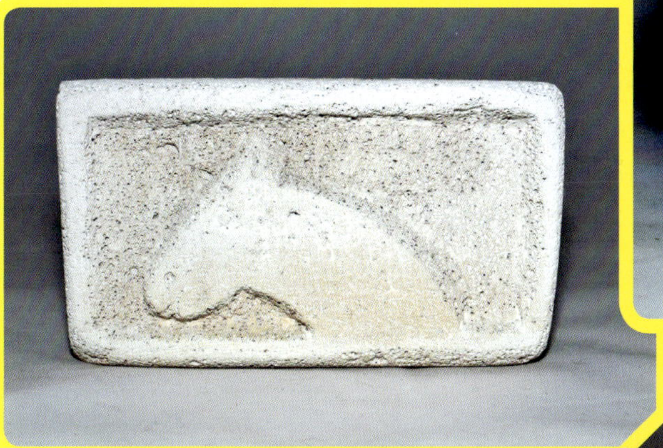

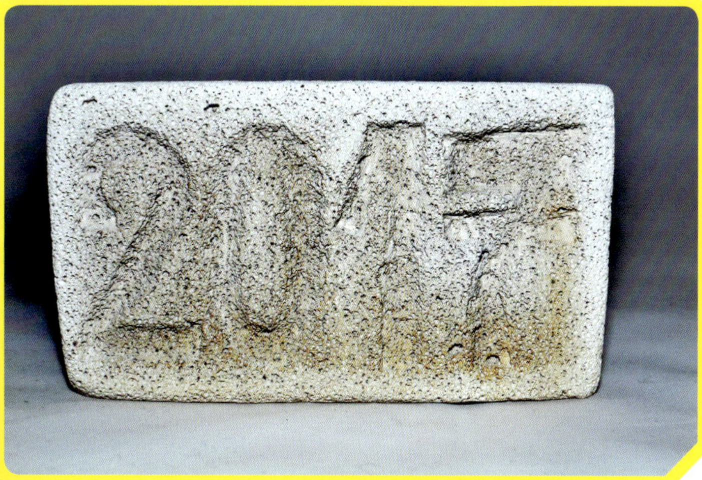

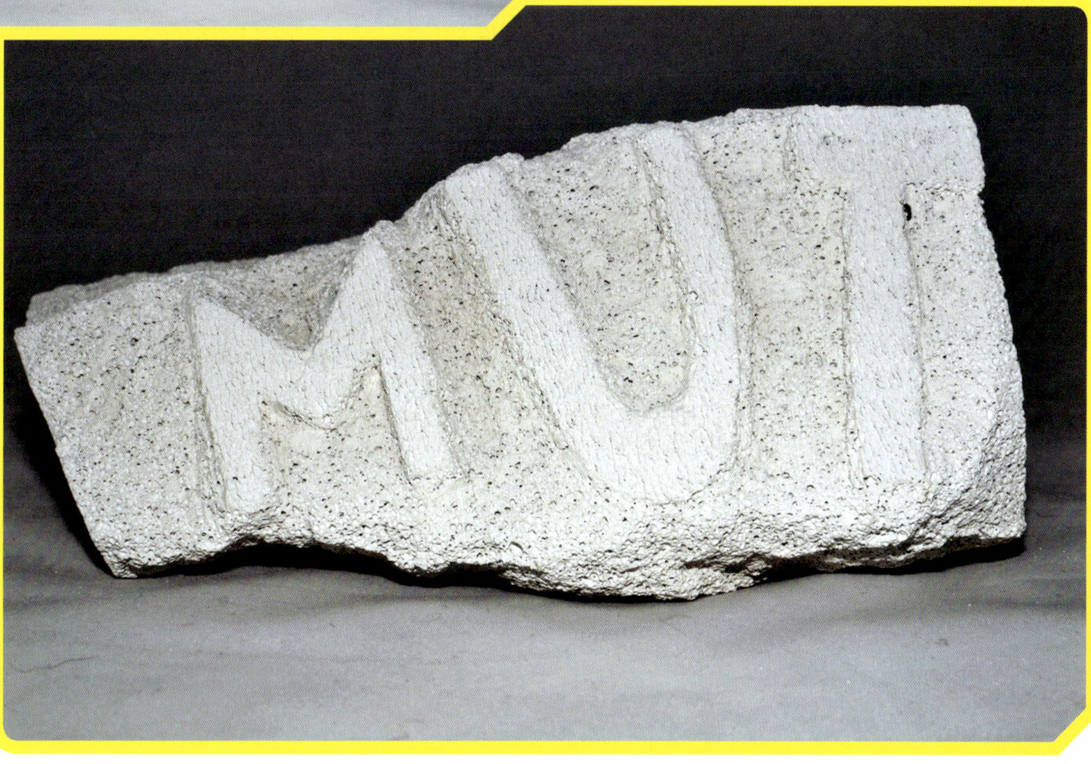

3.

# MEIN MEILENSTEIN
## Eine Skulptur aus Ytong® herstellen

### Kurzbeschreibung

Die Schüler stellen ein persönliches Ziel in Form eines Meilensteins dar. Dazu fertigen sie aus Ytong® mit verschiedenen Werkzeugen, wie Säge, Hammer und Meißel, eine Skulptur.

**Bezug zur Berufswelt:** Steinmetz
**Alltagsbezug:** Darstellung eines persönlichen Ziels
**Zeitbedarf:** ca. 8 Schulstunden
**Sozialform:** Einzelarbeit

### Material

- für jeden Schüler ein Arbeitsblatt **„Relief oder Skulptur?“** (S. 97)
- für jeden Schüler eine Anleitung **„Meilenstein aus Ytong®“** (S. 98)
- für alle Schüler Sägen, unterschiedliche Feilen, Meißel, Drahtbürsten, grobes Schmirgelpapier
- ggf. Grundierung und Außenlack zur Versiegelung
- für jeden Schüler eine Schutzbrille, Atemmaske, Schutzkleidung und einen Ytong®-Stein
- Zeitungen oder Folien zum Abdecken der Arbeitsflächen

### Kompetenzen

Die Schüler

- nennen persönliche Lebensziele und entscheiden sich für einen wichtigen „Meilenstein“.
- fertigen eine Skizze für ihren Meilenstein an.
- unterscheiden die Begriffe „Skulptur“ und „Relief“.
- erstellen mit unterschiedlichen Werkzeugen einen persönlichen Meilenstein in Form einer „Skulptur“ oder eines „Reliefs“.
- beschreiben die Meilensteine im Hinblick auf die festgelegten Bewertungskriterien.

3.

# MEIN MEILENSTEIN

## Eine Skulptur aus Ytong® herstellen

### Möglicher Verlaufsplan der Unterrichtseinheit

| | | |
|---|---|---|
| **1.–2. Stunde** | Meilensteine | Die Schüler notieren in ihrem **Skizzenheft** persönliche Lebensziele, die als Meilensteine bezeichnet werden. Sie entscheiden sich für einen besonders wichtigen „Meilenstein". |
| | Skulptur oder Relief | Der Lehrer präsentiert den Schülern **Meilensteine** in Form einer Skulptur oder eines Reliefs. Die Schüler beschreiben die Begriffe „Skulptur" und „Relief" mithilfe des **Arbeitsblattes „Relief oder Skulptur?".** Die Ergebnisse werden im Plenum besprochen. |
| | Skizze anfertigen | Die Schüler entscheiden sich für eine Art der Darstellung. Sie fertigen eine Skizze für ihren persönlichen Meilenstein aus Ytong® in ihrem **Skizzenheft** an. |
| | Bewertungskriterien | In einem Unterrichtsgespräch werden die Bewertungskriterien gemeinsam erörtert und festgelegt und anschließend an der Tafel notiert und im Heft gesichert (Kriterien siehe S. 96). |
| | Elternbrief | Der Lehrer verteilt einen **Elternbrief**, in welchem auf Schutzmaßnahmen und die benötigten Werkzeuge für die kommende Stunde hingewiesen wird (weitere Hinweise siehe S. 96). |
| **3.–6. Stunde** | Skulptur oder Relief für den Meilenstein aus Ytong® herstellen | Die Schüler stellen mithilfe ihrer Skizze und der **Anleitung „Meilenstein aus Ytong®"** ihren Meilenstein in Form einer Skulptur oder eines Reliefs her. Sie verwenden dazu unterschiedliche **Werkzeuge**. |
| **7.–8. Stunde** | Präsentation und Bewertung der Meilensteine | Die Schüler präsentieren ihre Ergebnisse und beschreiben die unterschiedlichen **Meilensteine** auf Grundlage der zu Beginn besprochenen Bewertungskriterien, zunächst in der Gruppe und dann im Plenum. |

3.

# MEIN MEILENSTEIN
## Eine Skulptur aus Ytong® herstellen

### Bewertungskriterien

- Das persönliche Ziel wird auf dem Ytong®-Stein deutlich abgebildet und entspricht der angefertigten Skizze.
- Das herausgearbeitete Motiv des Ytong®-Steins ist deutlich zu erkennen.
- Der Stein wurde ordentlich bearbeitet und hat eine glatte Oberfläche.

### Skulptur oder Relief

Eine Skulptur ist – ebenso wie ein Relief – ein körperhaftes Objekt. Wenn aus einem Material (hier Ytong®) mithilfe von Werkzeugen durch Abtragen ein Motiv hergestellt wird, spricht man von einer Skulptur (siehe S. 93 die Skulptur „Mut"; für den Unterschied zwischen Skulptur und Plastik siehe S. 73).
Ein Meilenstein aus Ytong® kann allerdings auch als Relief hergestellt werden. Dann behält der Ytong®-Stein seine rechteckige Form (siehe S. 93 das Relief „Pferd"). Dabei wird das Motiv auf einer oder mehreren Flächen des Steins flächig abgetragen. Es hebt sich dann plastisch vom Hintergrund ab.

### Einen Meilenstein aus Ytong® herstellen

Arbeiten mit Ytong® ist für Schüler sehr motivierend und einfach, verursacht aber viel Staub und abgetragenes Material. Am besten ist es deshalb, mit Ytong® draußen zu arbeiten. Wenn Sie im Gebäude bleiben, sollten Sie Tische und Böden großzügig mit Zeitungen oder Folie abdecken. Nach der groben Reinigung des Raumes sollte der entstandene Staub zusätzlich mit einem Staubsauger entfernt werden.
Ytong®-Steine können sie in unterschiedlichen Größen in Geschäften für Baumaterialien kaufen. Die Größe ihres Steins schneiden die Schüler mit einer Säge zurecht. Die weiteren Arbeiten werden mit Feilen, Schraubenziehern und unterschiedlichen Meißeln bewerkstelligt. Eine feine Oberfläche entsteht zum Schluss durch das Bearbeiten mit einer Drahtbürste und grobem Schmirgelpapier. Die benötigten Werkzeuge können viele Schüler von zu Hause mitbringen. Außerdem können Sie ggf. im Fachbereich Technik oder beim Hausmeister einige Werkzeuge ausleihen.
Wenn die Meilensteine später draußen stehen sollen, lohnt sich eine Versiegelung mit Grundierung und Außenlack. So behalten die porösen Steine lange eine saubere Oberfläche.
Das Arbeiten mit Ytong® ist nicht ganz ungefährlich. Abgetragenes Material kann in die Augen oder in die Atemwege gelangen. Auch verschmutzt die Kleidung leicht. Aus diesem Grund benötigen die Schüler Schutzbrillen, Atemmasken und alte Kleidung. Informieren Sie die Eltern in einem Brief darüber und bitten Sie sie, die entsprechenden Utensilien zu besorgen. Schutzbrillen finden Sie ggf. auch im Chemieraum der Schule.

### Präsentations-Tipp

Die Meilensteine der Schüler können besonders ansprechend draußen, z. B. auf einer Wiese, präsentiert werden. Im Inneren des Schulgebäudes kann zur Präsentation der Meilensteine z. B. ein Bett aus Moos oder aus Ästen und Blättern dienen.

3.

ARBEITSBLATT

# RELIEF ODER SKULPTUR?

Name: ..............................................................................................................................

Aus Ytong® lassen sich Skulpturen oder Reliefs herstellen.
Beides sind körperhafte Objekte, die durch das Abtragen des Materials entstehen.

## Aufgabe

Sieh dir die Bilder an und beschreibe die Begriffe „Relief“ und „Skulptur“.
Mache dabei deutlich, worin der Unterschied besteht.

## Relief

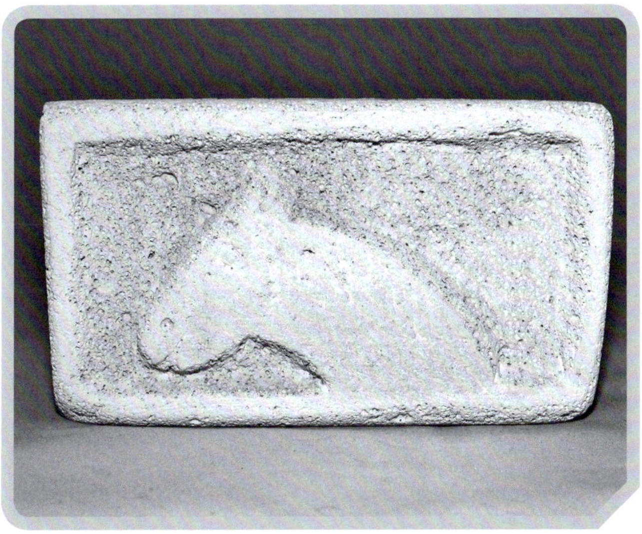

..............................................................................................................................

..............................................................................................................................

..............................................................................................................................

..............................................................................................................................

..............................................................................................................................

..............................................................................................................................

..............................................................................................................................

..............................................................................................................................

..............................................................................................................................

## Skulptur

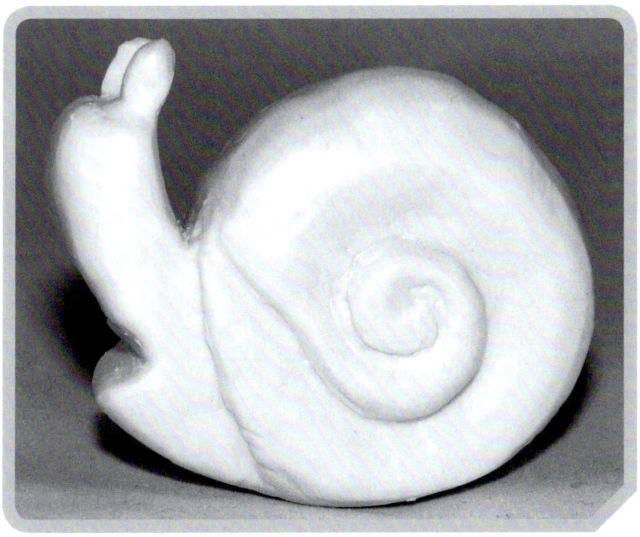

..............................................................................................................................

..............................................................................................................................

..............................................................................................................................

..............................................................................................................................

..............................................................................................................................

..............................................................................................................................

..............................................................................................................................

..............................................................................................................................

..............................................................................................................................

# MEILENSTEIN AUS YTONG®

Name: ..............................................................................................

Wenn du mit Ytong® arbeitest, musst du dich und deine Kleidung schützen: Trage eine Schutzbrille, eine Atemmaske und Schutzkleidung!

## 1. Motiv vorzeichnen

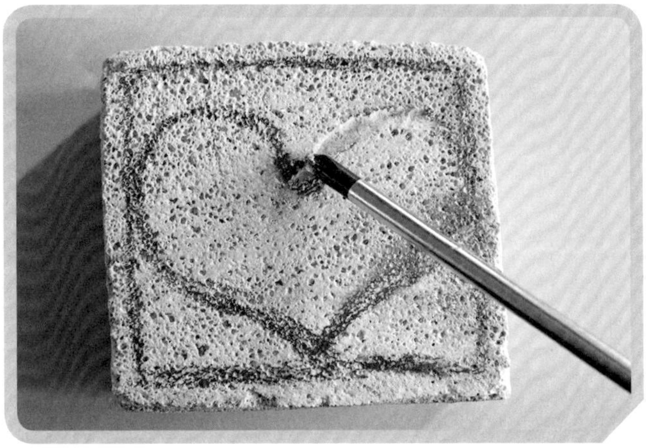

- Bringe den Stein mit einer Säge in die Form, die du für die Herausarbeitung deines Motivs benötigst.
- Zeichne dein Motiv mit einem Bleistift auf einen Ytong®-Stein.
- Ziehe die Bleistiftzeichnung mit einer spitzen Schraube nach, sodass eine Vertiefung entsteht.

## 2. Motiv herausarbeiten

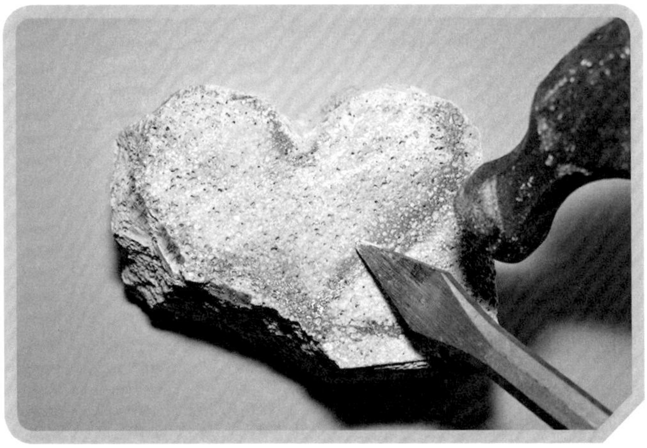

- Arbeite jetzt mit einem Hammer und einem breiten Meißel die groben Formen deines Motivs heraus.
- Beginne bei einer Skulptur damit, die überflüssigen Ecken des Steins zu entfernen.
- Arbeite dann dein Motiv grob heraus, indem du eine Feile, einen mittelbreiten Meißel und einen Hammer verwendest.
- Die Erhebungen eines Reliefs werden sichtbar, indem du seine Vertiefungen mit unterschiedlich geformten Meißeln herausarbeitest.

## 3. Feinarbeiten

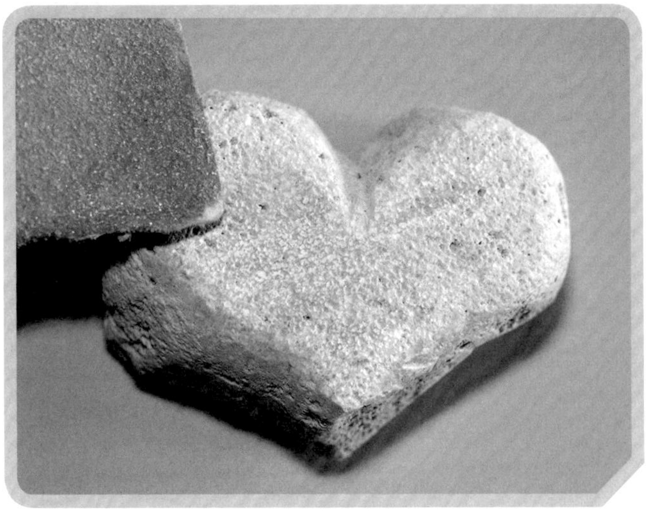

- Glätte die Oberfläche deines Meilensteins zunächst grob mit einer Drahtbürste.
- Um sie noch weiter zu verfeinern, verwendest du grobes Schleifpapier.
- Wenn dein Meilenstein draußen stehen soll, kannst du ihn wetterfest versiegeln. Dafür streichst du ihn zunächst mit Tiefengrund und dann mit einem wetterfesten Außenlack.


© Verlag an der Ruhr | Autorin: Sabine Nelke | ISBN 978-3-8346-3079-7 | www.verlagruhr.de

# 4.

# ARCHITEKTUR/ INNEN-ARCHITEKTUR

## ARCHITEKT

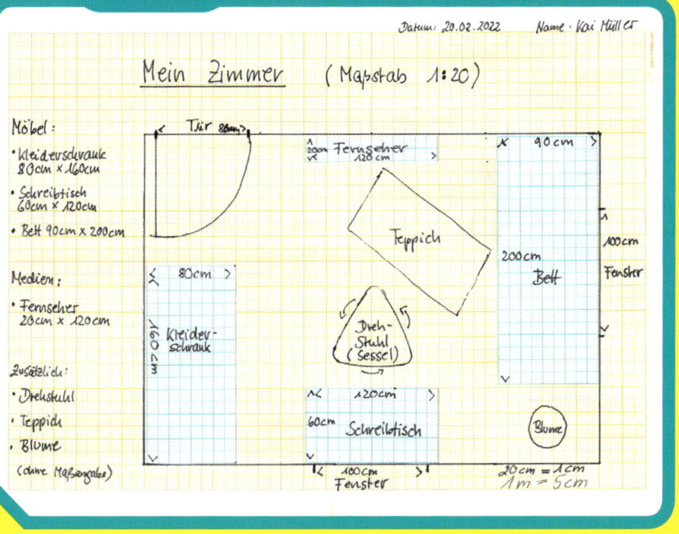


## MAURER

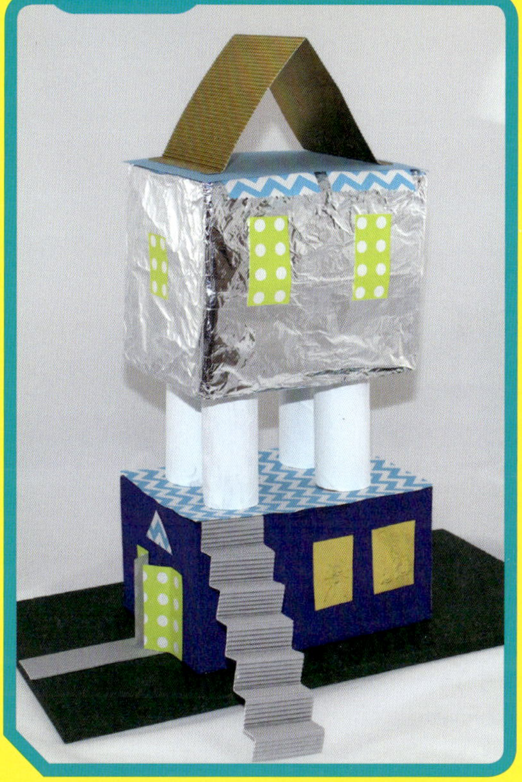

## INNENARCHITEKT

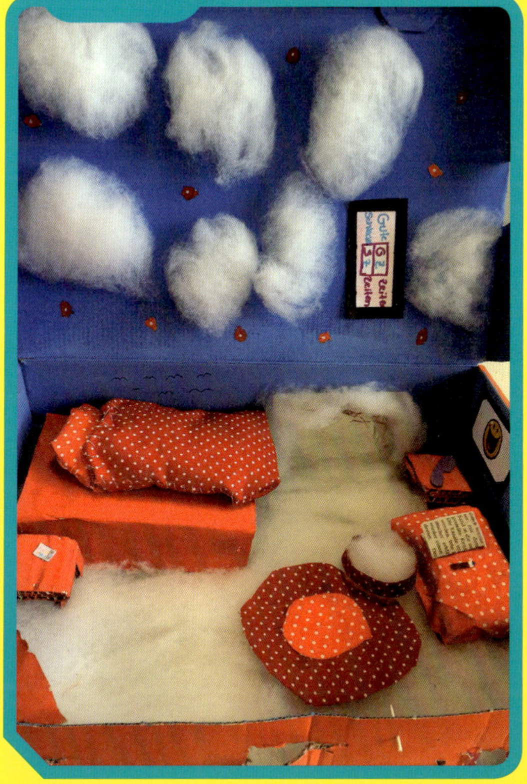



## MALER UND LACKIERER

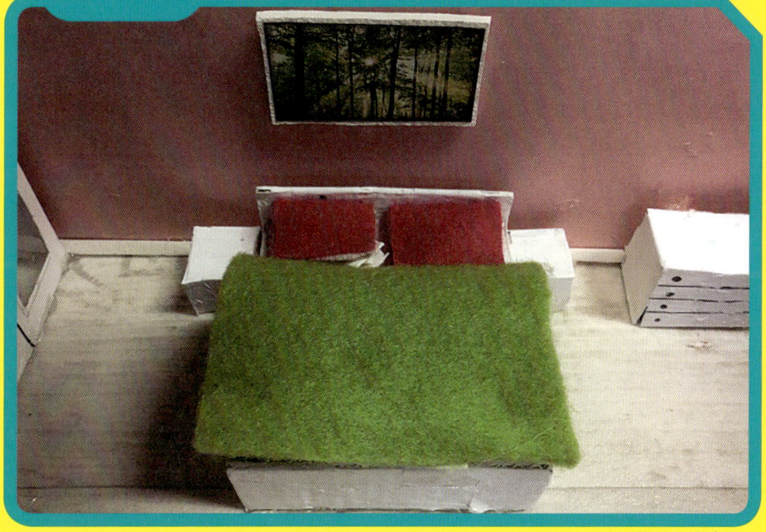

# 4. HAST DU EINEN PLAN?

## Raumpläne erstellen

**Berufsfeld:** **Architekt** (siehe auch: Berufsfeld Innenarchitekt S. 114 )

**Tätigkeit:** Architekten planen Gebäude/Bauwerke unter Berücksichtigung der Wünsche bzw. sogenannter Ausschreibungsaufgaben ihrer Auftraggeber. Dazu zählt das Entwerfen und Gestalten ebenso, wie das Berechnen von Statik, Wärmedämmung usw. Auch den gesamten Genehmigungsprozess eines Bauvorhabens muss ein Architekt steuern können. Außerdem beaufsichtigt er das Bauvorhaben.
Die Entwurfsarbeiten werden überwiegend mit Stift und Papier erledigt, die Ausfertigungszeichnungen werden meist mit sogenannten CAD-Programmen am Computer erstellt. In größeren Büros übernehmen diese Arbeiten Bauzeichner.

**Ausbildung:** ca. 5-jähriges Studium Architektur (Voraussetzung: Abitur) zzgl. 2 Jahre Berufserfahrung

**Beschäftigung:** z. B. in Architekturbüros, Stadtverwaltungen, Wohnungsbaugesellschaften oder Firmen aus dem Baugewerbe

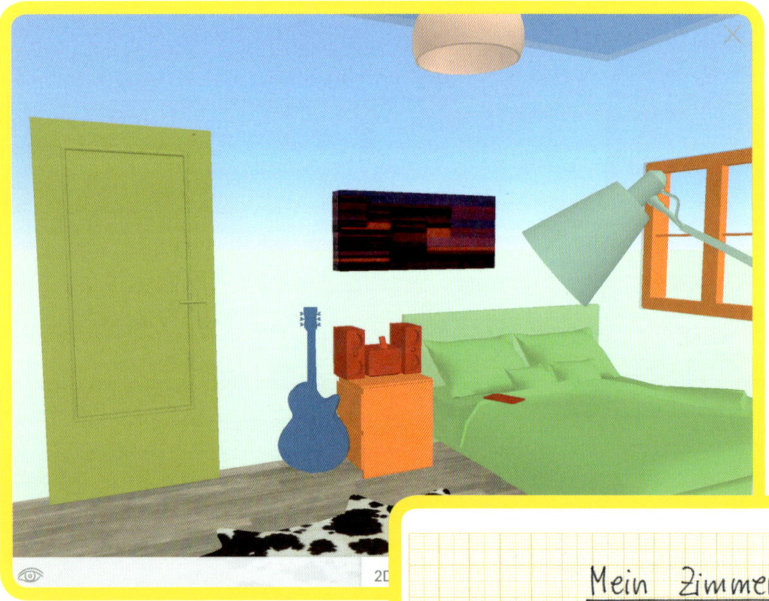

© Roomle

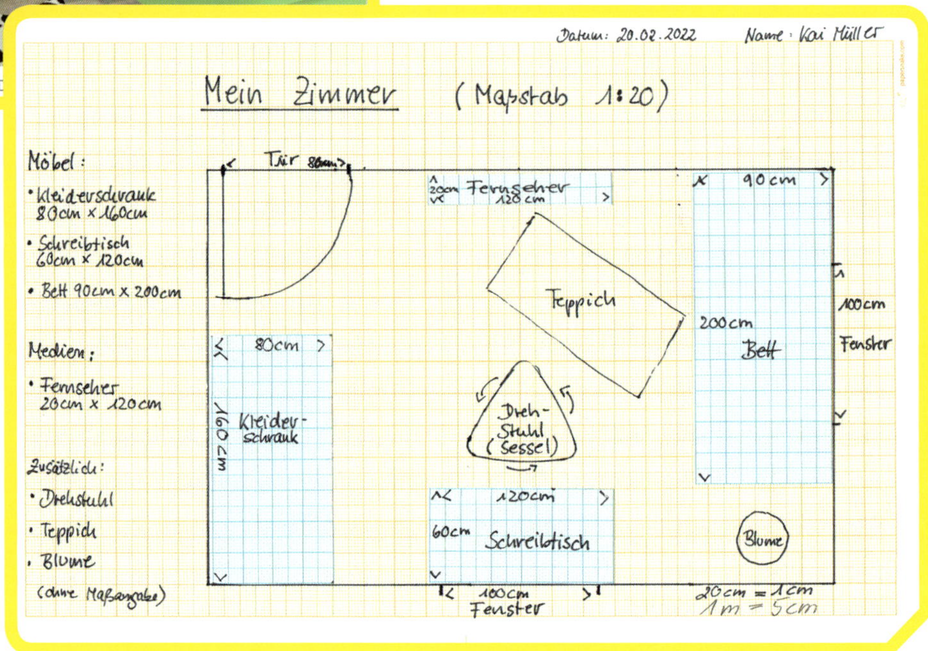

4.

# HAST DU EINEN PLAN?
## Raumpläne erstellen

### Kurzbeschreibung

Die Schüler planen ihr Wunschzimmer, zunächst auf Millimeterpapier und dann mithilfe eines Computerprogramms. Sie legen dabei die Maße für den Raum fest, planen Fenster und Türen ein, gestalten den Fußboden und die Wände und wählen Möbel aus. So entstehen zwei und dreidimensionale Raumpläne für ein Wunschzimmer der Schüler.

**Bezug zur Berufswelt:** Architekt
**Alltagsbezug:** Planung eines Wunschzimmers
**Zeitbedarf:** ca. 6 Schulstunden
**Sozialform:** Einzelarbeit

### Material

- für jeden Schüler ein Arbeitsblatt **„Grundriss Wunschzimmer“** (S. 105)
- für jeden Schüler ein Arbeitsblatt **„Moodboard für dein Wunschzimmer“** (S. 106)
- für jeden Schüler Millimeterpapier, Bleistift, Lineal
- für alle Schüler Möbelkataloge, Baumarktprospekte, Stoffreste, Tapetenreste, Teppichreste usw.
- ein Beamer zur Präsentation der Ergebnisse
- für jeden Schüler ein Computer

### Kompetenzen

Die Schüler

- planen den Grundriss für einen Raum auf Millimeterpapier.
- erstellen ein Moodboard auf Pappe.
- entwerfen einen Raum digital mit einem Computerprogramm.
- halten bei der Raumplanung den Maßstab ein.
- gestalten die Farbgebung ihrer Räume.
- beschreiben die geplanten Räume im Hinblick auf die festgelegten Bewertungskriterien.

4.

# HAST DU EINEN PLAN?

## Raumpläne erstellen

### Möglicher Verlaufsplan der Unterrichtseinheit

| | | |
|---|---|---|
| **1.–2. Stunde** | ◉ Bewertungskriterien<br><br><br><br><br><br>◉ Grundriss<br><br><br>◉ Moodboard | Der Lehrer gibt einen Überblick über das Unterrichtsvorhaben. In einem Unterrichtsgespräch werden die Bewertungskriterien gemeinsam erörtert und festgelegt und anschließend an der **Tafel** notiert und im **Heft** gesichert (Kriterien siehe S. 103).<br>Die Schüler zeichnen mithilfe des **Arbeitsblattes „Grundriss Wunschzimmer"** einen Grundriss auf Millimeterpapier.<br>Sie lesen das **Arbeitsblatt „Moodboard für dein Wunschzimmer"** und erstellen ein eigenes Moodboard auf einer **Pappe** (DIN A3). Dazu verwenden sie Möbel- und Baumarkt-**Prospekte, Stoffreste** und weitere Materialien (Beispiele siehe S. 103). |
| **3.–4. Stunde** | ◉ Programme für die Raumplanung<br><br>◉ Wunschzimmer am Computer planen | Der Lehrer stellt den Schülern verschiedene Programme für die Raumplanung am Beamer vor.<br>Die Schüler planen ihr Wunschzimmer mithilfe eines **Computers** in Einzelarbeit. |
| **5.–6. Stunde** | ◉ Präsentation und Bewertung der geplanten Traumräume | Die Schüler präsentieren ihre Ergebnisse an einem Beamer und beschreiben die unterschiedlichen **Wunschzimmer** auf Grundlage der zu Beginn besprochenen Bewertungskriterien, zunächst in der Gruppe und dann im Plenum. |

4.

# HAST DU EINEN PLAN?
## Raumpläne erstellen

### Bewertungskriterien

- Der Grundriss des Wunschzimmers ist ordentlich auf Millimeterpapier gezeichnet und realistisch gestaltet.
- Das Moodboard wird ordentlich und sinnvoll zusammengestellt.
- Der digitale Raumplan orientiert sich an den zuvor angefertigten Entwürfen (Grundriss und Moodboard).
- Die digitalen Räume entsprechen dem geplanten Maßstab.
- Die Räume haben Fenster und Türen und werden mit Möbeln und anderen Dekorationsobjekten eingerichtet.
- Die Raumpläne sind farbig gestaltet.
- Die Elemente der Einrichtung und der Räume entsprechen sich im Maßstab.

### Räume planen

Die Schüler planen ihr Wunschzimmer. Dazu fertigen sie zunächst einen Grundriss auf Millimeterpapier und ein Moodboard an. Erst anschließend planen sie ihren Raum mithilfe eines Computerprogramms. Sie orientieren sich dabei an den zuvor angefertigten Entwürfen.

### Grundriss

Einen Grundriss zeichnet man am einfachsten auf Millimeterpapier. Dieses können Sie auch aus dem Internet herunterladen und ausdrucken. Dabei müssen Sie aber darauf achten, dass der Maßstab des Ausdrucks stimmt.
Die Schüler könnten ihr Wunschzimmer auf dem Millimeterpapier einfach mit dem Bleistift einzeichnen. Einfacher ist es jedoch, wenn sie die Möbel aus dem Arbeitsblatt „Grundriss Wunschzimmer" ausschneiden. So haben sie die Möglichkeit, verschiedene Varianten auszuprobieren, indem sie die Elemente in ihrem Raum hin- und herschieben. Haben sie ihre Einrichtung endgültig platziert, wird sie einfach festgeklebt.
Damit die Schüler nicht lange herumrechnen müssen, wird auf dem Arbeitsblatt „Grundriss Wunschzimmer" ein Maßstab von 1:20 vorgegeben. Es kann bei Bedarf auch ein anderer Maßstab verwendet werden.
Natürlich können die Schüler bei der Planung des Wunschzimmers auch die Umrisse ihres eigenen Zimmers verwenden, was dazu vorher ausgemessen werden muss.

### Moodboard

Ein Moodboard wird für die Planung von Projekten, z. B. in der Design- und Kommunikationsbranche, verwendet. Es handelt sich dabei um eine Unterlage, z. B. aus Pappe, Kunststoff oder Holz, auf welcher Ideen gesammelt werden. So können z. B. Abbildungen aufgeklebt, Skizzen darauf gezeichnet, Stoffproben festgepinnt oder Notizzettel angeheftet werden.
Für die Moodboards der Schüler eignet sich Wellpappe. Diese können die Schüler z. B. kostenlos im Supermarkt besorgen. Die Pappe sollte ungefähr das Maß DIN A3 haben. Damit die Schüler genügend Material und Ideen für die Gestaltung ihres Moodboards haben, sollten sie von zu Hause Möbelkataloge, Baumarktprospekte, Stoffreste, Tapeten- und Teppichreste mitbringen.

# 4. HAST DU EINEN PLAN?

## Raumpläne erstellen

### Raumplanung am Computer

Für die Raumplanung am Computer werden unterschiedliche kostenlose Programme oder Apps angeboten. Damit können die Schüler ihre geplanten Räume häufig sogar in einer dreidimensionalen Ansicht darstellen.

Kostenlos und einfach zu bedienen ist das Computerprogramm Roomle (www.freeware.de/download/roomle/).
Mit Roomle können Ihre Schüler nicht nur sehr einfach und ansprechend Räume in 2D darstellen, sondern diese Räume dann auch in 3D sehen und sogar visuell begehen.

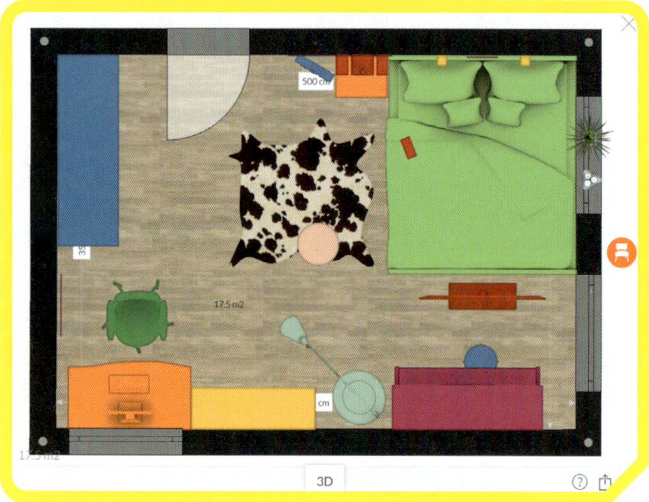


© Roomle

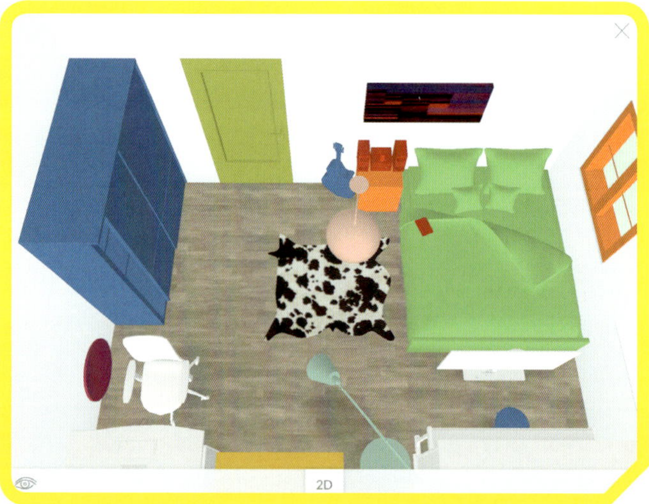


Die Firma Ikea bietet auf ihrer Homepage ein ähnliches Programm an (www.hej.de/raumplaner). Ebenfalls auf der Seite von Ikea können die Schüler ein digitales Moodboard mit Ikea-Produkten zusammenstellen (http://inspiration.ikea.de).

Es ist sinnvoll, Schüler, die unsicher im Umgang mit dem Computer sind, mit erfahrenen Schülern gemeinsam an einem Gerät arbeiten zu lassen.

# GRUNDRISS WUNSCHZIMMER

ARBEITSBLATT

Name: ..........................................................................

## Aufgabe

Fertige einen Grundriss für dein Wunschzimmer auf Millimeterpapier an.
Wähle dazu den Maßstab 1:20 – d. h.,1 cm auf deinem Plan entspricht 20 cm in der Wirklichkeit (➡ 1 m ≙ 5 cm).

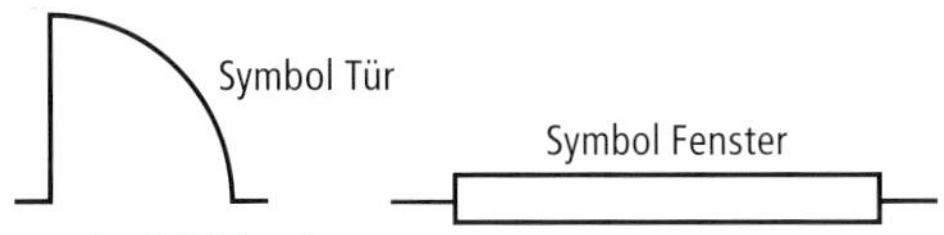


a. Zeichne die Wände mit einer einfachen Linie ein.
b. Zeichne Türen und Fenster ein.
c. Verwende den Schnippelbogen, um dein Wunschzimmer mit Möbeln einzurichten, oder zeichne selbst passende Möbel auf Papier und schneide sie aus. Achte dabei auf den Maßstab.
d. Verschönere dein Zimmer, z. B. mit einem Teppich, Blumen oder multimedialen Geräten.
e. Gestalte dein Zimmer farbig, indem du den Boden, die Möbel oder die Accessoires mit einem Bleistift bunt ausmalst.

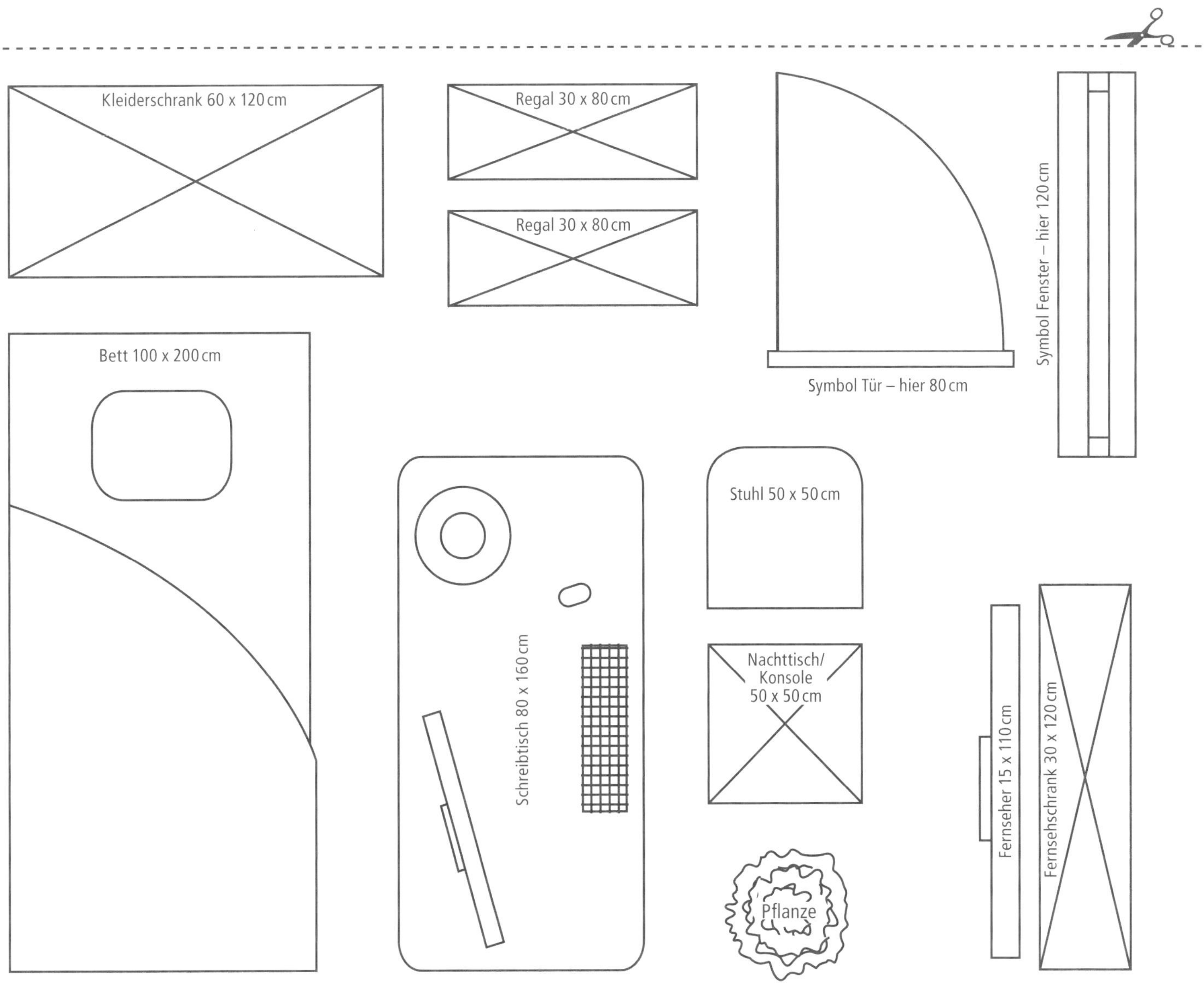


© Verlag an der Ruhr | Autorin: Sabine Nelke | ISBN 978-3-8346-3079-7 | www.verlagruhr.de

4.

ARBEITSBLATT

# MOODBOARD FÜR DEIN WUNSCHZIMMER

Name: ..........................................................................................

Ein Moodboard ist eine Mischung aus Pinnwand, Notizzettel und Krimskrams-Schublade. Es kann z. B. aus Holz oder aus Pappe sein. Ein Moodboard wird z. B. von Designern verwendet, um Ideen, Bilder, Notizen und andere Dinge zu einem bestimmten Thema zusammenzustellen. Auch Ideen zu einem Wunschzimmer kann man auf einem Moodboard sammeln:

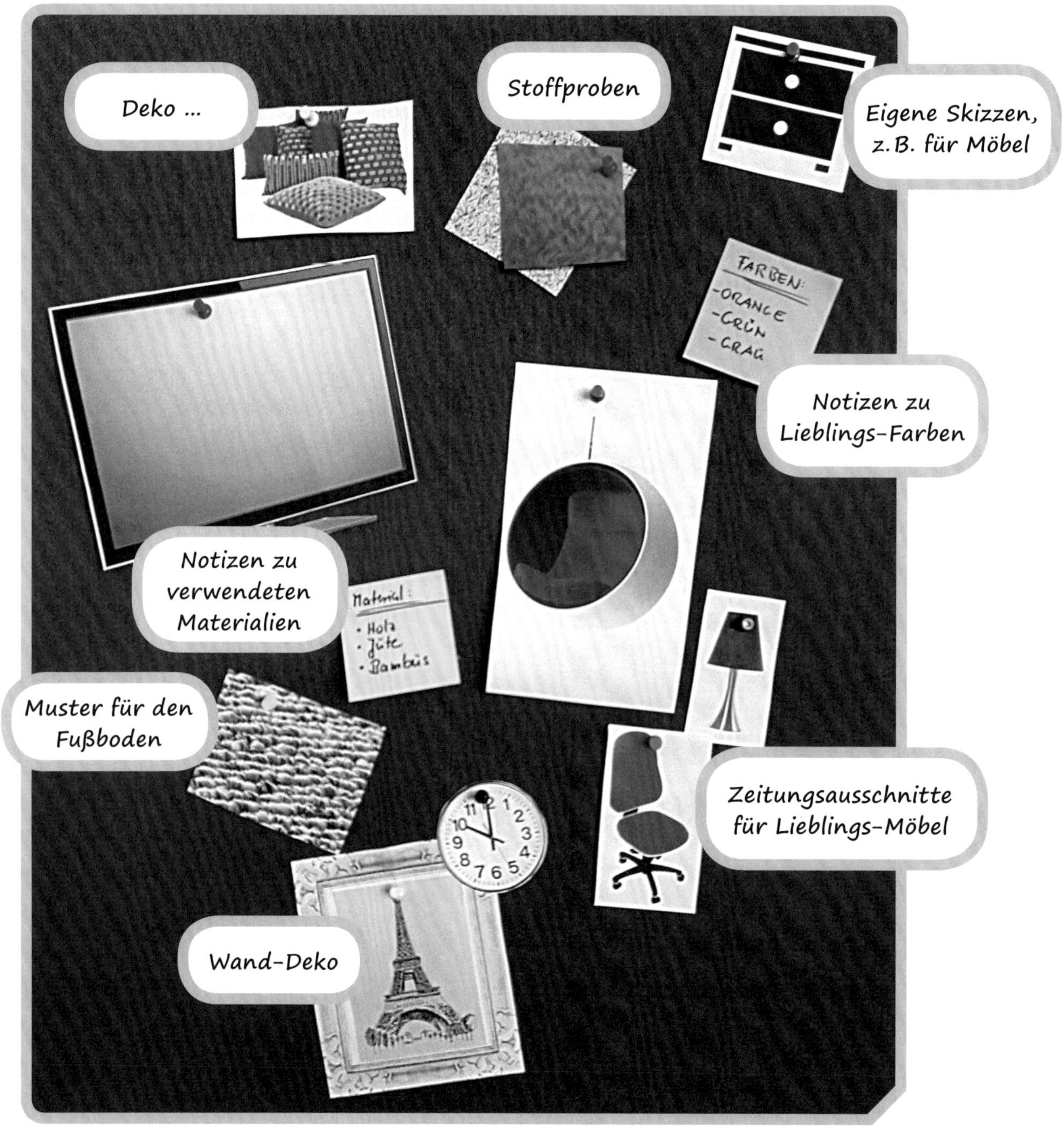




## Aufgabe

Gestalte ein Moodboard für dein Wunschzimmer auf einer Pappe.

 © Verlag an der Ruhr | Autorin: Sabine Nelke | ISBN 978-3-8346-3079-7 | www.verlagruhr.de

4.

# ZUKUNFTSTRÄUME UND LUFTSCHLÖSSER
## Ein Traumhaus bauen

**Berufsfeld:** **Maurer**

**Tätigkeit:** Maurer bauen Häuser und Gebäude aus unterschiedlichen Materialien, z. B. aus Steinen oder fertigen Betonteilen. Ein Maurer ist der Haupthandwerker des Rohbaus und ist in erster Linie für das Mauerwerk verantwortlich. Bei kleineren Bauprojekten übernmmt er aber oft auch Estrich-, Stahlbeton-, Abdichtungs- und Entwässerungsarbeiten.

**Ausbildung:** 3-jährige Ausbildung in Industrie- und Handwerksbetrieben (Voraussetzung: Hauptschulabschluss)

**Beschäftigung:** z. B. in Baufirmen

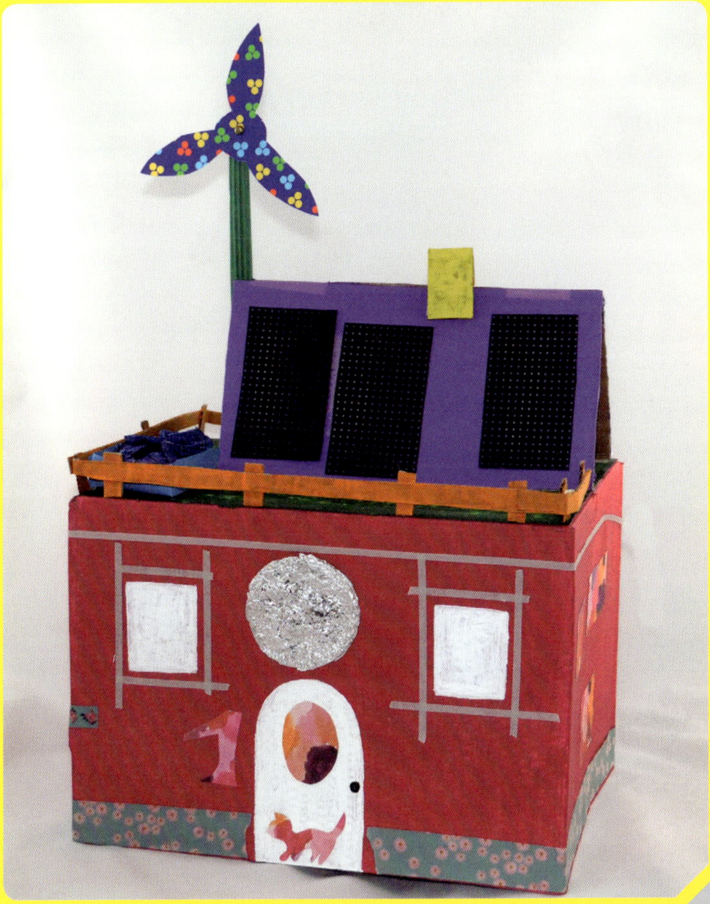

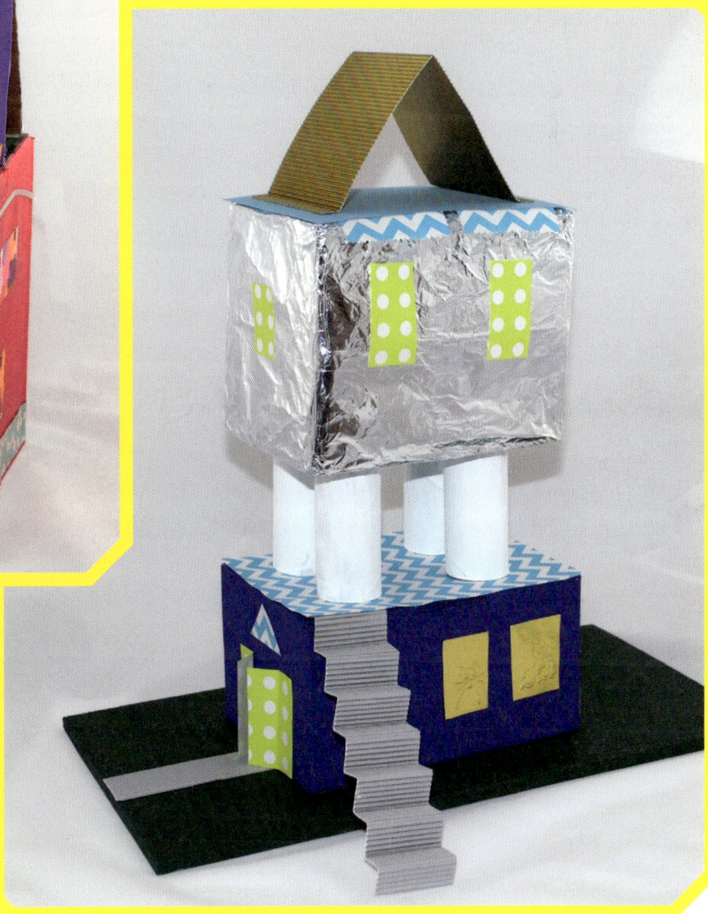

4.

# ZUKUNFTSTRÄUME UND LUFTSCHLÖSSER

## Ein Traumhaus bauen

### Kurzbeschreibung

Die Schüler bauen ein Traumhaus aus unterschiedlichen Materialien. Das kann ein Haus sein, in dem sie später leben möchten, oder ein Fantasiegebäude.

**Bezug zur Berufswelt:** Maurer
**Alltagsbezug:** Bauen eines Traumhauses
**Zeitbedarf:** ca. 6 Schulstunden
**Sozialform:** Partnerarbeit

### Material

- für jeden Schüler ein Arbeitsblatt **„Zukunftsträume und Luftschlösser"** (S. 112)
- für jeden Schüler eine Anleitung **„Ein Traumhaus bauen"** (S. 113)
- für jeden Schüler Klebstoff und Schere
- für alle Schüler unterschiedlichste Materialien zum Bauen der Traumhäuser

### Kompetenzen

Die Schüler
- zeichnen eine Skizze für ihr Traumhaus.
- bauen ein Haus aus unterschiedlichen Materialien anhand ihrer Skizze.
- stimmen die Proportionen der verschiedenen Gestaltungselemente beim Bau des Hauses aufeinander ab.
- betrachten die Traumhäuser im Hinblick auf die festgelegten Bewertungskriterien.

4.

# ZUKUNFTSTRÄUME UND LUFTSCHLÖSSER

## Ein Traumhaus bauen

### Möglicher Verlaufsplan der Unterrichtseinheit

| | | |
|---|---|---|
| **1.–2. Stunde** | ◉ Zukunftsträume und Luftschlösser<br><br>◉ Bewertungskriterien<br><br>◉ Materialliste | Die Schüler skizzieren auf dem **Arbeitsblatt „Zukunftsträume und Luftschlösser"** vier Varianten ihres Traumhauses: ein Fantasiegebäude, ein Haus für die Zukunft, eine Traumschule und das Haus, in dem sie wohnen. Mit einem Partner entscheiden sie sich für eine der vier Möglichkeiten. Für dieses Haus zeichnen sie gemeinsam eine Skizze in ihr **Skizzenheft**.<br>Die Schüler notieren die Materialien, welche sie für den Bau ihres Traumhauses benötigen. In einem Unterrichtsgespräch werden die Bewertungskriterien gemeinsam erörtert und festgelegt und anschließend an der **Tafel** notiert und im **Heft** gesichert (Kriterien siehe S. 110). |
| **3.–4. Stunde** | ◉ Bau von Häusern | In einer Partnerarbeit bauen die Schüler Traumhäuser unter der Berücksichtigung der zuvor angefertigten Skizze. Sie arbeiten dabei mit der **Anleitung „Ein Traumhaus bauen"** und verwenden unterschiedliche Materialien, die sie von zu Hause mitgebracht haben (Beispiele siehe S. 110). |
| **5.–6. Stunde** | ◉ Präsentation und Bewertung der Traumhäuser | Die Schüler präsentieren ihre Ergebnisse und beschreiben die unterschiedlichen **Traumhäuser** auf Grundlage der zu Beginn besprochenen Bewertungskriterien, zunächst in der Gruppe und dann im Plenum. |

# 4. ZUKUNFTSTRÄUME UND LUFTSCHLÖSSER
## Ein Traumhaus bauen

### Bewertungskriterien

- Das Traumhaus wird gemeinsam mit dem Partner skizziert.
- Das Traumhaus wird unter Berücksichtigung der Skizze gebaut.
- Das Traumhaus besteht aus möglichst vielen unterschiedlichen Materialien.
- Die Proportionen der einzelnen Teile passen zusammen.
- Die Schüler bauen das Traumhaus mit sehr viel Kreativität und Originalität.
- Das Traumhaus wird ordentlich angefertigt.

### Traumhäuser bauen

Die Schüler entwerfen zunächst Skizzen für unterschiedliche Traumhäuser. Das können z. B. Hochhäuser, Häuser aus Glas, Häuser von einem anderen Planeten, Häuser in den Wolken, Häuser mit modernster Technik, Schlösser, Burgen, Traumschulen, Firmengebäude oder das eigene Haus sein.
Für die Gestaltung des Traumhauses können, besonders bei Fantasiegebäuden, viele unterschiedliche Materialien verwendet werden. So kann z. B. ein Schloss, das in den Wolken liegt, in einem Untergrund aus Watte stehen. Ein Haus auf dem Mond könnte auf Stelzen aus Alufolie auf einer unebenen Oberfläche mit Kratern aus Sand und Gips stehen.
Hier einige Materialien, welche Ihre Schüler von zu Hause mitbringen können:

- Tonpapier
- Transparentpapier
- Plakatkarton
- bunte Wellpappe
- bedruckte Pappe
- Frischhaltefolie
- Alufolie
- Tapetenreste
- Stoff
- 3-D-Folien
- kleine Schachteln aus Pappe
- kleine Dosen aus Kunststoff
- Washi-Tape
- Textilklebebänder
- Zahnstocher
- Holzspieße
- Watte
- Kiesel
- getrocknetes Moos
- getrocknete Blätter
- Lochpappe
- u. v. m.

### Der Untergrund

Beim Bau ihres Traumhauses beginnen die Schüler zunächst mit dem Untergrund. Dieser kann z. B. aus Pappe oder Holz sein und mit Farben und anderen Materialien gestaltet werden. Es können z. B. Kiesel, getrocknetes Gras oder Blätter aufgeklebt oder gelegt werden. Wenn die Materialien nur aufgelegt werden, sollte der Untergrund mit einem Rand versehen werden.

### Das Grundgerüst

Nach dem Untergrund gestalten die Schüler das Grundgerüst des Hauses. Dazu eignen sich Pappkartons besonders gut. Es können aber auch andere Materialien, wie Holz, verwendet werden.
Zunächst wird das Grundgerüst mit einer einheitlichen Oberfläche versehen. Anschließend sollte es farbig gestaltet werden, z. B. mit Acrylfarbe, Folien, gemusterten Pappen, Tapetenresten oder Stoffen.
Wenn die Oberfläche des Hauses fertiggestellt ist, können Türme, Treppen, Leitern, Dächer, Erker, Balkone, Terrassen usw. hinzugefügt werden.

# 4. ZUKUNFTSTRÄUME UND LUFTSCHLÖSSER

## Ein Traumhaus bauen

### Außenwände

Um die Außenwände des Hauses zu gestalten, können Fenster, Türen, Hausnummern, Blumen etc. aufgemalt oder aufgeklebt werden. Damit Türen und Fenster geöffnet werden können, kann die Pappe des Grundgerüstes mit einem Cutter eingeschnitten werden.

#### Aktions-Tipp

Sie können auch ein großes Traumhaus mit der ganzen Klasse bauen. Dazu wird das Gebäude zunächst gemeinsam geplant, Skizzen angefertigt und Materiallisten erstellt. Anschließend wird das Gebäude aus Bettlaken, Pappkartons, alten Tapeten oder Dachlatten zusammengebaut. Ein solches Traumhaus kann z. B. in der Pausenhalle aufgestellt werden.

#### Kreativ-Tipp

Die Häuser können für eine Kunstausstellung in der Schule durch passende Geschichten ergänzt werden. Die Schüler schreiben jeweils eine Geschichte zu ihrem Gebäude, die sie schön gestalten, auf bunten Plakatkarton kleben und neben den Traumhäusern aufhängen.

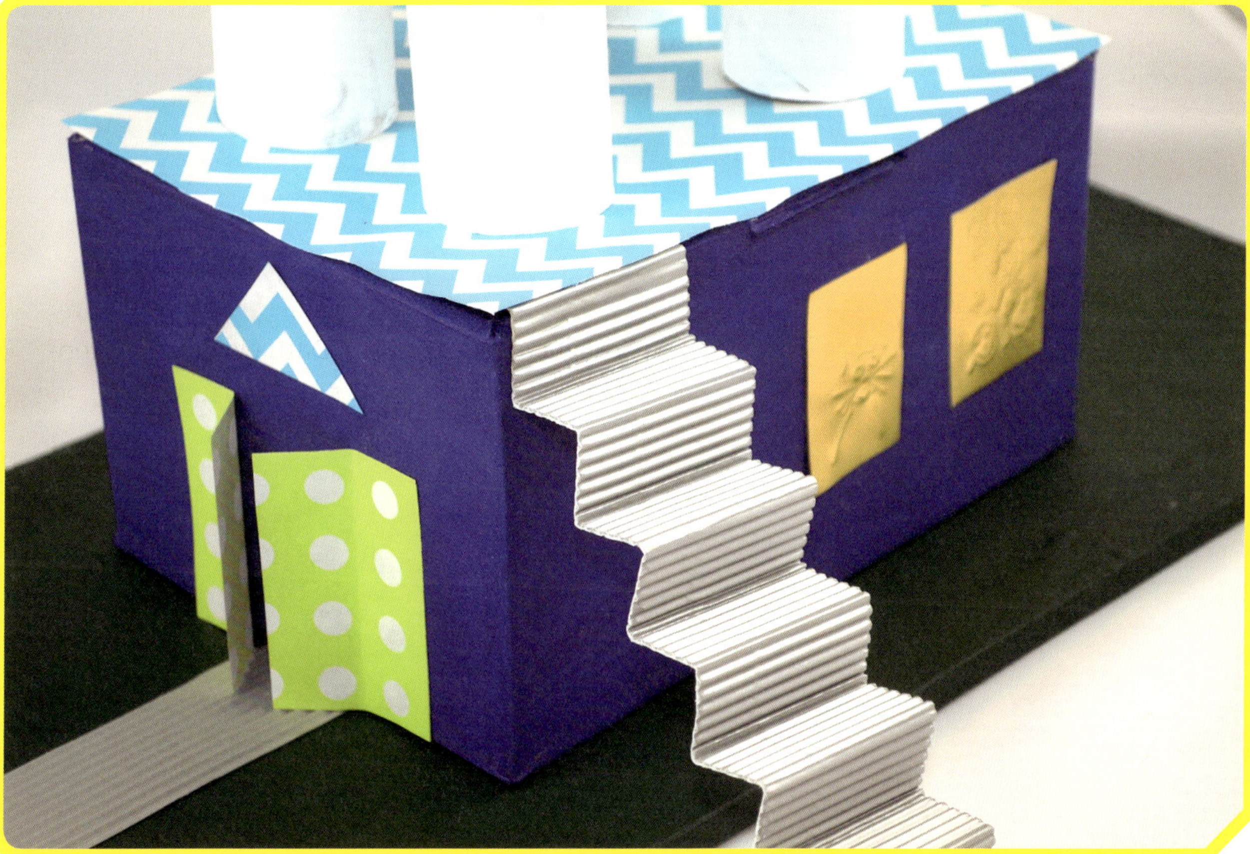

4.

# ZUKUNFTSRÄUME UND LUFTSCHLÖSSER

ARBEITSBLATT

Name: ..............................

## Aufgabe

Zeichne mit viel Fantasie ein Haus für die Zukunft, eine Traumschule, das Haus, in dem du wohnst, und ein Fantasiegebäude.

| Mein Haus für die Zukunft | Meine Traumschule |
| --- | --- |
| | |

| Das Haus, in dem ich wohne | Mein Fantasiehaus |
| --- | --- |
| | |

4.

ANLEITUNG

# EIN TRAUMHAUS BAUEN

Name: ..............................................................................................................................

## 1. Untergrund

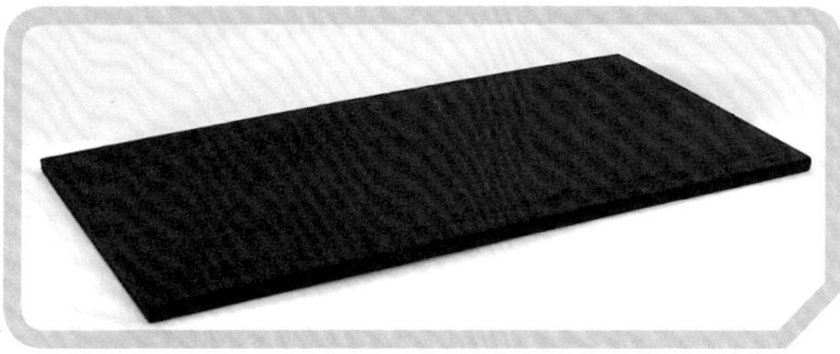

- Verwende für dein Traumhaus einen stabilen Untergrund, z. B. Holz oder eine feste Pappe.
- Dieser kann mit Acrylfarbe in unterschiedlichen Farben bemalt werden.
- Du kannst ihn aber auch mit Materialien bekleben, z. B. mit Kieseln oder getrockneten Blättern.

## 2. Grundgerüst

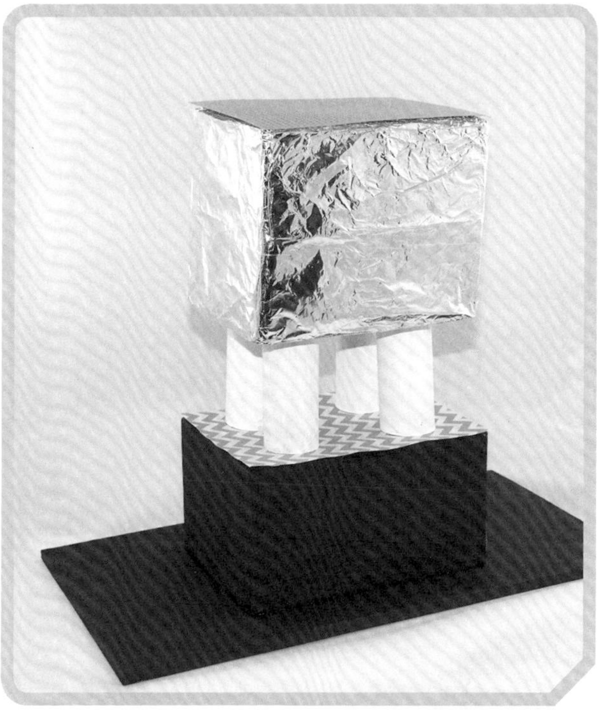

- Das Grundgerüst deines Hauses kann aus Pappe, Holz oder anderen Materialien bestehen. Du kannst auch einen fertigen Karton verwenden.
- Gestalte das Gerüst farbig, indem du es z. B. mit Acrylfarbe bemalst oder mit Folien, Stoff o. Ä. beklebst.
- Füge nun kleinere Details, wie z. B. ein Dach, eine Treppe oder einen Balkon hinzu.

## 3. Außenwände

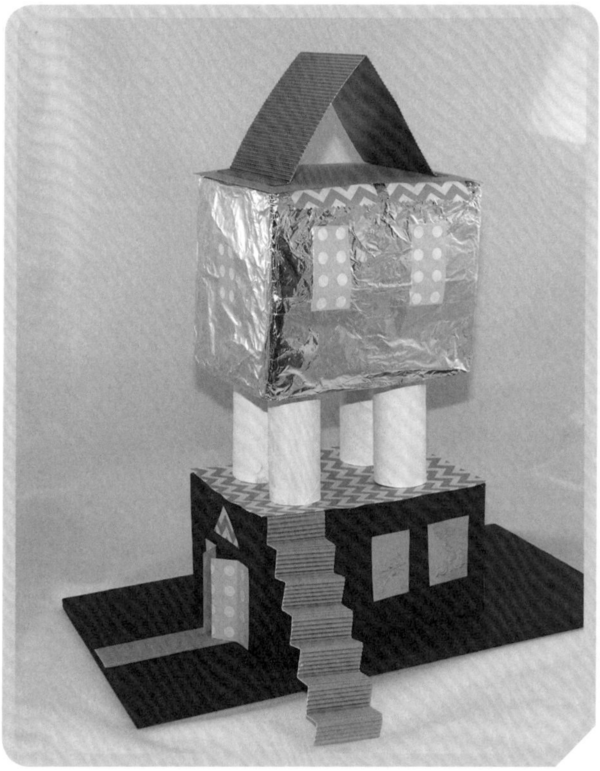

- Wenn der Untergrund und das Grundgerüst deines Hauses fertig sind, kannst du die Außenwände gestalten.
- Ergänze Fenster und Türen.
- Verziere dein Haus, z. B. mit Pflanzen und Hausnummern.

# 4. TRAUMRAUM
## Einen Raum im Schuhkarton gestalten I

**Berufsfeld: Innenarchitekt**

**Tätigkeit:** Innenarchitekten gestalten Räume und statten sie nach den Ansprüchen ihrer Kunden aus. Dabei kann es sich um gewerbliche, öffentliche oder private Räumlichkeiten handeln. Sie wählen z. B. Material für die Gestaltung von Wänden und Fußböden, Stoffe für Möbel und Kissen aus. Sie berücksichtigen und planen außerdem die Beleuchtung (Tages- und Kunstlicht), klimatische Bedingungen (natürliche Belüftung durch Fenster, Klimaanlagen …), technische Funktionen und die akustische Qualität

**Ausbildung:** ca. 3- bis 5-jähriges Studium Innenarchitektur (Voraussetzung: Abitur) zzgl. 2 Jahre Berufserfahrung

**Beschäftigung:** z. B. Innenarchitekturbüros, Architekturbüros, Möbelhersteller oder Einrichtungshäuser, oder im Bereich Film/Fernsehen/Theater

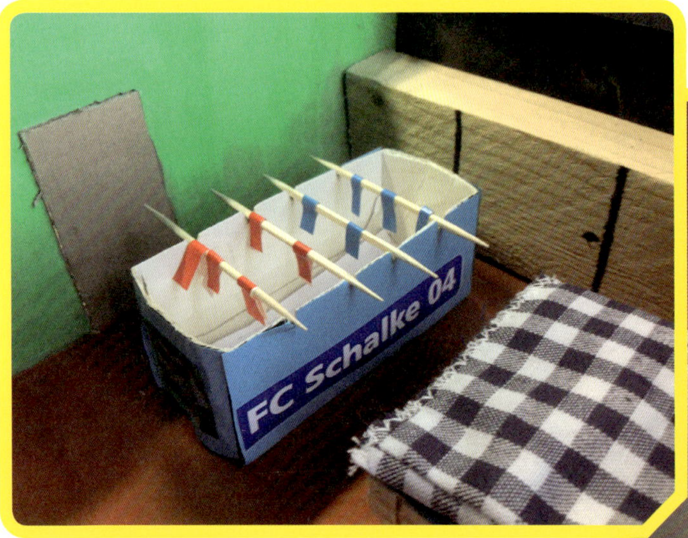



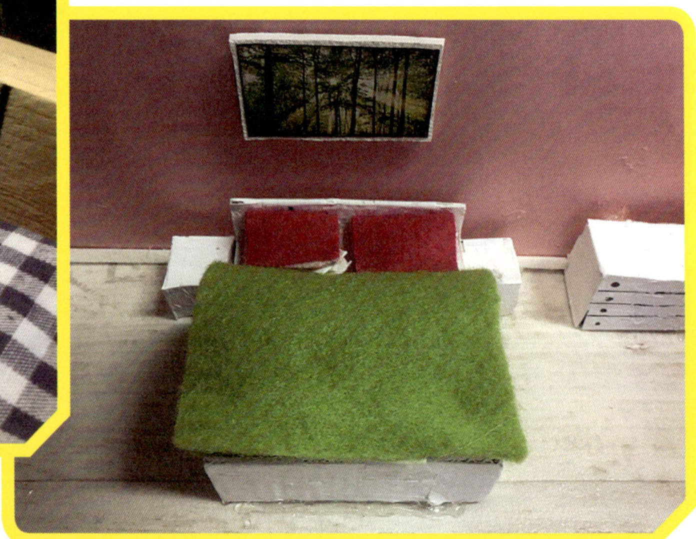


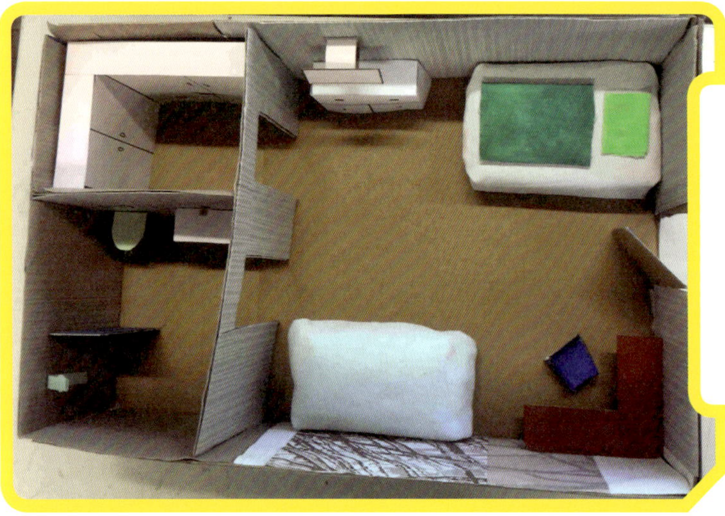


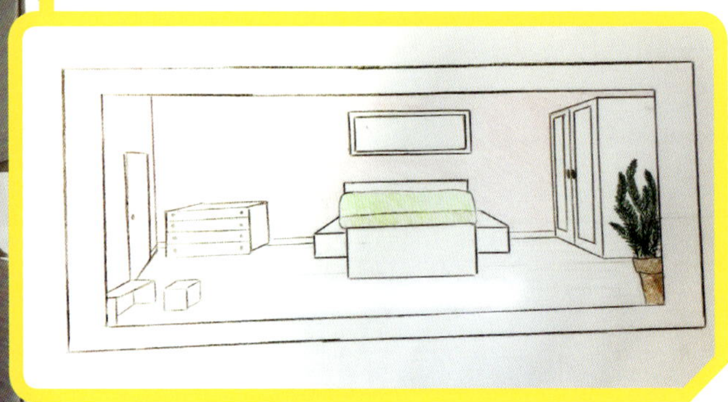

4.

# TRAUMRAUM
## Einen Raum im Schuhkarton gestalten I

### Kurzbeschreibung

Die Schüler stellen einen Traumraum dreidimensional in einem Schuhkarton dar. Für die Einrichtung des Raums verwenden sie unterschiedliche Materialien, z. B. Zahnstocher oder Papier.

**Bezug zur Berufswelt:** Innenarchitekt
**Alltagsbezug:** Gestaltung eines Fantasieraums
**Zeitbedarf:** ca. 8 Schulstunden
**Sozialform:** Einzelarbeit

### Material

- für jeden Schüler ein Arbeitsblatt **„Ideenkiste Raum im Schuhkarton“** (S. 119)
- für jeden Schüler ein Arbeitsblatt **„Möbel aus Papier“** (S. 120)
- für jeden Schüler Buntstifte, Klebstoff, Schere, weißes Papier
- für alle Schüler buntes Papier und bunter Plakatkarton
- für jeden Schüler ein Schuhkarton und unterschiedliche Materialien von zu Hause

### Kompetenzen

Die Schüler
- fertigen die Skizze eines Traumraums zu einer Fantasiereise an.
- setzen ihre zweidimensionale Planung dreidimensional in einem Schuhkarton um.
- gestalten ihren Traumraum fantasievoll und originell, wobei sich Raum und Einrichtung in der Größe entsprechen.
- beschreiben die dargestellten Traumräume im Hinblick auf die festgelegten Bewertungskriterien.

4.

# TRAUMRAUM
## Einen Raum im Schuhkarton gestalten I

### Möglicher Verlaufsplan der Unterrichtseinheit

| | | |
|---|---|---|
| **1.–2. Stunde** | Fantasiereise Traumraum | Der Lehrer liest eine **Fantasiereise** vor (Beispiel siehe S. 117). Die Schüler lauschen mit geschlossenen Augen. Anschließend skizzieren sie den Raum, den sie während der Fantasiereise besucht haben, auf weißem **Papier** und geben ihm einen Namen. |
| | Ideensammlung Traumraum | Der Lehrer gibt einen Überblick über das Unterrichtsvorhaben. Mithilfe des **Arbeitsblattes „Ideenkiste Raum im Schuhkarton“** sammeln die Schüler Ideen dafür, wie sie Möbel, Wände, Boden, Dekoration und Personen in einem Schuhkarton darstellen können. |
| | Bewertungskriterien | In einem Unterrichtsgespräch werden die Bewertungskriterien gemeinsam erörtert und festgelegt und anschließend an der **Tafel** notiert und im **Heft** gesichert (Kriterien siehe S. 117). |
| **3.–6. Stunde** | Traumraum in einem Schuhkarton darstellen | Die Schüler stellen ihren Traumraum in einem **Schuhkarton** dar. Dafür verwenden sie unterschiedliche **Materialien**, welche sie von zu Hause mitgebracht haben. Das **Arbeitsblatt „Möbel aus Papier“** kann zur Darstellung eines Bettes verwendet werden und zum Bauen weiterer Papiermöbel anregen. |
| | Zusatzaufgabe | Schnelle Schüler zeichnen zusätzlich den Blick durch ein Fenster oder eine Tür in ihren Traumraum. |
| **7.–8. Stunde** | Präsentation und Bewertung der Traumräume | Die Schüler präsentieren ihre Ergebnisse und beschreiben die unterschiedlichen **Traumräume** auf Grundlage der zu Beginn besprochenen Bewertungskriterien, zunächst in der Gruppe und dann im Plenum. |

# 4.

# TRAUMRAUM

## Einen Raum im Schuhkarton gestalten I

### Bewertungskriterien

- Die dreidimensionale Darstellung des Traumraums entspricht der Skizze des zweidimensionalen Traumraums.
- Die Schüler stellen ihren Traumraum mit viel Kreativität und Originalität her.
- Der Traumraum hat Fenster, Türen, gestaltete Wände und einen Boden. Er wurde mit unterschiedlichen Möbeln und Dekorationen ausgestattet.
- Die Darstellungen der verschiedenen Elemente des Traumraums entsprechen sich von den Proportionen.

### Fantasiereise Traumraum

Die Fantasiereise „Traumraum" soll die Vorstellungskraft und die Kreativität der Schüler anregen. Bevor Sie die Geschichte vorlesen, legt jeder Schüler ein weißes Blatt, einen Bleistift und Buntstifte bereit. Um entspannt zuhören zu können, sollten Ihre Schüler die Augen schließen und sich sehr bequem hinsetzen. Schließen Sie die Fenster, damit wenig störende Geräusche zu hören sind. Lesen Sie die Geschichte ruhig und langsam vor. Zwischen den Sätzen sollten Sie Pausen machen, um möglichst viel Raum für die Fantasie Ihrer Schüler zu lassen. Natürlich können Sie sich zum Einstieg in die Unterrichtsreihe auch selbst eine Fantasiereise überlegen. Diese Geschichte bietet sich z. B. an:

*Setze dich bitte entspannt hin. Du sitzt auf deinem Platz in der Schule im Kunstunterricht. Deine Gedanken schweifen ab und deine Augenlider werden schwer. Schließe deine Augen und begib dich auf eine Reise. Wie ein Vogel erhebst du dich von deinem Platz und verlässt den Raum durch ein Fenster. Du siehst den Schulhof, deine Schule, dein Zuhause und deine Stadt von oben. Du fliegst immer höher, durch die Wolken hindurch. Dort fliegst du eine ganze Weile, wie in einem Traum, und der Wind flüstert dir ins Ohr: „Du bist auf dem Weg zu deinem Traumraum, einem fantastischen Zimmer, welches du dir in deinen Träumen schon immer gewünscht hast." Und dann siehst du ihn durch die Wolken unter dir: deinen Traumraum. Du lässt dich langsam herab, um ihn von oben genau zu betrachten. Du landest dort und gehst langsam durch das Zimmer deiner Träume. Du schaust dir genau an, ob auch wirklich alles so ist, wie du es dir gewünscht hast. Du lässt dich dort nieder und genießt den Traumraum. Von Weitem hörst du die Stimme deines Lehrers. Du musst dich wieder auf den Weg machen und verlässt das Zimmer. Du blickst noch einmal zurück zu diesem Raum, der mit so viel Fantasie eingerichtet ist. Dann fliegst du wieder durch die Wolken, siehst deine Stadt, dein Zuhause, den Schulhof mit deiner Schule und bist wieder auf deinem Platz im Klassenraum, denn alles war nur ein Traum. Ein Traum von deinem Raum. Öffne bitte deine Augen.*

Nach der Fantasiereise sprechen die Schüler nicht und beginnen sofort damit, eine Skizze von ihrem Traumraum anzufertigen. Währenddessen sollte nicht gesprochen werden, damit die Schüler noch einmal in Ruhe nachvollziehen können, wie ihr Traumraum während ihrer Fantasiereise aussah. Nach der Fertigstellung ihrer Skizzen können die Schüler ihre Traumräume gegenseitig betrachten.

4.

# TRAUMRAUM
## Einen Raum im Schuhkarton gestalten I

### Ideensammlung Traumraum

Das Arbeitsblatt „Ideenkiste Raum im Schuhkarton“ dient dazu, Ideen zu sammeln, wie der Traumraum dreidimensional in einem Schuhkarton dargestellt werden kann. Die Schüler notieren dort außerdem die Materialien, die sie bis zur nächsten Stunde von zu Hause mitbringen müssen. Zusätzlich müssen sie einen Schuhkarton besorgen. Diese bekommt man in Schuhgeschäften kostenlos.
Da Schüler bei der Darstellung eines Traumraums erfahrungsgemäß viel buntes Papier und bunte Pappe verwenden, sollten diese Materialien für alle Schüler bereitgestellt werden.

### Präsentations -Tipp

Die entstandenen Traumräume können in einem Bett aus Wolken präsentiert werden. Dazu wird z. B. ein großer Tisch mit Watte belegt. Die Traumräume werden dann vorsichtig auf die Watte gestellt.

### Einen Traumraum in einem Schuhkarton darstellen

© Angelina Hahn

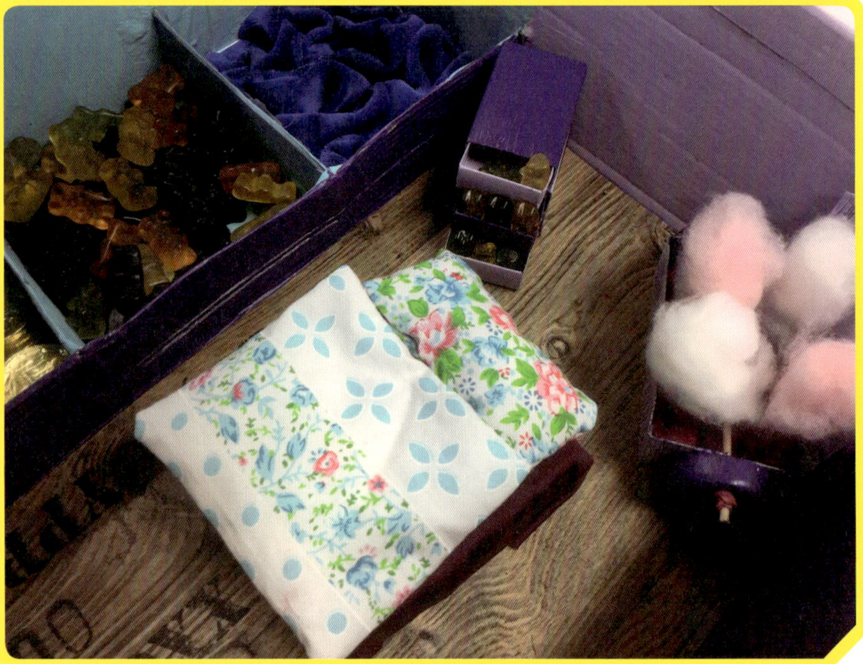

Die Möbel für den Traumraum können aus Papier gebaut werden. Nachdem die Schüler mithilfe des Arbeitsblattes „Möbel aus Papier“ ein Bett gebaut haben, können sie weitere Möbel auf die gleiche Art und Weise herstellen. Natürlich können auch andere Materialien verwendet werden. Der Fantasie der Schüler sind dabei keine Grenzen gesetzt. So kann z. B. aus Alufolie ein Spiegel entstehen und aus zerknittertem, blauem Transparentpapier ein Meer, aus Schokoladentalern entsteht ein Goldschatz und Wattebäuschchen werden zu Zuckerwatte oder Wolken.
Schüler, die ihren Traumraum schnell fertiggestellt haben, können einen Blick in ihren Raum zeichnen. So gelangen sie von der dreidimensionalen wieder zu einer zweidimensionalen Darstellung zurück. Die Zeichnung wird mit einem Bleistift und Buntstiften auf weißem Papier festgehalten.

4.

ARBEITSBLATT

# IDEENKISTE RAUM IM SCHUHKARTON

Name: ..................................................................................................................

## Aufgabe

Richte dir in der Tabelle eine „Ideenkiste“ für deinen Raum ein. Notiere und skizziere dort, was du wie darstellen möchtest und welche Materialien du brauchst.

| Was? | Wie? | Beispiel |
|---|---|---|
| **Möbel** | ◉ aus Papier<br>◉ aus Holz, z. B. aus Zahnstochern<br>◉ | 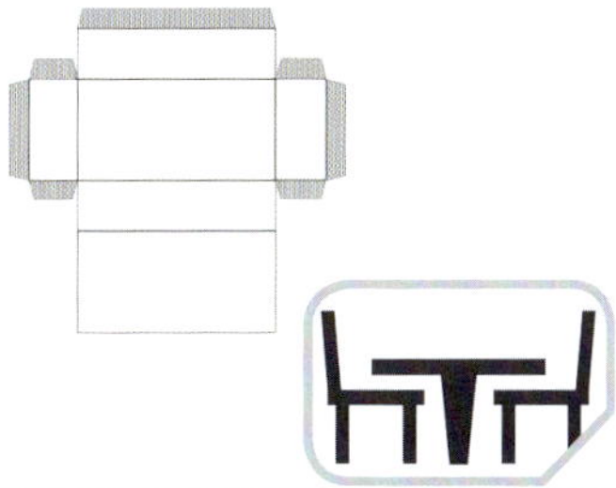 |
| **Wände/Boden** | ◉ Tapetenreste<br>◉ gemusterte Pappe<br>◉ | 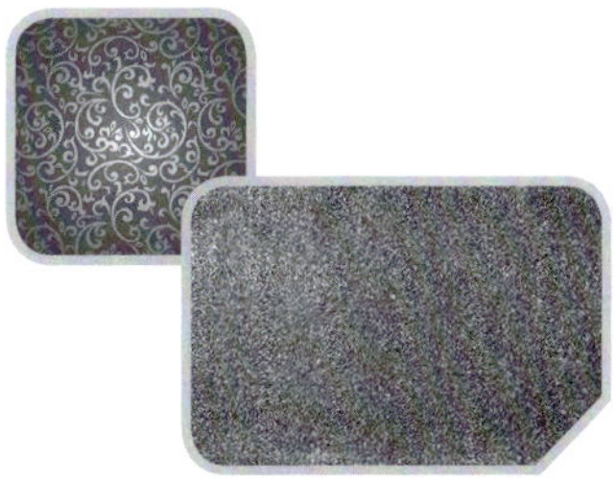 |
| **Deko** | ◉ aus Prospekten ausschneiden<br>◉ Spiegel aus Alufolie<br>◉ | 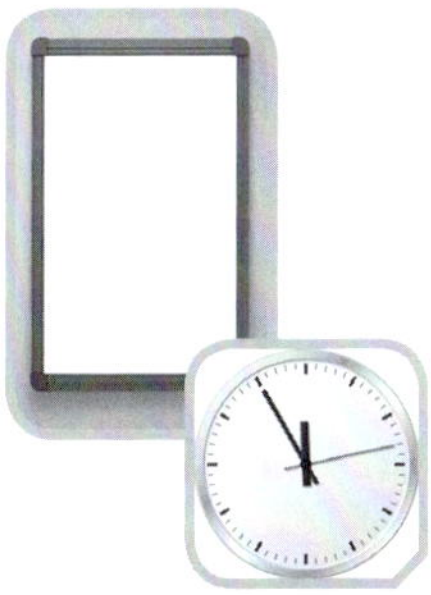 |
| **Menschen** | ◉ aus Modelliermasse<br>◉ Spielzeuge<br>◉ | 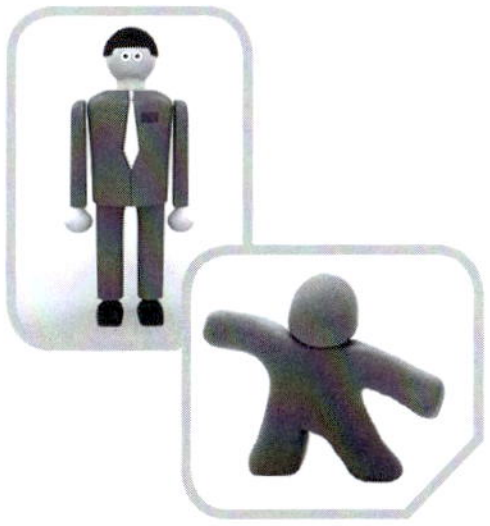 |
| **Sonstiges** | ◉ | |

Fotolia.com: Tisch und Stühle © rashadashurov

Fotolia.com: Muster © hoverfly/Teppich © Lumppini

Fotolia.com: Spiegel © vectorfusionart/Uhr © antimartina

Fotolia.com: Puppe © idea/Knete © Mirko Raatz

4.

ARBEITSBLATT

# MÖBEL AUS PAPIER

Name: ..........................................................................................

## Aufgabe

Stelle ein Bett aus Papier her.

**a.** Gestalte das Papier zunächst farbig, passend zu deinem Raum. Du kannst es dazu ausmalen oder bekleben, z. B. mit Geschenkpapier.

**b.** Schneide die Vorlage an der gestrichelten Linie entlang aus.

**c.** Knicke die durchgezogenen Linien.

**d.** Verteile Klebstoff auf die grauen Flächen und klebe sie zusammen.

**e.** Baue weitere Möbel aus Papier.

### Papiermöbel M 1:20

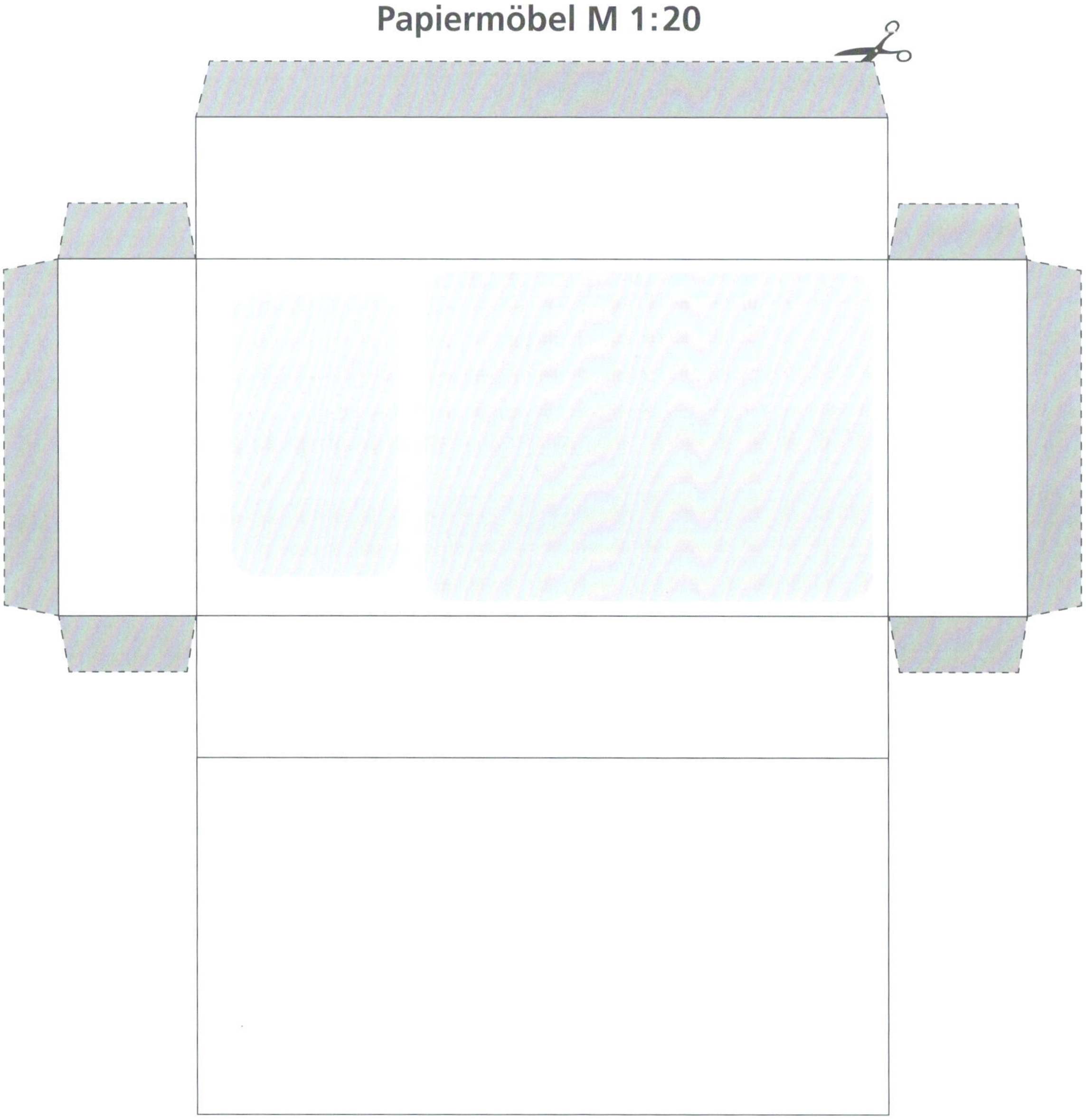

# 4. FARBEN WIRKEN IM RAUM
## Einen Raum im Schuhkarton gestalten II

**Berufsfeld:** **Maler und Lackierer**

**Tätigkeit:** Maler und Lackierer gestalten Gebäude von innen und außen. Sie streichen, beschichten oder bekleiden Wände, Böden, Türen, Fenster und Fassaden. Das Beschichten kann ein Schutzanstrich sein, ist aber vor allem ein Gestaltungsmittel.

**Ausbildung:** 3-jährige Ausbildung in einem Handwerksbetrieb (Voraussetzung: Hauptschulabschluss, Mittlerer Schulabschluss)

**Beschäftigung:** z. B. in einem Malerbetrieb

© Vivian Stin, Vicky Grabinsky, Alicia Marie Threis

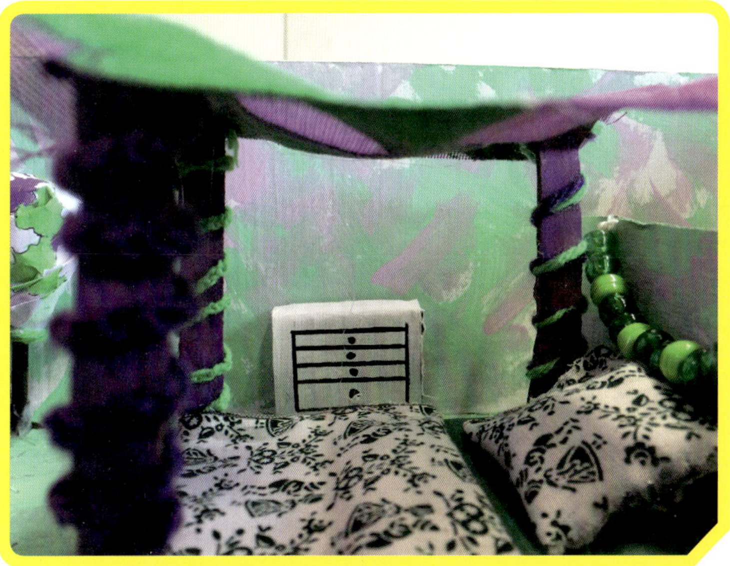

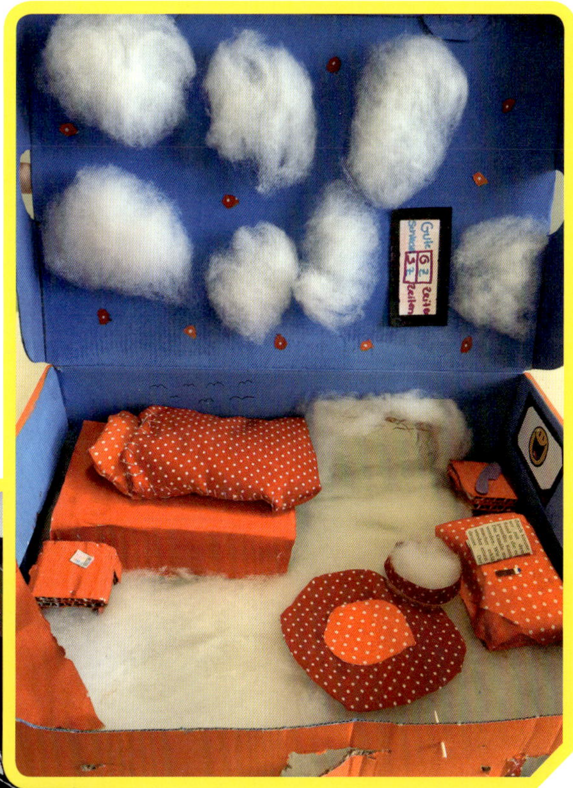

© Sarah Kreis, Cathleen Sander

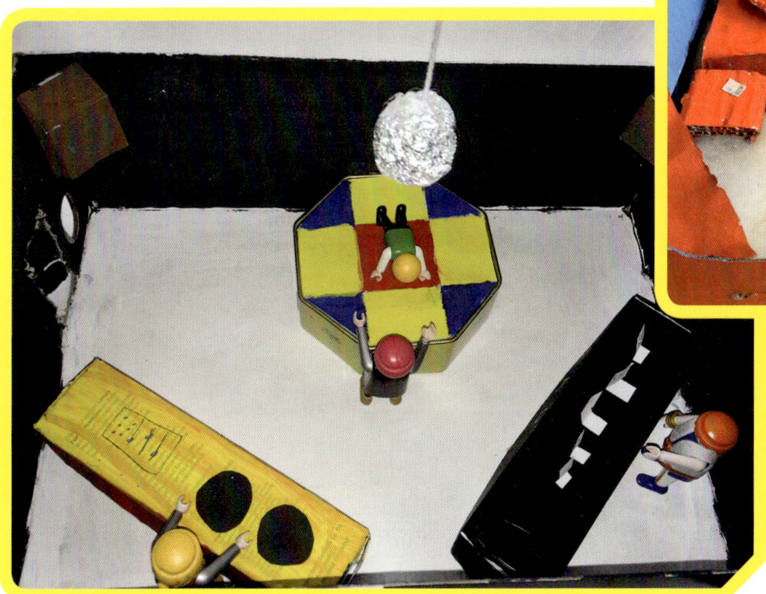

© Pascal Boxmann

# 4. FARBEN WIRKEN IM RAUM
## Einen Raum im Schuhkarton gestalten II

### Kurzbeschreibung

Die Schüler stellen einen Raum in einem Schuhkarton dar (siehe Projekt „Traumraum I" S. 114) und gestalten ihn farblich in einem von vier Farbkontrasten: Hell-dunkel-Kontrast, Warm-kalt-Kontrast, Komplementär-Kontrast oder Farbe-an-sich-Kontrast.

**Bezug zur Berufswelt:** Maler und Lackierer
**Alltagsbezug:** Einen Raum farblich gestalten
**Zeitbedarf:** ca. 9 Schulstunden
**Sozialform:** Partnerarbeit

### Material

- für jeden Schüler ein Arbeitsblatt **„Wirkung von Farbe"** (S. 126)
- für jeden Schüler ein Arbeitsblatt **„Farbkontraste"** (S. 58)
- für jeden Schüler ein Arbeitsblatt **„Farben wirken im Raum"** (S. 127)
- für jeden Schüler ein Arbeitsblatt **„Ideenkiste Raum im Schuhkarton"** (S. 119)
- für jeden Schüler ein Arbeitsblatt **„Möbel aus Papier"** (S. 120)
- für jeden Schüler ein Schuhkarton und Materialien zum Erstellen von Möbeln und Dekorationen
- für jeden Schüler verschiedene Pinsel und Acrylfarben

### Kompetenzen

Die Schüler

- erkennen, dass Farben Assoziationen und Gefühle auslösen können, und setzen dies bei der Planung ihrer Räume gezielt ein.
- kennen die vier Farbkontraste Hell-dunkel-Kontrast, Warm-kalt-Kontrast, Komplementär-Kontrast und Farbe-an-sich-Kontrast und stellen sie auf einem Arbeitsblatt dar.
- planen Räume in Schuhkartons so, dass sie einen Farbkontrast präsentieren.
- fertigen die Skizze ihres Raums an.
- setzen die zweidimensionale Skizze dreidimensional in einem Schuhkarton um.
- richten einen Raum im Hinblick auf ein bestimmtes Thema ein.
- beschreiben die dargestellten Räume im Hinblick auf die festgelegten Bewertungskriterien.

# FARBEN WIRKEN IM RAUM
## Einen Raum im Schuhkarton gestalten II

### Möglicher Verlaufsplan der Unterrichtseinheit

| Stunde | Thema | Verlauf |
|---|---|---|
| **1.–3. Stunde** | ◉ Wirkung von Farbe | Die Schüler beschäftigen sich mit der Wirkung von Farben, indem sie mithilfe des **Arbeitsblattes „Wirkung von Farbe"** beschreiben, wie Farben auf sie persönlich wirken, und die Farben in unterschiedliche Gruppen einteilen. |
| | ◉ Farbkontraste in Räumen | Mithilfe des **Arbeitsblattes „Farbkontraste"** informieren sie sich über vier verschiedene Kontraste. Auf dem **Arbeitsblatt „Farben wirken im Raum"** beschreiben sie die einzelnen Kontraste und stellen diese dar, indem sie vorgezeichnete Räume farbig gestalten. |
| | ◉ Planung des Raums im Schuhkarton | Mithilfe des **Arbeitsblattes „Ideenkiste Raum im Schuhkarton"** (siehe S. 119) sammeln die Schüler Ideen für die Einrichtung ihres Raums und zeichnen eine Skizze in ihr **Skizzenheft**. Dabei beziehen sie einen Farbkontrast ein und setzen ein bestimmtes Thema um (Hinweise siehe S. 124). |
| | ◉ Bewertungskriterien | In einem Unterrichtsgespräch werden die Bewertungskriterien gemeinsam erörtert und festgelegt und anschließend an der **Tafel** notiert und im **Heft** gesichert (Kriterien siehe S. 124). |
| **4.–7. Stunde** | ◉ Räume im Schuhkarton darstellen | Die Schüler gestalten Räume in **Schuhkartons** mit **unterschiedlichen Materialien** und **Acrylfarbe** (weitere Hinweise zur Erstellung des Raums siehe Projekt „Traumraum"; insbesondere S. 119). Das **Arbeitsblatt „Möbel aus Papier"** (siehe S. 120) kann zur Darstellung eines Bettes verwendet werden und zum Bau weiterer Papiermöbel anregen. |
| **8.–9. Stunde** | ◉ Zuordnung und Bewertung der Räume | Die Schüler präsentieren ihre Ergebnisse und bestimmen die Farbkontraste und das Thema der **Räume**. Anschließend werden die Räume auf Grundlage der zu Beginn besprochenen Bewertungskriterien, zunächst in der Gruppe und dann im Plenum, beurteilt. |

# 4. FARBEN WIRKEN IM RAUM
## Einen Raum im Schuhkarton gestalten II

### Bewertungskriterien

- Der Raum ist im Hinblick auf ein selbst gewähltes Thema eingerichtet.
- Der Raum ist so gestaltet, dass einer der Farbkontraste deutlich erkennbar dargestellt wird.
- Der Raum hat Fenster, Türen, gestaltete Wände und einen Boden. Er wurde mit unterschiedlichen Möbeln und Dekorationen ausgestattet, die Farbkontrast und Thema entsprechen.
- Die Darstellungen der verschiedenen Elemente des Raums entsprechen sich von der Größe her.
- Die dreidimensionale Darstellung des Raums entspricht der Skizze des zweidimensionalen Raums.

### Räume im Schuhkarton

Die Schüler gestalten mit unterschiedlichen Materialien einen Raum im Schuhkarton (weitere Hinweise zur Erstellung des Raums siehe Projekt „Traumraum“; insbesondere S. 119).

### Räume farbig gestalten

Der Schwerpunkt des Projektes liegt auf der farbigen Gestaltung der Räume. Die Schüler verwenden für ihre Räume jeweils einen Farbkontrast und ein passendes Thema (s. u.). Passend dazu erstellen sie aus unterschiedlichen Materialien Möbel und andere Dekorationsobjekte. Acrylfarbe kann für die farbliche Gestaltung von Möbeln und Wänden verwendet werden.

### Farbkontraste

Dieses Projekt wurde auf die vier Farbkontraste Hell-dunkel-Kontrast, Warm-kalt-Kontrast, Komplementär-Kontrast und Farbe-an-sich-Kontrast beschränkt (siehe Arbeitsblätter S. 58, S. 127), da sich diese von den Schülern am einfachsten darstellen lassen.
Der Hell-dunkel-Kontrast lässt sich z. B. darstellen, indem Wände und Böden schwarz und Möbel weiß sind. Der Warm-kalt-Kontrast wird z. B. erzeugt, indem alles in einem Raum in Blau, Grün und Türkis bemalt wird, während ein Möbelstück, z. B. das Sofa, rot ist. Der Komplementär-Kontrast wirkt z. B., wenn man in einem pinken Zimmer ein grünes Bett präsentiert. Der Farbe-an-sich-Kontrast wirkt, wenn ein Zimmer ausschließlich in den Grundfarben Rot, Gelb und Blau gestaltet wird.
Weitere Farbkontraste, wie z. B. der Qualitäts-Kontrast, können im Rahmen einer Binnendifferenzierung von einzelnen Schülern bearbeitet werden.

### Farben und Farbkontraste mit Themen verbinden

Farben rufen bei Menschen Assoziationen und Stimmungen hervor. So wirken die Farben Schwarz, Grau und Braun gemeinhin eher traurig, die Farben Gelb, Rot und Blau eher fröhlich. Die Farben Rot, Gelb und Orange verbreiten eher eine gemütliche Stimmung, die Farben Blau, Grün und Türkis wirken eher kühl. Mit der Wirkung von Farbe befassen sich die Schüler auf dem Arbeitsblatt „Wirkung von Farbe“. Ihre Erkenntnisse können sie nutzen, um Farben und Farbkontraste mit einem geeigneten Thema für ihren Raum zu verbinden.

# FARBEN WIRKEN IM RAUM
## Einen Raum im Schuhkarton gestalten II

### Beispiele dafür sind:

„Ein Möbelstück als Star" ➡ Durch die Verwendung eines bestimmten Farbkontrastes zieht ein Möbelstück besondere Aufmerksamkeit auf sich.

„Ein Zimmer wie im …!" ➡ Hier wird ein bestimmtes Thema, z. B. „Wald", dargestellt und das Zimmer wird mit Ästen, trockenem Moos, Pilzen usw. gestaltet.

„Mein Zimmer in anderen Farben" ➡ Dazu wird das eigene Zimmer dargestellt und farblich so verändert, dass es einen Farbkontrast darstellt.

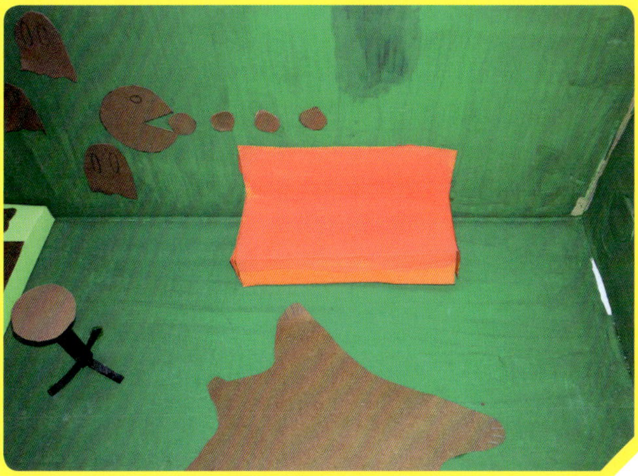



**Ein Möbelstück als Star**

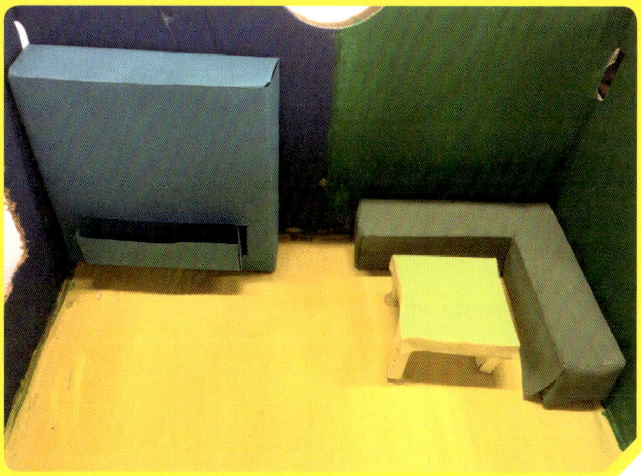



**Mein Zimmer in anderen Farben**

### Präsentations-Tipp

Die Räume können als Gesamtkunstwerk einer Lerngruppe mit dem Boden der Schuhkartons an der Wand befestigt werden und z. B. in Form eines großen Quadrats, eines Rechtecks oder eines Kreises angeordnet werden.

### Aktions-Tipps

Mithilfe des Arbeitsblattes „Wirkung von Farbe" können die Schüler eine Umfrage unter den Schülern ihrer Schule oder ihres Jahrgangs durchführen. Die Ergebnisse können dann in unterschiedlichen Grafiken anschaulich dargestellt und in der Schule, z. B. am Tag der offenen Tür, präsentiert werden.

### Kreativ-Tipp

Bei Bedarf können die Schüler einen Raum der Schule, z. B. einen Fahrschüler-Raum, ein Bistro oder einen SV-Raum, unter Berücksichtigung der Farbkontraste gestalten.

4.

ARBEITSBLATT

# WIRKUNG VON FARBE

Name: ..........................................................................................

## Aufgaben 1

Kreuze in der Tabelle an, wie die Farben auf dich wirken.

| Farbe ↓ / Wirkung → | fröhlich | traurig | gemütlich | technisch | natürlich | kalt | warm | hell | dunkel |
|---|---|---|---|---|---|---|---|---|---|
| Rot | | | | | | | | | |
| Dunkelrot | | | | | | | | | |
| Orangerot | | | | | | | | | |
| Orange | | | | | | | | | |
| Dunkelorange | | | | | | | | | |
| Ocker | | | | | | | | | |
| Hellbraun | | | | | | | | | |
| Braun | | | | | | | | | |
| Dunkelbraun | | | | | | | | | |
| Kaki | | | | | | | | | |
| Hellgrün | | | | | | | | | |
| Grün | | | | | | | | | |
| Dunkelgrün | | | | | | | | | |
| Gelbgrün | | | | | | | | | |
| Zitronengelb | | | | | | | | | |
| Gelb | | | | | | | | | |
| Türkis | | | | | | | | | |
| Hellblau | | | | | | | | | |
| Blau | | | | | | | | | |
| Dunkelblau | | | | | | | | | |
| Lila | | | | | | | | | |
| Helllila | | | | | | | | | |
| Rosa | | | | | | | | | |
| Pink | | | | | | | | | |
| Weiß | | | | | | | | | |
| Grau | | | | | | | | | |
| Schwarz | | | | | | | | | |

## Aufgabe 2

Fasse die Farben in Gruppen zusammen, je nachdem, wie du sie wahrnimmst.
So können z. B. Gruppen mit den Namen „Traurige Farben", „Gemütliche Farben" oder „Naturfarben" gebildet werden. Notiere die Ergebnisse im Heft.


© Verlag an der Ruhr | Autorin: Sabine Nelke | ISBN 978-3-8346-3079-7 | www.verlagruhr.de

4.

ARBEITSBLATT

# FARBEN WIRKEN IM RAUM

Name: ...............................................................................................................................................

## Aufgabe 1

Informiere dich mithilfe des Arbeitsblattes „Farbkontraste" über die in der Tabelle genannten Kontraste und trage stichpunktartige Beschreibungen dazu ein.

## Aufgabe 2

Skizziere zu jedem Farbkontrast ein Zimmer, welches diesen Kontrast deutlich darstellt. Gestalte dazu die Wände farbig und füge entsprechende Möbel und Dekorationen hinzu.

| Kontrast | Beschreibung | Beispiel |
|---|---|---|
| hell-dunkel | | 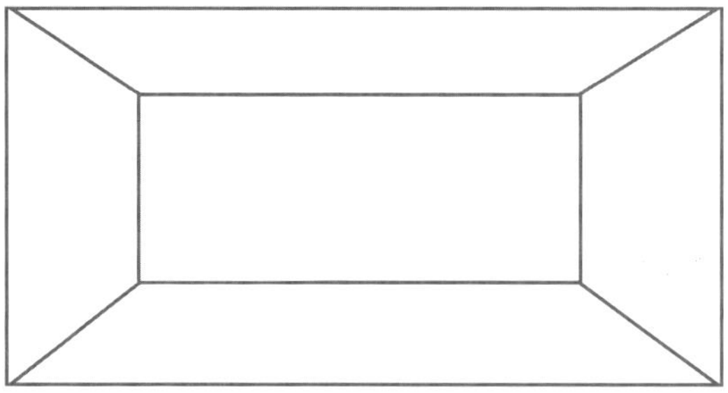 |
| warm-kalt | | 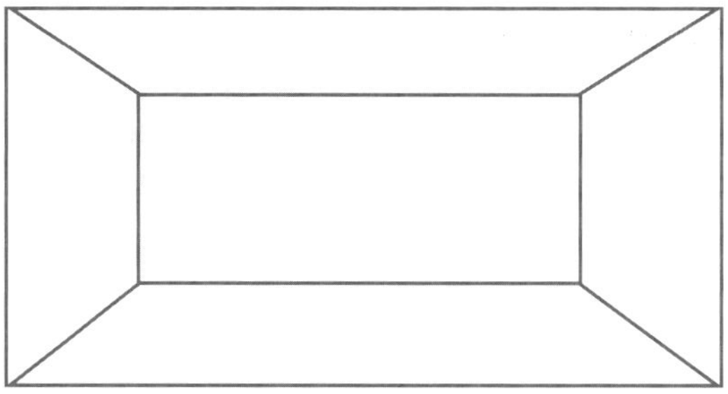 |
| komplementär | | 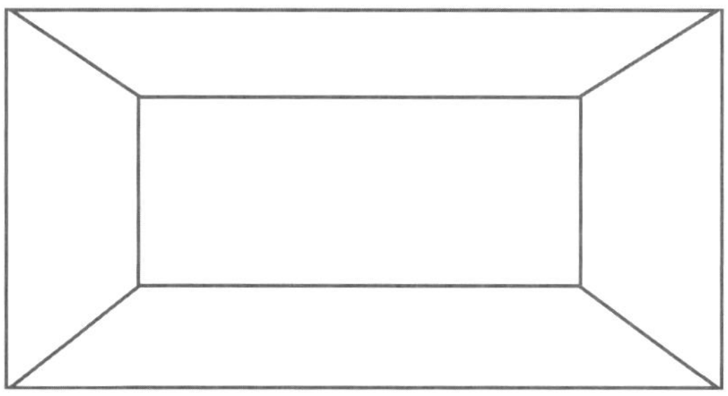 |
| Farbe-an-sich | | 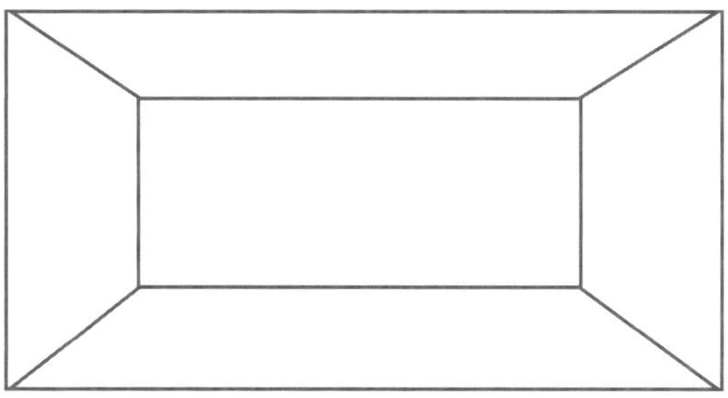 |

© Verlag an der Ruhr | Autorin: Sabine Nelke | ISBN 978-3-8346-3079-7 | www.verlagruhr.de

# 5.
# DESIGN

GRAFIKDESIGNER

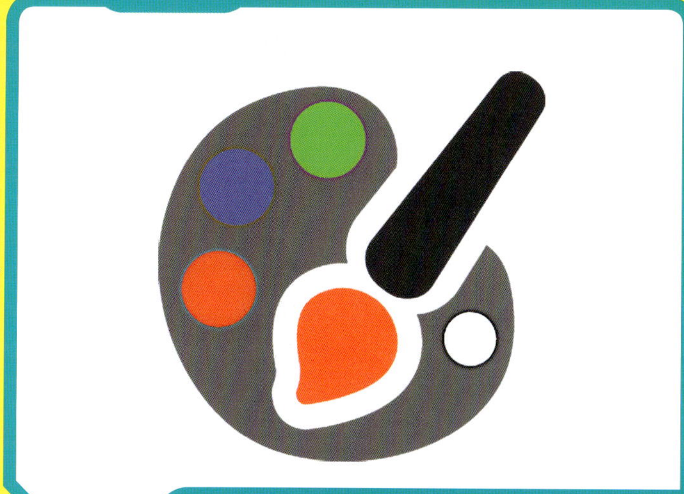



LICHTREKLAMEHERSTELLER

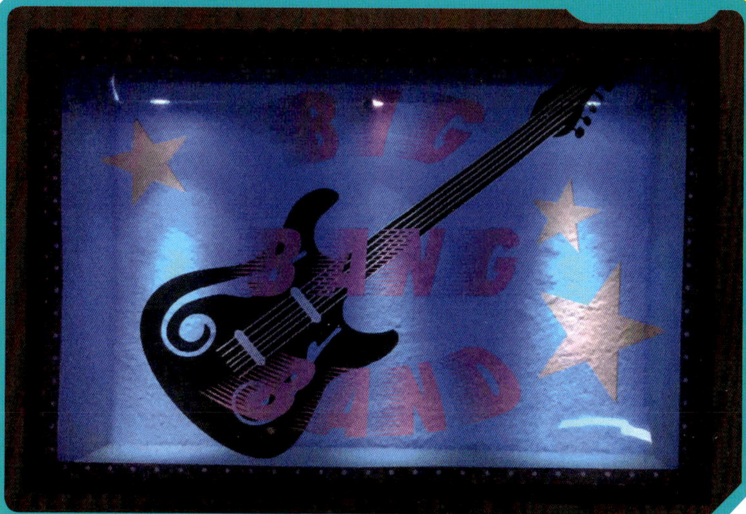


GRAFIKDESIGNER

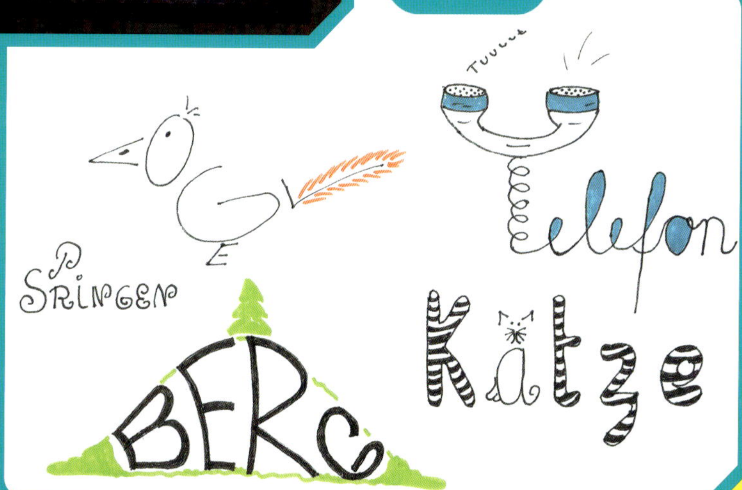


TEXTILDRUCKER

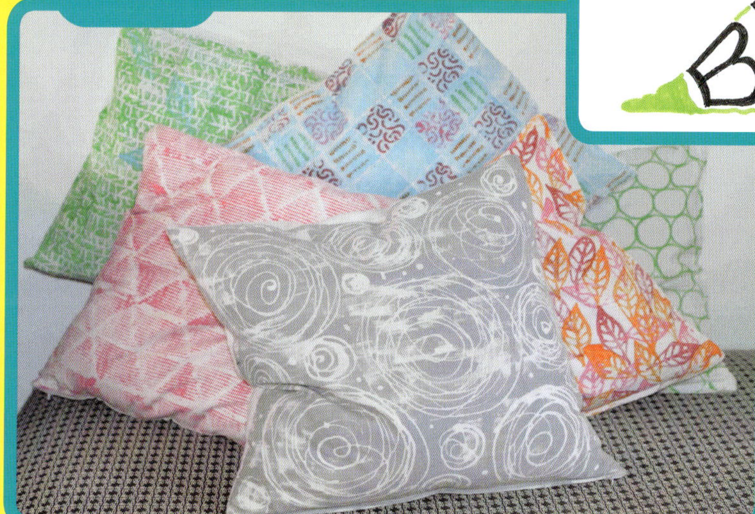

5.

# ZEIG MIR DEN WEG!
## Piktogramme kreieren

**Berufsfeld:** **Grafikdesigner** (siehe auch: Berufsfeld Werbe- und Mediengestalter S. 22)

**Tätigkeit:** Ein Grafikdesigner entwirft z. B. Websites, Apps, Bücher, Zeitschriften, Werbeanzeigen, Logos u. Ä. Er gestaltet das alles, indem er Schrift, Bilder, Farbgebung und Anordnung miteinander optimal verbindet.
Seine (oftmals skizzierten) Ideen setzt er mit verschiedenen Computerprogrammen um.

**Ausbildung:** ca. 3 Jahre Studium an Berufskollegs, an Fachhochschulen oder Hochschulen für Gestaltung als Bachelor oder Master (Voraussetzung: mind. Mittlerer Bildungsabschluss, Bewerbungsmappe mit Arbeitsproben)

**Beschäftigung:** z. B. in Werbeagenturen, Verlagen oder Druckereien

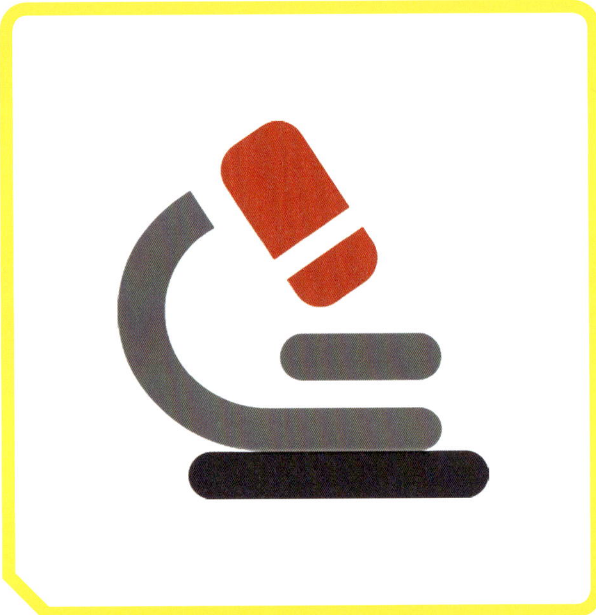

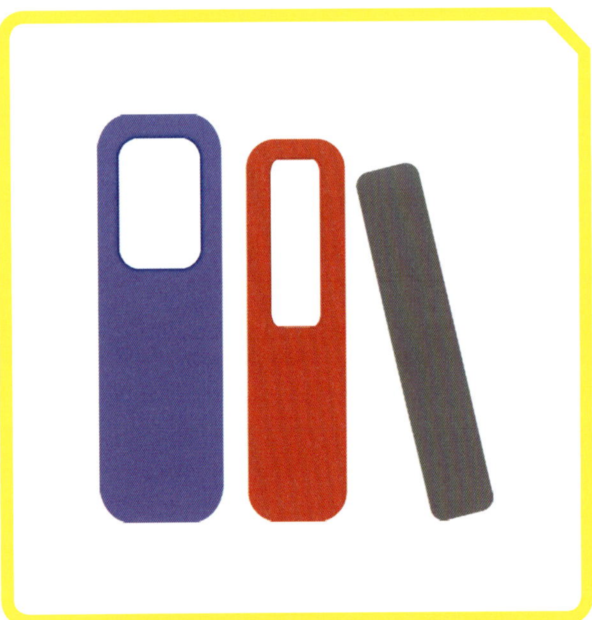

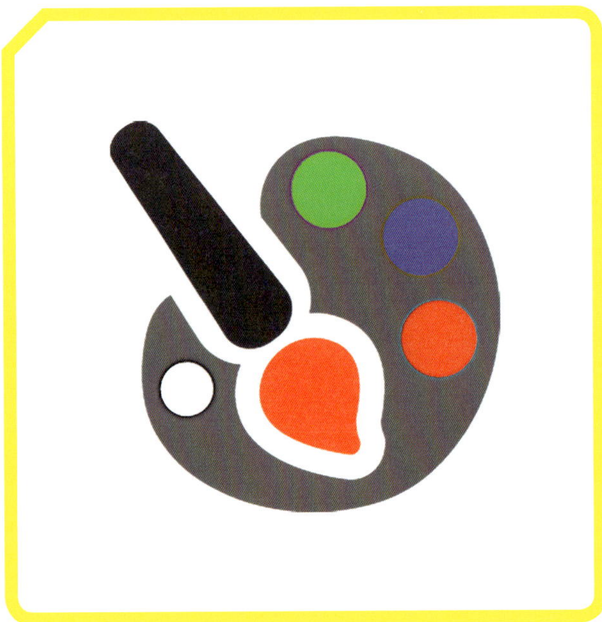

5.

# ZEIG MIR DEN WEG!
## Piktogramme kreieren

### Kurzbeschreibung

Die Schüler erstellen Piktogramme, die auf Räumlichkeiten ihrer Schule hinweisen. Dafür fertigen sie zunächst eine Skizze an und setzen diese dann am Computer mit dem Programm Word um.

**Bezug zur Berufswelt:** Grafikdesigner
**Alltagsbezug:** Piktogramme für die eigene Schule anfertigen
**Zeitbedarf:** ca. 8 Schulstunden
**Sozialform:** Partnerarbeit

### Material

- für jeden Schüler ein Arbeitsblatt **„Was ist ein Piktogramm?“** (S. 134)
- für jeden Schüler ein Arbeitsblatt **„Piktogramme für meine Schule“** (S. 135)
- für jeden Schüler Bleistift, Radiergummi, Buntstifte, Lineal und weißes Papier
- für je zwei Schüler einen Computer

### Kompetenzen

Die Schüler
- bestimmen die übermittelten Informationen von Piktogrammen und erklären den Begriff.
- suchen Piktogramme in ihrer Umgebung und fotografieren sie.
- entwerfen Skizzen für Piktogramme, welche auf Räumlichkeiten in der Schule hinweisen.
- kreieren Piktogramme für ihre Schule mit dem Programm Word.

5.

# ZEIG MIR DEN WEG!

## Piktogramme kreieren

### Möglicher Verlaufsplan der Unterrichtseinheit

| | | |
|---|---|---|
| **1.–2. Stunde** | Piktogramme definieren | Die Schüler betrachten die Piktogramme auf dem **Arbeitsblatt „Was ist ein Piktogramm?"** und notieren die Informationen, die übermittelt werden. Sie beschreiben den Begriff „Piktogramm". |
| | Unterrichtsgang | Auf einem Unterrichtsgang halten die Schüler nach Piktogrammen Ausschau. Sie fotografieren diese in Partnerarbeit mit einem Handy. |
| | Piktogramme entwerfen | Auf dem **Arbeitsblatt „Piktogramme für meine Schule"** skizzieren die Schüler in einer Partnerarbeit 8 Piktogramme, die auf Räumlichkeiten in ihrer Schule hinweisen. |
| | Bewertungskriterien | In einem Unterrichtsgespräch werden die Bewertungskriterien gemeinsam erörtert und festgelegt und anschließend an der Tafel notiert und im **Heft** gesichert (Kriterien siehe S. 133). |
| **3.–6. Stunde** | Piktogramme kreieren | Jedes Paar erstellt vier Piktogramme mit dem Programm „Word" am **Computer**. Die Piktogramme werden aus unterschiedlichen Formen zusammengestellt und können farbig gestaltet werden. Sind die Partner und der Lehrer mit der Kreation eines Piktogramms zufrieden, wird es auf weißem **Papier** ausgedruckt. |
| **7.–8. Stunde** | Vergleich und Bewertung der Piktogramme | Die Schüler vergleichen die eigenen Piktogramme mit denen, die sie auf dem Unterrichtsgang fotografiert haben. Sie präsentieren ihre Ergebnisse und beschreiben die unterschiedlichen **Piktogramme** auf Grundlage der zu Beginn besprochenen Bewertungskriterien, zunächst in der Gruppe und dann im Plenum. |

5.

# ZEIG MIR DEN WEG!
## Piktogramme kreieren

### Bewertungskriterien

- Es werden von jedem Schülerpaar mindestens acht Skizzen für Piktogramme angefertigt.
- Die Piktogramme stellen eine Information mithilfe einer sehr einfachen Grafik dar.
- Die Informationen beziehen sich auf Räumlichkeiten, die sich in der eigenen Schule befinden.
- Die Piktogramme sind deutlich erkennbar.

### Piktogramm

Ein Piktogramm ist ein Symbol, welches eine Information in Form einer einfachen Grafik übermittelt. Viele Piktogramme, wie z. B. Verkehrsschilder oder Hinweisschilder für Toiletten, kennen die Schüler.

### Bekannte Pikogramme finden

Auf einem Unterrichtsgang halten die Schüler Aussschau nach Piktogrammen und erkennen, wie häufig ihnen diese im Alltag begegnen. Mit einem Partner fotografieren sie die Piktogramme mit einem Handy. Informieren Sie vor dem Einsatz der Handykameras die Eltern (Elternbrief, siehe S. 5).

### Piktogramme mit Word erstellen

Mit dem Programm Word (weitere Hinweise siehe S. 11) können Piktogramme sehr einfach entworfen werden. Dazu sollten Sie zunächst klären, ob Ihre Schüler bereits Erfahrung im Umgang mit dem Programm haben oder ob sie die wichtigsten Befehle zunächst einüben müssen (siehe Arbeitsblatt „Mit Word gestalten" S. 14). Die Schüler kreieren mit den verschiedenen Formen, die Word anbietet, einfache Piktogramme, welche auf Räumlichkeiten in ihrer Schule hinweisen. Das können z. B. Piktogramme für die Bücherei, die Kunsträume, einen Biologieraum oder auch für die Cafeteria sein.

### Kreativ-Tipp

Die Piktogramme müssen nicht mit dem Computer erstellt werden, sie können z. B. auch mit Wasserfarbe auf einem Zeichenblock oder mit Acrylfarbe auf quadratische Holzplatten gemalt werden.

### Präsentations-Tipp

Die von den Schülern erstellten Piktogramme können in der Schule als Hinweisschilder an den Wänden angebracht werden.

### Aktions-Tipp

Aus allen Piktogrammen einer Lerngruppe kann am Computer eine Vorlage für ein Zuordnungsspiel mit den Regeln von Memory® zusammengestellt werden. Diese kann ausgedruckt, auf eine Sperrholzplatte geklebt, ausgesägt und abgeschliffen werden.

5.

ARBEITSBLATT

# WAS IST EIN PIKTOGRAMM?

Name: ......................................................................................................................................

## Aufgaben 1

Schreibe unter jedes Piktogramm, was es darstellt bzw. welche Information es vermittelt.

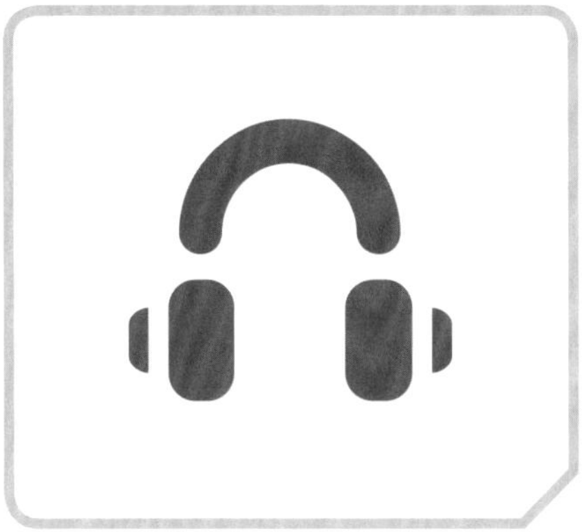
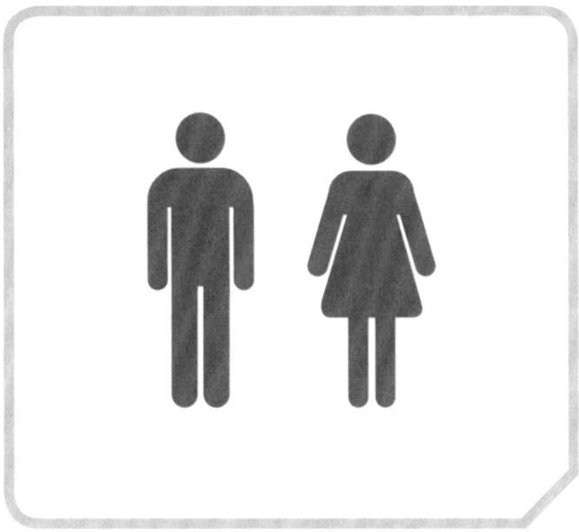

........................................ ........................................ ........................................

........................................ ........................................ ........................................

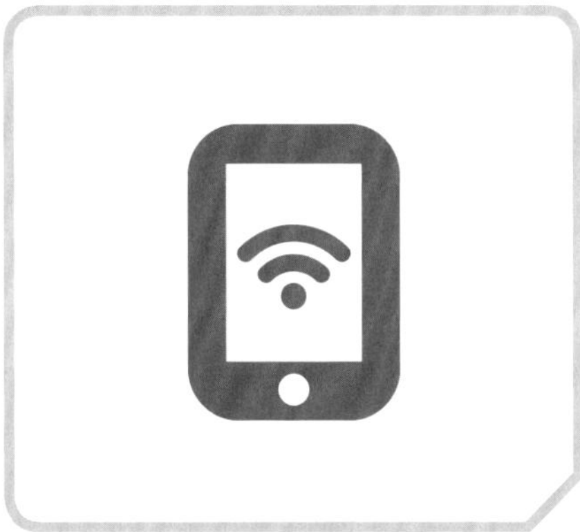

........................................ ........................................ ........................................

........................................ ........................................ ........................................



## Aufgabe 2

Erkläre, was ein Piktogramm ist. Verwende in deinem Text in beliebiger Reihenfolge folgende Begriffe:

*Grafik – Information – übermitteln*

**Piktogramm:**

......................................................................................................................................

......................................................................................................................................

......................................................................................................................................



© Verlag an der Ruhr | Autorin: Sabine Nelke | ISBN 978-3-8346-3079-7 | www.verlagruhr.de

5.

ARBEITSBLATT

# PIKTOGRAMME FÜR MEINE SCHULE

Name: ..........................................................................

## Aufgabe

Entwerft Piktogramme, die sinnvoll in eurer Schule eingesetzt werden könnten (z. B. Hinweisschilder für Räume). Schreibt zuerst die Information unter den Kasten und skizziert dann das passende Piktogramm.

5.

# MEIN STAR

## Eine Leuchtreklame designen

**Berufsfeld: Lichtreklamehersteller**

**Tätigkeit:** Lichtreklamehersteller entwerfen und montieren Leuchtreklamen sowie beleuchtete Schilder und Kommunikationsobjekte.
Sie richten sich dabei nach den Wünschen ihrer Kunden.

**Ausbildung:** 3-jährige Ausbildung in einem Handwerksbetrieb (Voraussetzung: Hauptschulabschluss, Mittlerer Schulabschluss)

**Beschäftigung:** z. B. in Betrieben für Werbetechnik

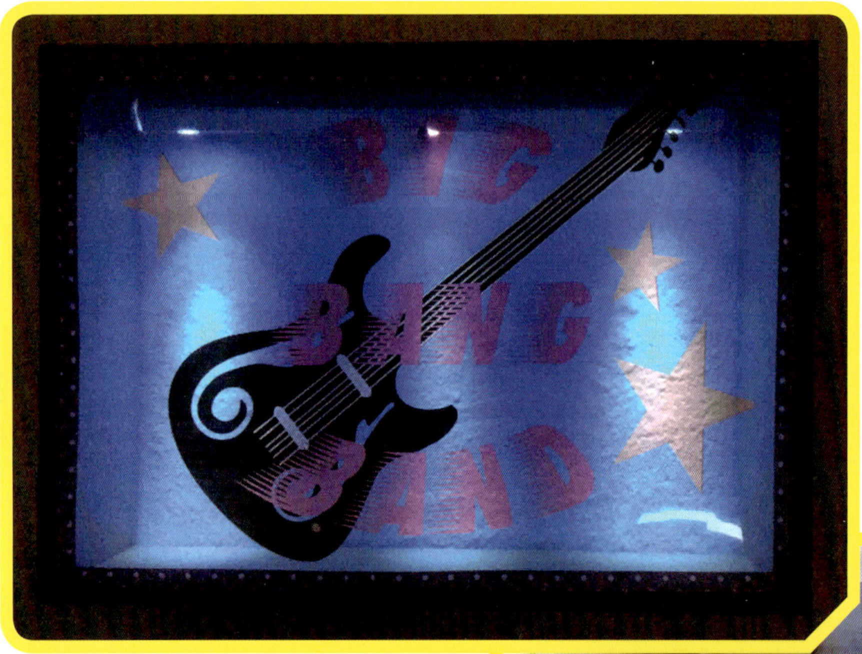


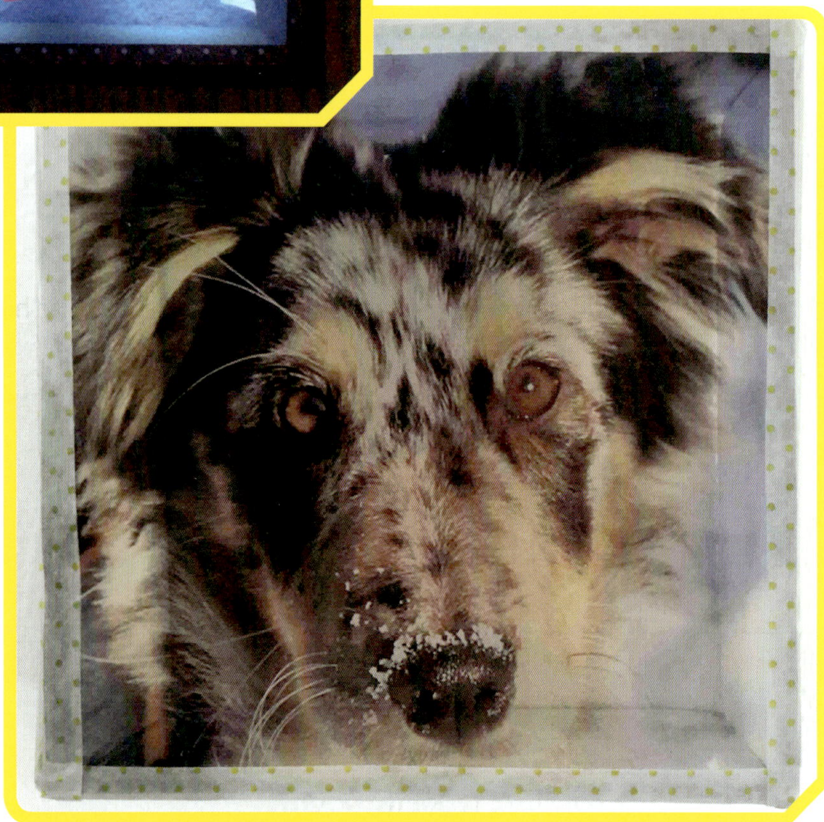

5.

# MEIN STAR
## Eine Leuchtreklame designen

### Kurzbeschreibung

Die Schüler stellen eine Leuchtreklame her, auf welcher ihr persönlicher „Star" abgebildet ist. Dazu wählen sie ein Motiv aus oder erstellen es selbst und drucken es auf eine Folie. Sie bauen einen Rahmen aus fester Pappe, auf welchem die Folie befestigt wird. Damit das Motiv deutlich erkennbar wird, befestigen sie eine LED-Leuchte darin.

**Bezug zur Berufswelt:** Leuchtreklamehersteller
**Alltagsbezug:** den persönlichen Star in einer Leuchtreklame darstellen
**Zeitbedarf:** ca. 8 Schulstunden
**Sozialform:** Einzelarbeit

### Material

- für jeden Schüler ein Arbeitsblatt **„Mein Star auf einer Leuchtreklame"** (S. 141)
- für jeden Schüler eine Anleitung **„Eine Leuchtreklame designen"** (S. 142)
- für alle Schüler Leisten aus Holz oder Wellpappe, durchsichtiges Klebeband, Washi-Tape oder Gewebeklebeband
- für jeden Schüler eine Drucker-Folie
- für jeden Schüler eine LED-Leuchte

### Kompetenzen

Die Schüler
- beschreiben den Begriff „Star".
- skizzieren eine Leuchtreklame für ihren Star hinsichtlich Form und Funktion.
- bauen eine Leuchtreklame, die ihren Star darstellt, wobei sie sich an ihrer Skizze orientieren.
- beschreiben die designten Leuchtreklamen im Hinblick auf die festgelegten Bewertungskriterien.

5.

# MEIN STAR
## Eine Leuchtreklame designen

### Möglicher Verlaufsplan der Unterrichtseinheit

| | | |
|---|---|---|
| **1.–2. Stunde** | ◉ Unterrichtsgang<br>◉ Entwurf Leuchtreklame<br>◉ Materialliste | Auf einem Unterrichtsgang sehen sich die Schüler Leuchtreklamen in ihrer Stadt an.<br>Der Lehrer gibt einen Überblick über das Unterrichtsvorhaben und präsentiert den Schülern ein Beispielmodell einer selbst gebauten **Leuchtreklame**. Die Schüler notieren auf dem **Arbeitsblatt „Mein Star auf einer Leuchtreklame"**, was der Begriff „Star" für sie bedeutet und wer ihr persönlicher Star ist. Anschließend fertigen sie eine Skizze für ihre Leuchtreklame an.<br>Die Schüler erstellen mithilfe der **Anleitung „Eine Leuchtreklame designen"** eine Materialliste für die nächste Stunde. |
| **3.–6. Stunde** | ◉ Bewertungskriterien<br>◉ Motive erstellen<br>◉ Leuchtreklame bauen | In einem Unterrichtsgespräch werden die Bewertungskriterien gemeinsam erörtert und festgelegt und anschließend an der **Tafel** notiert und im **Heft** gesichert (Kriterien siehe S. 139).<br>Die Schüler erstellen oder bearbeiten ihr Motiv entweder direkt an einem **Computer** oder sie malen es auf Papier und scannen es ein.<br>Die fertigen Motive werden dann auf **Folien** gedruckt.<br>Die Schüler bauen aus den mitgebrachten Materialien und ihrer Folie eine Leuchtreklame nach der **Anleitung „Eine Leuchtreklame designen".** |
| **7.–8. Stunde** | ◉ Präsentation und Bewertung der Leuchtreklamen | Die Schüler präsentieren ihre Ergebnisse und erörtern in einem Unterrichtsgespräch, wie sich das Design der Leuchtreklamen unterscheidet. Sie beschreiben die verschiedenen **Leuchtreklamen** auf Grundlage der zu Beginn besprochenen Bewertungskriterien, zunächst in der Gruppe und dann im Plenum. |

5.

# MEIN STAR
## Eine Leuchtreklame designen

### Bewertungskriterien

- Die Skizze der Leuchtreklame stellt einen „Star" dar.
- Auf einer Folie wird das entsprechende Motiv ordentlich und scharf dargestellt.
- Schrift und Bild sind sinnvoll gewählt und entsprechen dem Zweck (Reklame).
- Die Leuchtreklame wird ordentlich mithilfe des Arbeitsblattes „Eine Leuchtreklame designen" angefertigt und entspricht der Skizze.

### Leuchtreklame

Leuchtreklamen finden die Schüler während eines Unterrichtsgangs, z. B. über den Eingängen von Geschäften, Gaststätten und Hotels. Für bestimmte Produkte gibt es aber auch produktbezogene Leuchtwerbung, die die Schüler entdecken können.

### Design

Unter Design versteht man die Gestaltung eines Gebrauchsgegenstandes in Bezug auf seine Form und seine Funktion. Die Form der Leuchtreklame sollte also der Funktion (Werbefläche für einen Star) entsprechen und dementsprechend von den Schülern gebaut werden.

### Stars

Jugendliche haben unterschiedliche Vorstellungen davon, was ein „Star" ist. Es kann ein Sänger oder eine Band, ein Schauspieler, ein Blogger aus dem Internet, ein Künstler, eine Person des öffentlichen Lebens, ein besonderer Freund oder sogar ein tierischer Wegbegleiter sein.
Wen oder was sie abbilden wollen, notieren die Schüler auf dem Arbeitsblatt „Mein Star auf einer Leuchtreklame".

### Leuchtreklame designen und bauen

Damit die Schüler alle Materialien zum Bauen der Leuchtreklame mitbringen, sollten sie eine Materialliste erstellen. Jeder Schüler braucht Leisten (Holz oder Wellpappe), Klebeband (durchsichtiges Klebeband und Washi-Tape oder Textilbänder), ggf. eine Vorlage für sein Motiv, eine LED-Leuchte (passendes Format) und eine Folie (falls diese nicht im Klassensatz besorgt und den Schülern zur Verfügung gestellt werden).
Die Motive können entweder mit Word selbst erstellt werden (weitere Hinweise siehe S. 11 und S. 14) oder aus Fotos ausgewählt werden. Sie werden dann im DIN-A4-Format ausgedruckt. Dazu werden zum Drucker passende Folien verwendet. Die Folien können entweder gemeinsam in der Schule, von den Schülern zu Hause oder vom Lehrer ausgedruckt werden. Bevor der Rahmen, aus Holz oder Wellpappe (z. B. aus alten Kartons), gebaut wird, können die einzelnen Leisten mit Acrylfarbe weiß grundiert werden. Dann kommt das Muster des Washi-Tape besser zur Geltung.

### LED-Leuchten

Für ihre Leuchtreklamen benötigen die Schüler eine kleine, kabellose LED-Leuchte, die mit einer Batterie betrieben wird. Die Leuchten sind in unterschiedlichen Formen und Größen in Baumärkten oder Lampengeschäften erhältlich. Sie können mit doppelseitigem Klebeband oder mit einer Heißklebepistole in den Rahmen geklebt werden.

5.

# MEIN STAR

## Eine Leuchtreklame designen

### Washi-Tape

Washi-Tape stammt ursprünglich aus Japan. Es ist ein Klebeband, das aus Reispapier besteht. Es ist meistens gemustert, durchscheinend und kann mit der Hand leicht durchgerissen werden. Washi-Tape kann vielfältig zu Dekorationszwecken oder zum Stabilisieren eingesetzt werden.

### Kreativ-Tipp

Die Motive müssen nicht mit dem Computer erstellt werden, sie können auch frei, mit durchsichtiger Fensterfarbe, auf eine Folie gemalt werden.

### Präsentations-Tipp

Die von den Schülern erstellten Leuchtreklamen können, z. B. im Rahmen einer Kunstausstellung in der Schule, an einer Wand nebeneinander präsentiert werden. Sie wirken besonders, wenn der Raum verdunkelt wird.

### Aktions-Tipp

Aus mehreren Leuchtreklamen kann eine große Reklame entstehen. Es können z. B. auf den einzelnen Leuchtflächen Buchstaben abgebildet werden, die dann zusammen ein Wort ergeben. So kann der Name der Schule oder einer Klasse als Leuchtreklame dargestellt werden.

5.

ARBEITSBLATT

# MEIN STAR AUF EINER LEUCHTREKLAME

Name: ..............................................................................

## Aufgabe 1

Beschreibe, was für dich ein Star ist.

**Ein Star ist für mich ...**

..............................................................................

..............................................................................

..............................................................................

Unter Design versteht man die Gestaltung eines Gebrauchsgegenstandes in Bezug auf seine Form und seine Funktion.

## Aufgabe 2

Notiere in den Sternen die Namen deiner Stars.

## Aufgabe 3

Skizziere das Design für eine Leuchtreklame, die deinen Star darstellt.

5.

# EINE LEUCHTREKLAME DESIGNEN

ANLEITUNG

Name: ..............................................................................................

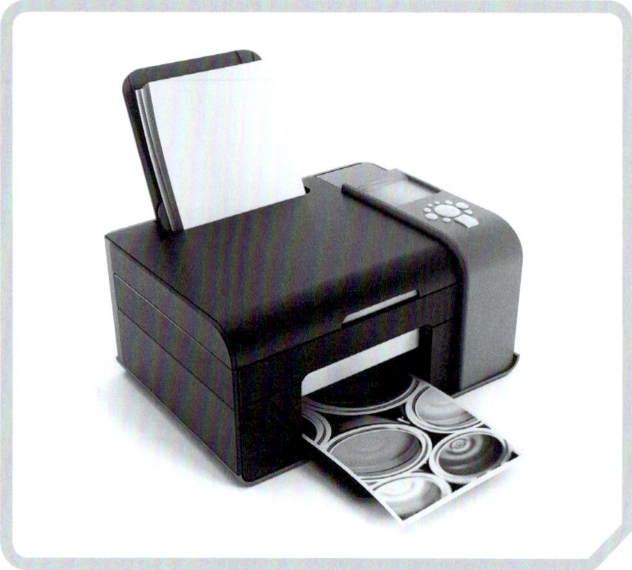

© destina – Fotolia.com

## 1. Bild aussuchen und drucken

- Wähle zunächst ein Motiv für deine Leuchtreklame aus. Das kann ein Foto, eine mit Word erstellte Grafik oder ein von dir gemaltes Bild sein, das du anschließend am Computer einscannst.
- Drucke dein Motiv auf einer Folie (DIN-A4-Format) aus.
- Schneide die Folie passend für deine Leuchtreklame zurecht.

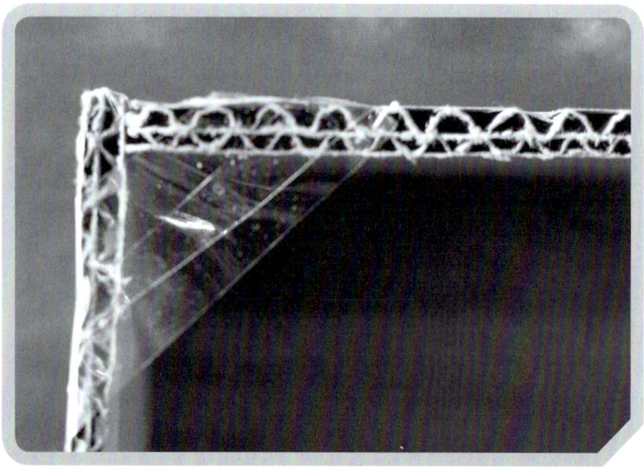

## 2. Rahmen bauen

- Das Material für die vier Leisten deines Rahmens kann z. B. aus Wellpappe oder aus Holz sein.
- Schneide oder säge die vier Leisten so, dass der Rahmen genau so groß wird wie die zurechtgeschnittene Folie.
- Fixiere deine Rahmen mit durchsichtigen Klebeband-Streifen.
- Klebe die vier Leisten dann zu einem stabilen Rahmen zusammen, indem du sie mit Washi-Tape umwickelst.

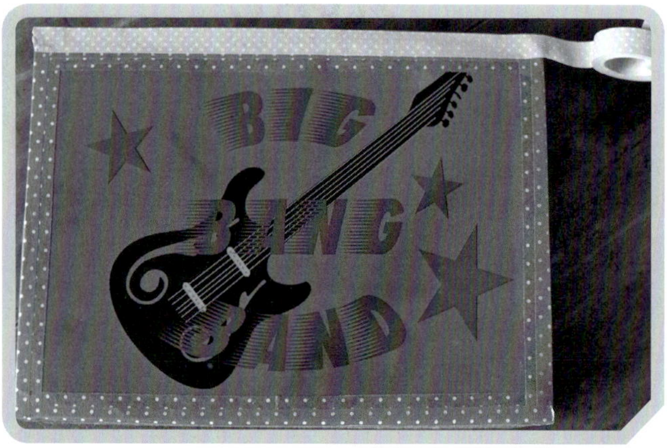

## 3. LED-Leuchte und Folie befestigen

- Befestige eine LED-Leuchte mit doppelseitigem Klebeband oben in deinem Rahmen, sodass das Licht nach unten scheint.
- Lege die Folie mit dem Motiv auf den Rahmen. Schneide sie – falls nötig – noch zurecht und befestige sie dann mit Washi-Tape am Rahmen. Klebe das Tape dazu über den Folienrand und auf den Rahmen.

5.

# DIE KUNST DER SCHÖNEN BUCHSTABEN

## Postkarten mit Lettering gestalten

**Berufsfeld: Grafikdesigner** (siehe auch: Berufsfeld Werbe- und Mediengestalter S. 22)

**Tätigkeit:** Ein Grafikdesigner entwirft z. B. Websites, Apps, Bücher, Zeitschriften, Werbeanzeigen, Logos u. Ä. Er gestaltet das alles, indem er Schrift, Bilder, Farbgebung und Anordnung miteinander optimal verbindet.
Seine (oftmals skizzierten) Ideen setzt er mit verschiedenen Computerprogrammen um.

**Ausbildung:** ca. 3 Jahre Studium an Berufskollegs, an Fachhochschulen oder Hochschulen für Gestaltung als Bachelor oder Master. (Voraussetzung: mind. Mittlerer Bildungsabschluss, Bewerbungsmappe mit Arbeitsproben)

**Beschäftigung:** z. B. in Werbeagenturen, Verlagen oder Druckereien

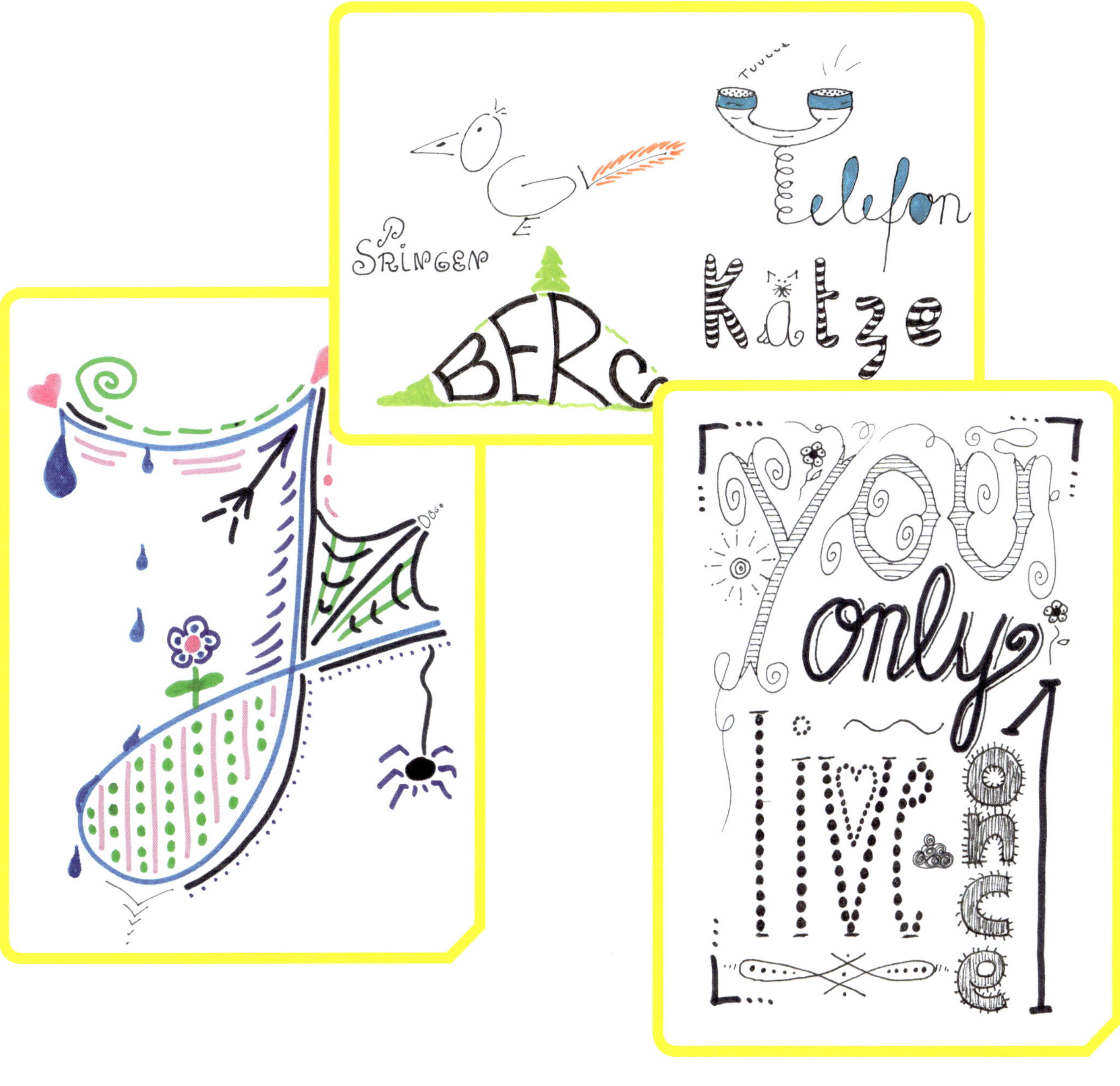

5.

# DIE KUNST DER SCHÖNEN BUCHSTABEN

## Postkarten mit Lettering gestalten

### Kurzbeschreibung

Die Schüler entwerfen Buchstaben, um damit später eine Postkarte zu gestalten. Zunächst skizzieren und zeichnen sie diese Buchstaben, was als „Lettering" bezeichnet wird. Anschließend stellen sie einen selbst gewählten Text mit diesen Buchstaben dar und erstellen so das Motiv für eine Postkarte.

**Bezug zur Berufswelt:** Grafikdesigner
**Alltagsbezug:** Herstellung von Postkarten für den persönlichen Gebrauch
**Zeitbedarf:** ca. 10 Schulstunden
**Sozialform:** Gruppenarbeit (4–5 Schüler)

### Material

- für jeden Schüler ein Arbeitsblatt **„Lettering"** (S. 148)
- für jeden Schüler eine Anleitung **„Lettering für eine Postkarte"** (S. 149)
- für alle Schüler Bleistift, Radiergummi, Fineliner, Filzstifte in verschiedenen Stärken, Buntstifte, Federn, Zeichenpapier
- Computer, Scanner oder Digitalkamera, Drucker
- Tonpapier oder Blanko-Postkarten

### Kompetenzen

Die Schüler

- gestalten Buchstaben in verschiedenen Schriftarten und Farben.
- entwerfen gezielt einen Text im Hinblick auf einen persönlichen Zweck.
- gestalten eine Postkarte unter Verwendung ihrer selbst entworfenen Buchstaben.
- beschreiben das individuelle Design der entworfenen Postkarten im Hinblick auf die festgelegten Bewertungskriterien.

5.

# DIE KUNST DER SCHÖNEN BUCHSTABEN

## Postkarten mit Lettering gestalten

### Möglicher Verlaufsplan der Unterrichtseinheit

| | | |
|---|---|---|
| **1.–2. Stunde** | Einführung „Lettering“ | Mithilfe des **Arbeitsblatts „Lettering“** informieren sich die Schüler über das Thema und skizzieren erste Buchstaben mit verschiedenen Stiften. |
| **3.–4. Stunde** | Gruppenbildung<br><br>Bewertungskriterien<br><br>Planung der Postkarte | Die Schüler teilen sich in Gruppen von 4–5 Schülern auf.<br>In einem Unterrichtsgespräch werden die Bewertungskriterien gemeinsam erörtert und festgelegt und anschließend an der **Tafel** notiert und im **Heft** gesichert (Kriterien siehe S. 146).<br>In Gruppen planen die Schüler mithilfe der **Anleitung „Lettering für eine Postkarte“** eine Postkarte für den persönlichen Gebrauch. Mit selbst erstellten Buchstaben zeichnen sie dazu einen groben Entwurf. |
| **5.–6. Stunde** | Entwurf der Postkarte<br><br>Entwurf der einzelnen Buchstaben | Arbeitsteilig werden in der Gruppe verschiedene Buchstaben für die Postkarte im **Skizzenheft** entworfen.<br>Anschließend zeichnen alle Schüler einer Gruppe einen Gesamtentwurf auf ein DIN-A4-Blatt. |
| **7.–8. Stunde** | Farbige Gestaltung der Postkarte<br><br>Vervielfältigung und Verkleinerung | Final werden die gestalteten Buchstaben mit Filzstiften nachgezogen und ggf. farbig gestaltet.<br>Die fertigen Entwürfe werden eingescannt oder abfotografiert und ausgedruckt, wobei sie auf Postkartengröße verkleinert werden. |
| **9.–10. Stunde** | Präsentation und Bewertung der Postkarten | Die Schüler präsentieren ihre Ergebnisse und beschreiben die unterschiedlichen **Postkarten** auf Grundlage der zu Beginn besprochenen Bewertungskriterien, zunächst in der Gruppe und dann im Plenum. |

# 5. DIE KUNST DER SCHÖNEN BUCHSTABEN

## Postkarten mit Lettering gestalten

### Bewertungskriterien

- Die Buchstaben sind sauber und ordentlich dargestellt.
- Der Platz, der auf einer Postkarte für das Lettering zur Verfügung steht, wird genutzt.
- Der Inhalt des Textes und das dazu gewählte Lettering passen zusammen und sind aussagekräftig.

### Lettering

Unter Lettering versteht man das detaillierte Entwerfen einzelner Buchstaben. Als Handwerkszeug benötigt man dabei unter anderem ein Lineal und unterschiedliche Stifte, z. B. Bleistifte, Fineliner oder Filzstifte. Mit Lettering können Postkarten, Bilder, Schilder, Aufkleber u. v. m. gestaltet werden.

### Beispielvideos zum Lettering

Im Internet finden Sie und Ihre Schüler eine sehr große Auswahl unterschiedlicher Beispiele für Lettering. Stehen Ihnen genügend Stunden zur Verfügung, können Sie den Schülern einige Videos mit einem Beamer zeigen oder ihnen die Möglichkeit geben, die Filme in Kleingruppen auf einem Handy anzusehen. Meistens handelt es sich dabei um leicht verständliche englische Anleitungen oder Videos.
Links:

- www.youtube.com/watch?v=4iexEEexRlE (Video, deutsch)
- www.youtube.com/watch?v=zVwtMSxDrrY (Video, englisch)
- www.youtube.com/watch?v=QRr44AbYGk8 (Video, englisch)
- www.youtube.com/watch?v=CA1gCL3zOKs (Video, englisch, u.a. Zeichnen auf Linien)
- https://de.pinterest.com/search/pins/?q=Lettering (Beispiele mit Abbildungen)

### Ein Medium durch Lettering gestalten

Nachdem die Schüler die Grundlagen des Letterings mithilfe des Arbeitsblatts „Lettering“ erworben haben, entscheiden sie in ihrer Gruppe, mit welchem Text sie ihre Postkarte gestalten wollen. Anschließend überlegen sie, wer welche Buchstaben oder Wörter entwirft. Die Buchstaben werden arbeitsteilig innerhalb einer Gruppe gezeichnet. Natürlich beraten die Schüler sich währenddessen gegenseitig. Schließlich zeichnen alle Schüler einer Gruppe einen Gesamtentwurf auf ein DIN-A4-Blatt. In der folgenden Stunde wird der Entwurf dann von allen Schülern gemeinsam auf eine Postkarte übertragen. Natürlich können statt Postkarten auch andere Medien, wie Schilder, Flyer etc., gestaltet werden. Um die entstandenen Produkte zu vervielfältigen, können sie eingescannt oder abfotografiert und ausgedruckt werden. Mit dem Ausdruck kann auch eine professionelle Druckerei beauftragt werden. Während der Unterrichtseinheit ist es wichtig, dass den Schülern viele Fineliner, Filzstifte in verschiedenen Stärken, Buntstifte oder auch Federn zum kreativen Ausprobieren zur Verfügung stehen. Grundsätzlich sollten alle Buchstaben zunächst mit einem Bleistift vorgezeichnet werden.

5.

# DIE KUNST DER SCHÖNEN BUCHSTABEN

## Postkarten mit Lettering gestalten

Damit die Schüler Anregungen zum Entwurf der Buchstaben haben, können mithilfe des Internets oder alter Zeitungen verschiedene Schrifttypen gesammelt und auf ein Plakat geklebt werden. Dieses sollte im Raum, in dem die Lerngruppe arbeitet, aufgehängt werden.

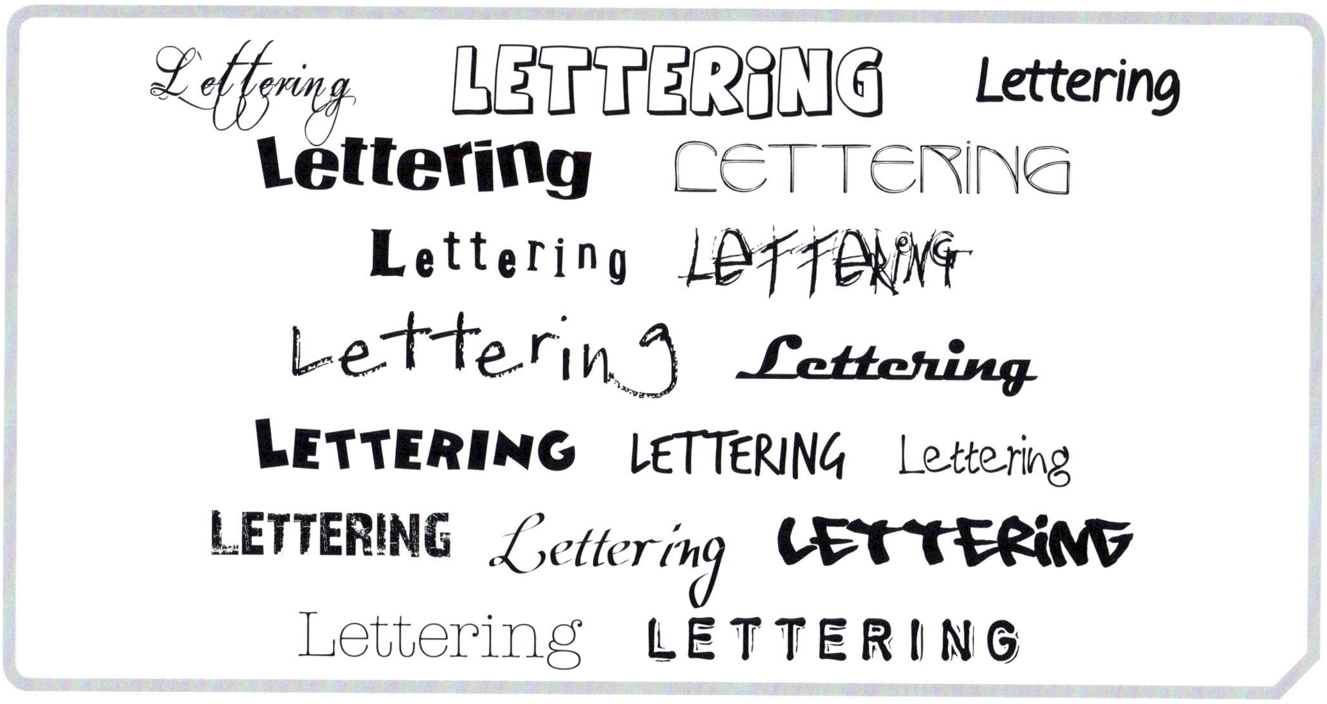


### Differenzierung

Schülergruppen, die sehr schnell arbeiten, können ein Medium entwerfen, welches in der eigenen Schule Verwendung findet, z. B. ein Schild, ein Plakat oder eine Postkarte, die den Namen oder das Motto der Schule tragen.

### Präsentations-Tipp

Mit ausgewählten Sprüchen aus selbst erstellten Buchstaben können nicht nur Karten, sondern auch Bilder auf Keilrahmen hergestellt und im Klassenraum oder in den Fluren der Schule aufgehängt werden. Dabei könnten Sprüche verwendet werden, die sich auf die Themen „Schule“ und „Lernen“ beziehen, wie „Lerne nicht für die Schule, sondern für dein Leben!“.

### Aktions-Tipp

Zum Thema „Schrift ohne Stift“ können die Schüler Buchstaben und Wörter ohne Stift darstellen. So entstehen z. B. Stempel mit Buchstaben aus Graupappe und Paketschnur oder Wörter aus Sand.

5.

ARBEITSBLATT

# LETTERING

Name: ..........................................................................................

Als Lettering wird das Gestalten von Buchstaben bezeichnet.
Damit die Buchstaben zusammenpassen, zeichnet man Hilfslinien mit einem Lineal.
Die Abstände und die Anzahl der Linien sind dabei, von Schriftart zu Schriftart, unterschiedlich.

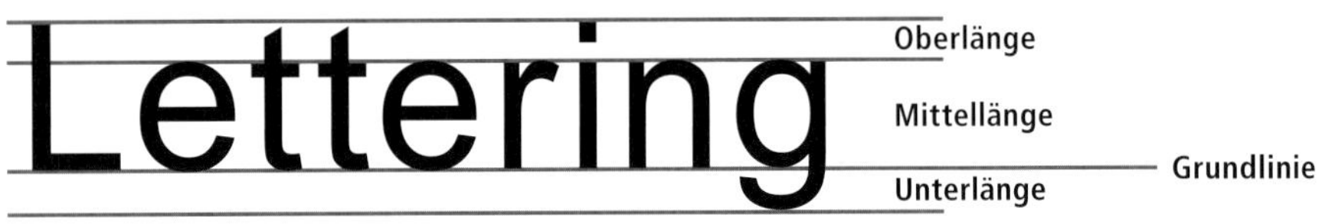


## Aufgabe

Schreibe deinen Namen in drei verschiedenen Schriftarten. Zeichne dir dazu Hilfslinien ein.
Entscheide selbst, ob du den ersten Buchstaben oder die Hilfslinien zuerst einzeichnest.

5.

# LETTERING FÜR EINE POSTKARTE

ANLEITUNG

Name: ..............................................................................

## 1. Grober Entwurf einer Lettering-Postkarte

- Wählt einen Text und eventuell kleine Zeichnungen aus, die auf eurer Postkarte stehen sollen.
- Skizziert einen groben Entwurf auf Zeichenpapier.

## 2. Skizzieren und auswählen der Schriftarten

- Skizziert die Buchstaben und Wörter für eure Postkarte in verschiedenen Schriftarten und mit unterschiedlichen Stiften.
- Entscheidet gemeinsam, in welchen Schriftarten und Farben ihr die verschiedenen Buchstaben oder Wörter auf eurer Postkarte darstellen wollt.

## 3. Entwurf der Buchstaben auf Linien

- Verteilt in der Gruppe, wer welche Buchstaben oder Wörter übernimmt.
- Entwerft dann die verschiedenen Buchstaben mit einem Bleistift auf Zeichenpapier. Zeichnet euch dazu Hilfslinien ein.

## 4. Entwurf der Postkarte

- Indem jeder seine Buchstaben oder Wörter mit einem Bleistift auf ein Zeichenpapier in DIN-A4-Größe überträgt, erstellt ihr den gemeinsamen Entwurf eurer Postkarte.
- Ihr könnt auch kleine Zeichnungen hinzufügen.
- Zeichnet die Buchstaben und Zeichnungen mit einem Fineliner oder einem Filzstift nach und entfernt mit einem Radiergummi die Bleistiftspuren.
- Überprüft anhand der Bewertungskriterien, ob ihr mit eurem Ergebnis zufrieden seid.

## 5. Druck der Postkarte

- Übertragt euren Entwurf mithilfe eines Scanners oder eines digitalen Fotos auf einen PC.
- Verkleinert ihn auf Postkartengröße und druckt ihn auf einer Blanko-Postkarte oder auf zurechtgeschnittenem Tonpapier aus.

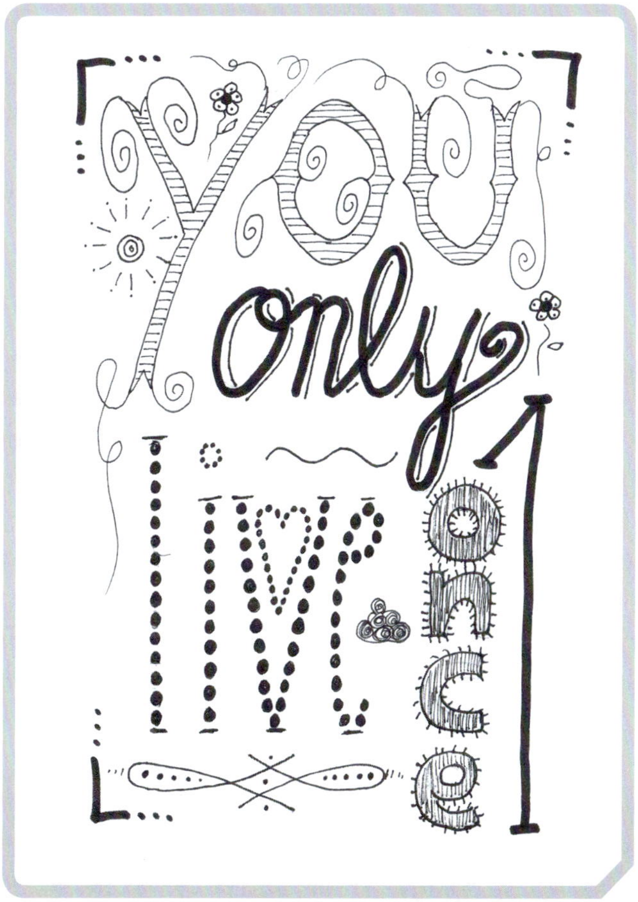

5.

# SOFATRÄUME

## Kissenbezüge bedrucken

**Berufsfeld: Textildrucker**

**Tätigkeit:** Textildrucker bedrucken Textilien unter der Verwendung verschiedener Drucktechniken und Textilfarben. Außerdem bereiten sie die Stoffe für den Druck vor.

**Ausbildung:** Ausbildung in einem der unterschiedlichen Druck-Gewerbe (Voraussetzung: Hauptschulabschluss, Mittlerer Schullabschluss)

**Beschäftigung:** z. B. in einer Textildruckerei

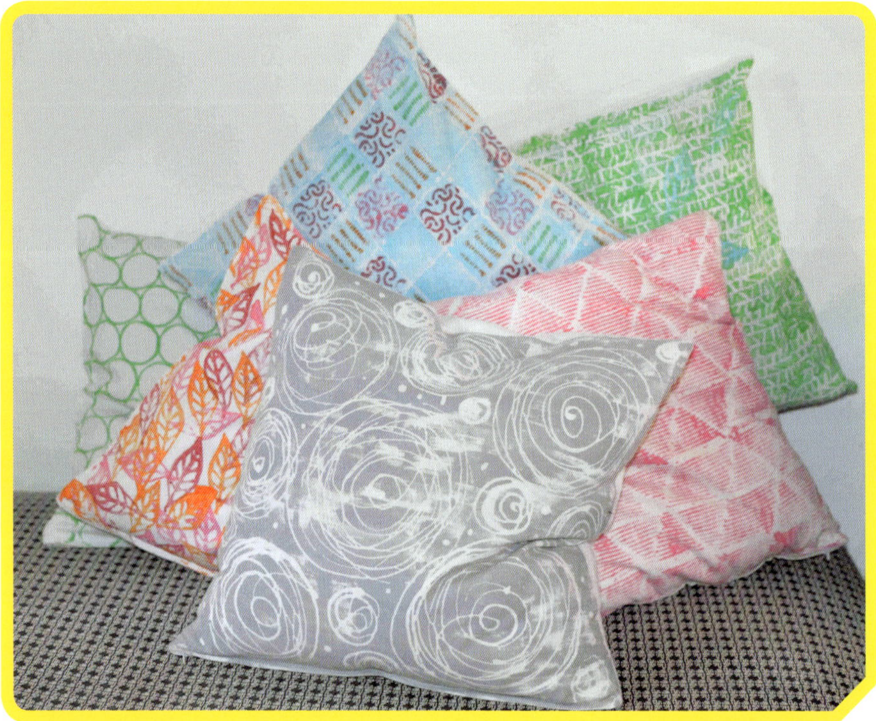

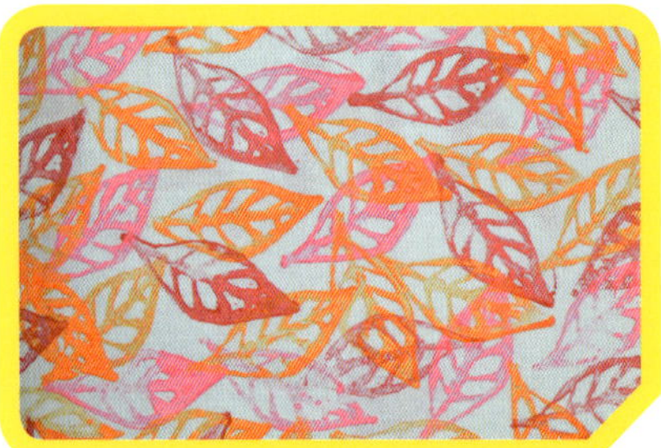

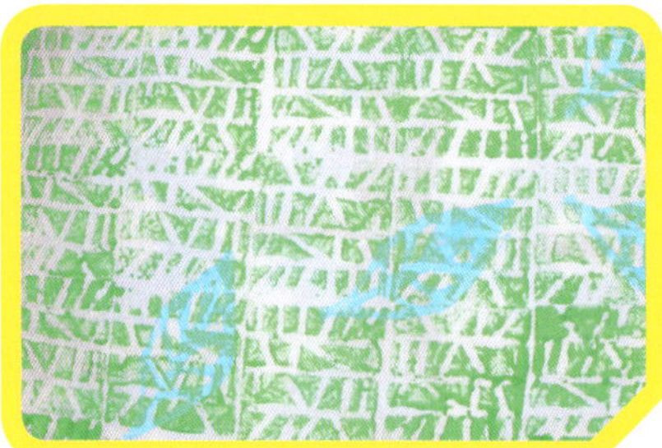

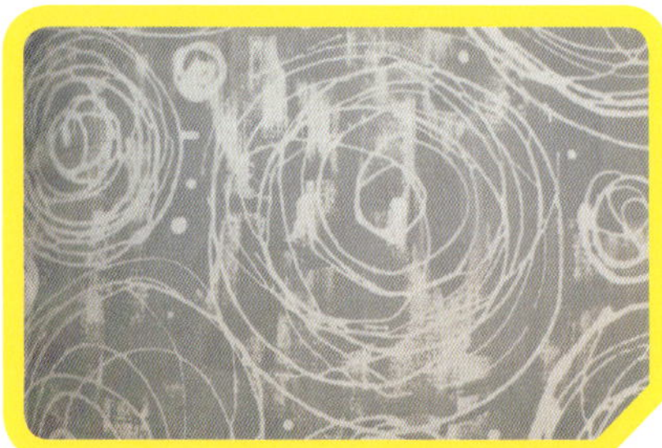

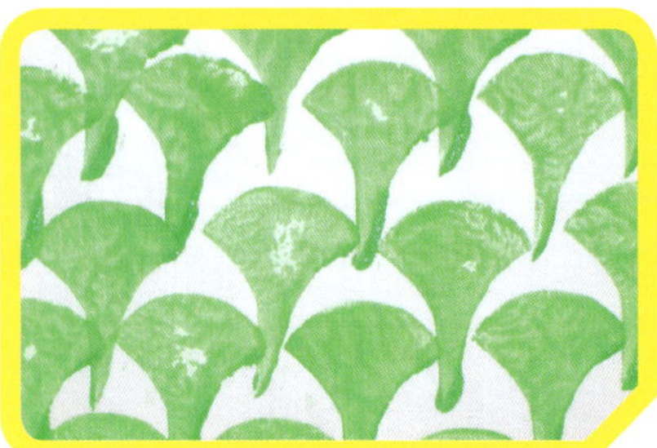

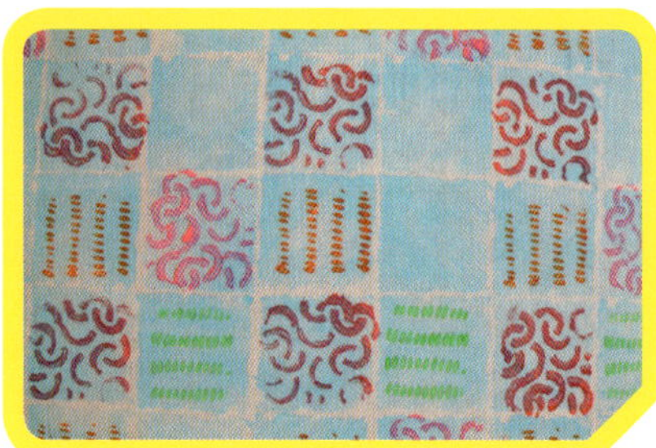

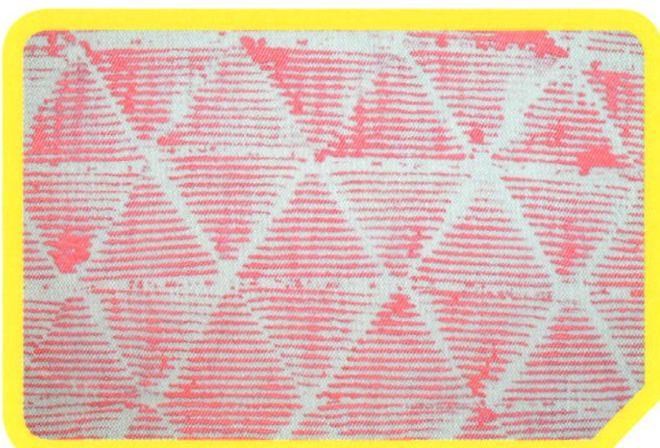

5.

# SOFATRÄUME
## Kissenbezüge bedrucken

### Kurzbeschreibung

Die Schüler gestalten und bedrucken Kissenbezüge für einen bestimmten Zweck, z. B. passend zu ihrem Zimmer. Sie stellen dafür Stempel her und wenden verschiedene Techniken des Stoffdrucks an.

**Bezug zur Berufswelt:** Textildrucker
**Alltagsbezug:** Gestaltung eigener Kissenbezüge
**Zeitbedarf:** ca. 10 Schulstunden
**Sozialform:** Einzelarbeit an Gruppentischen

### Material

- für jeden Schüler ein Infoblatt **„Stempel“** (S. 156)
- ggf. für jeden Schüler eine Anleitung **„Pappstempel herstellen“** (S. 157)
- für jeden Schüler eine Anleitung **„Kissenbezüge bedrucken“** (S. 158)
- für jeden Schüler Stempel oder andere Materialien zum Drucken
- für alle Schüler Schablonenpinsel und Teller oder Glasplatten für den Farbauftrag
- für jeden Schüler ein Kissenbezug aus Baumwolle
- verschiedene Textilfarben
- ggf. Farbblockierer
- Bügelbrett, Bügeleisen und Trockentuch zum Fixieren der Textilfarbe

### Kompetenzen

Die Schüler

- planen einen Kissenbezug für einen bestimmten Zweck.
- kennen verschiedene Techniken zum Bedrucken von Baumwollstoff und wählen sie zielgerichtet aus, um ihr eigenes Kissen zu gestalten.
- bedrucken eine Kissenhülle individuell.
- beschreiben das individuelle Design der verschiedenen Kissenbezüge im Hinblick auf die festgelegten Kriterien.

5.

# SOFATRÄUME
## Kissenbezüge bedrucken

### Möglicher Verlaufsplan der Unterrichtseinheit

| | | |
|---|---|---|
| **1.–2. Stunde** | Unterrichtsgespräch: Textildruck | Der Lehrer präsentiert den Schülern einen **bedruckten Stoff**. Die Schüler äußern Vermutungen dazu, wie und zu welchem Zweck der Druck angefertigt worden sein könnte. Der Lehrer gibt anschließend einen Überblick über das Unterrichtsvorhaben. |
| | Druckverfahren | Mithilfe des **Infoblattes „Stempel“** und der **Anleitung „Pappstempel herstellen“** informieren sich die Schüler über das Thema und lernen verschiedene Möglichkeiten des Stoffdrucks kennen. |
| | Bewertungskriterien | In einem Unterrichtsgespräch werden die Bewertungskriterien gemeinsam erörtert und festgelegt und anschließend an der **Tafel** notiert und im **Heft** gesichert (Kriterien siehe S. 153). |
| | Vorüberlegungen zur Gestaltung des Kissenbezugs | Jeder Schüler notiert stichpunktartig im **Skizzenheft**, zu welchem Zweck und mit welcher Drucktechnik er seinen Kissenbezug gestalten möchte und welche Materialien er dazu benötigt. |
| | Entwurf des Kissenbezugs | Die Schüler zeichnen einen Entwurf für ihren Kissenbezug in ihr Skizzenheft. |
| **3.–8. Stunde** | Gruppentische | Die Schüler finden sich an Gruppentischen zusammen, sodass jeder Schüler am Tisch die gleiche Drucktechnik verwendet. |
| | Gestaltung des Kissenbezugs | Die Schüler entwerfen und erstellen zunächst **Stempel**, falls sie diese benötigen. Dann gestalten sie mithilfe der **Anleitung „Kissenbezüge bedrucken“** ihren Bezug mit **Textilfarben**. |
| **9.–10. Stunde** | Präsentation und Bewertung der Kissenbezüge | Die Schüler präsentieren ihre Ergebnisse und beschreiben die unterschiedlichen **Kissenbezüge** auf Grundlage der zu Beginn besprochenen Bewertungskriterien, zunächst in der Gruppe und dann im Plenum. |

5.

# SOFATRÄUME
## Kissenbezüge bedrucken

### Bewertungskriterien

- Der Kissenbezug wird einem bestimmten Zweck entsprechend geplant und entworfen.
- Die für die Gestaltung eventuell notwendigen Stempel werden ordentlich und mithilfe des Infoblattes „Stempel" angefertigt.
- Der Bezug wird der Anleitung „Kissenbezüge bedrucken" entsprechend bedruckt.
- Die verschiedenen Gestaltungselemente werden ansprechend auf dem Bezug platziert.
- Der Stoffdruck wird fixiert.

### Kissenbezüge durch Stoffdruck gestalten

Für den Stoffdruck benötigt man einen oder mehrere Stempel, Textilfarben und einen Kissenbezug.
Mit verschiedenen Stempeln und Drucktechniken lassen sich Kissenbezüge einfach und sehr ansprechend nach einem bestimmten Zweck gestalten.
So kann z. B. ein Bezug mit rosa Blumen und der Aufschrift „Oma" als Geschenk entstehen oder die Schüler gestalten Kissen mit geometrischen oder gegenständlichen Formen, passend zu ihrem Zimmer oder ihrem Hobby.

### Textilfarben

Textilfarben gibt es in vielen verschiedenen Tönen. Im Internet können Sie die Farben z. B. im Labbé-Onlineshop (www.labbe.de) oder beim ALS-Verlag (www.als-verlag.de) bestellen. Sie brauchen nicht unbedingt die ganze Farbpalette, da sie einige Farben selbst mischen können. Es lohnt sich, größere Mengen zu nehmen, da die Farben dann im Verhältnis günstiger werden. Für ein beidseitig bedrucktes Kissen benötigt man grob 20–40 ml Farbe. Nicht alle Textilfarben sind für alle Stoffarten geeignet. Achten Sie daher auf die Angaben des Herstellers.

Zum gleichmäßigen Auftrag der Farben auf die Stempel eignen sich Schablonenpinsel oder andere breite Pinsel. Außerdem wird ein flacher Porzellanteller mit einer ebenen Fläche in der Mitte benötigt. Die Farbe wird mit dem Schablonenpinsel dünn auf der Fläche des Tellers verteilt und dann mit dem Stempel durch Aufdrücken aufgenommen. Vor dem Stempeln sollten die Schüler prüfen, ob die Farbe gleichmäßig auf dem Stempel verteilt ist.

### Stempel herstellen

Zum Bedrucken eines Kissenbezugs kann man unterschiedliche Stempel verwenden. Diese sollten dem späteren Verwendungszweck entsprechend ausgewählt werden. Da fertige Stempel oft teuer sind, lohnt es sich, mit den Schülern Stempel selbst herzustellen. Besonders günstig sind Pappstempel. Benötigtes Material, wie Moosgummi-, Linol- oder Gummiplatten und Holzwürfel, können Sie z. B. im Labbé-Onlineshop (www.labbe.de) oder beim ALS-Verlag (www.als-verlag.de) bestellen.

### Stempel aus Moosgummi

Stempel aus dünnen Moosgummi-Platten können einfach mit der Schere zurechtgeschnitten werden. Da diese Stempel relativ lange haltbar sind, lohnt es sich, sie auf Holzwürfel zu kleben (siehe auch Infoblatt „Stempel"). Eine günstigere Variante sind Träger und Griffe aus Pappe (siehe Anleitung „Pappstempel herstellen"; Infoblatt „Stempel").

# SOFATRÄUME
## Kissenbezüge bedrucken

### Stempel aus Gummi

Gummiplatten für Stempel können Sie in verschiedenen Stärken kaufen. Da die Platten sehr weich sind, können sie sehr gut mit Scheren, Cuttern oder Linolschnitt-Messern bearbeitet werden. Weisen Sie die Schüler bei der Verwendung von Linolschnitt-Messern darauf hin, dass sie damit immer vom Körper weg arbeiten müssen, um Verletzungen zu vermeiden. Die fertigen Stempelmotive werden auf Holzwürfel geklebt und sind so besonders lange haltbar.

### Stempel aus Linolplatten

Stempel aus Linolplatten werden ebenso hergestellt wie Gummistempel. Allerdings braucht man mehr Kraft dafür, da Linolplatten viel Härter sind (siehe Infoblatt „Stempel").

### Stempel aus Nudeln

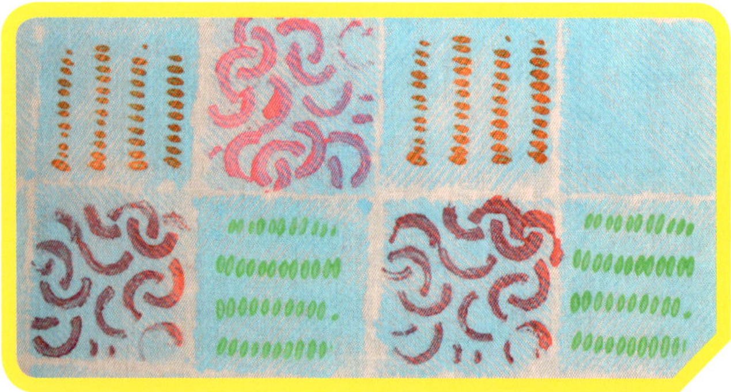

Sehr schöne Stempel lassen sich aus verschiedenen Nudelsorten herstellen. Dabei muss darauf geachtet werden, dass man Nudeln verwendet, die gleich dick und nicht zu stark gebogen sind. Wenn die Nudeln nach dem Trocknen über den Rand des Trägers hinausragen, können sie vorsichtig mit einem Cutter beschnitten werden. Nudelstempel sollten auf einen sehr stabilen Träger, wie z. B. einen Holzwürfel, geklebt werden, da sie sehr leicht brechen. Die Stempel sollten nicht zu lange feucht sein, da sie dann Wasser aufnehmen und sich verformen. Sollten sie während des Drucks nicht mehr verwendbar sein, kann eine andere Seite des Holzstempels mit neuen Nudeln beklebt werden.

### Stempel aus Pappe

Aus Pappe lassen sich sehr kostengünstige Stempel herstellen (siehe Infoblatt „Stempel"). Bei Pappstempeln muss darauf geachtet werden, dass sie nicht zu nass werden. Statt sie zum Entfernen der Farbe abzuwaschen, sollte man die Farbe mit einem Papiertuch abtupfen. Pappstempel können aus sehr unterschiedlichen Materialien hergestellt werden, z. B. ergibt die Pappe von Toilettenpapierrollen ein tolles Muster.

### Kissenbezüge

Hautfreundlich und einfach zu bedrucken sind Kissenbezüge aus Baumwolle. Diese können Sie beim ALS-Verlag (Adresse siehe oben) bestellen.
Am besten eignet sich die Größe 40 x 40 cm, da es sich um eine geläufige Kissengröße handelt und viele Schüler ein solches Kissen zu Hause haben. Die Bezüge können direkt bedruckt oder erst mit Stofffarben im gewünschten Farbton eingefärbt werden.
Neben Kissenbezügen können natürlich auch viele weitere Textilien, wie z. B. T-Shirts, Turnbeutel, Etuis oder Schirmmützen, mit Textilfarbe gestaltet werden.
Alle Textilien müssen vor dem Bedrucken gewaschen und gebügelt werden.

# 5. SOFATRÄUME
## Kissenbezüge bedrucken

### Farbblockierer

Kissenbezüge können auch dadurch gestaltet werden, dass zunächst Farbblockierer auf den Stoff aufgetragen wird. Das kann z. B. mithilfe von Stempeln passieren.

Nach dem Trocknen wird die Textilfarbe aufgetragen. Wenn der Farbblockierer dann in einer Handwäsche entfernt wird, erscheint das Muster.

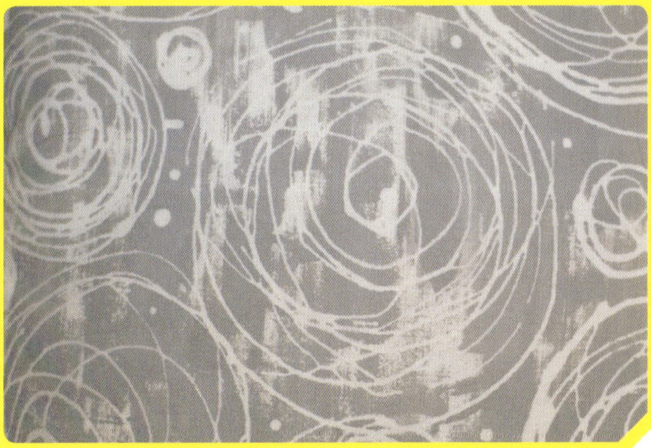

### Fotodruck

Auch mit Fotos lassen sich Kissenhüllen schön gestalten. Mit Transferkleber können Fotos sehr leicht auf Textilien übertragen werden. Diesen können Sie z. B. beim ALS-Verlag erwerben.

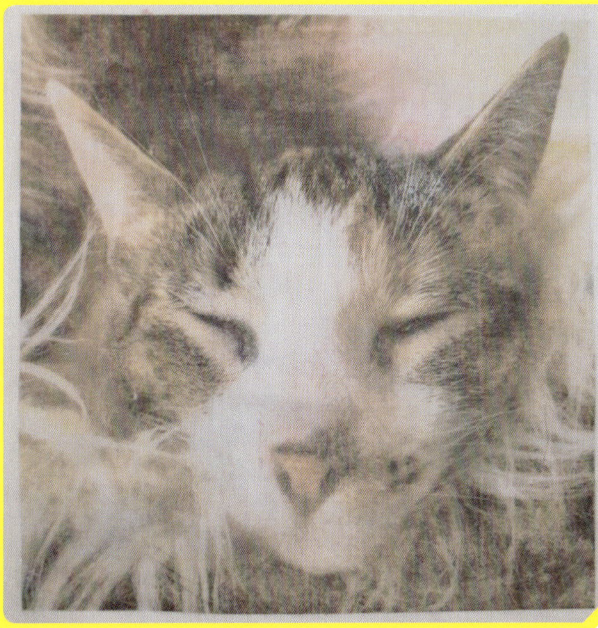

### Aktions-Tipp

Die Schüler können T-Shirts mit dem Logo der Schule erstellen. Dazu fertigen sie Stempel für jeden Buchstaben und für das Schullogo an und bedrucken T-Shirts mit Textilfarben. Die fertigen T-Shirts können an Elternsprechtagen oder auf Schulfesten verkauft werden.

5.

INFOBLATT

# STEMPEL

Name: ..............................................................................................................

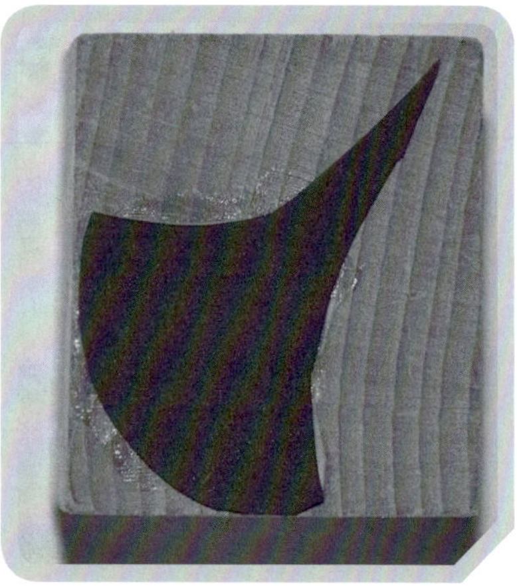

## Stempel aus Moosgummi

- Ein Motiv wird mit Bleistift auf Moosgummi gezeichnet und mit einer Schere ausgeschnitten.
- Das Motiv wird auf einen Träger, z. B. aus Pappe oder Holz, geklebt.
- An dem Träger wird ein Griff, z. B. aus Pappe, befestigt.
- Moosgummistempel sind sehr einfach herzustellen, sehr günstig und relativ haltbar.

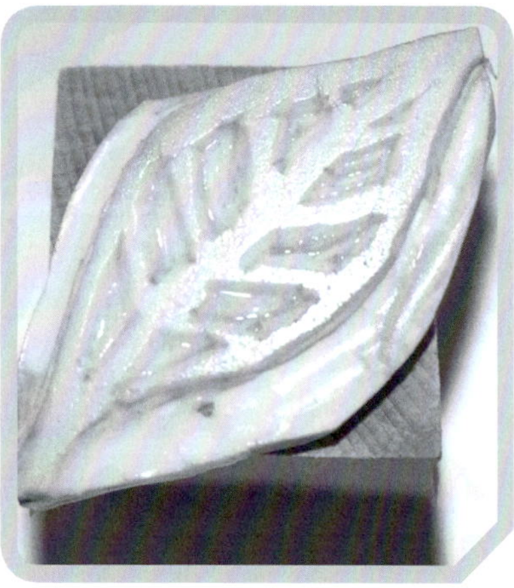

## Stempel aus Gummi

- Ein Motiv wird mit einem Bleistift auf eine weiche Gummiplatte für Stempel gezeichnet.
- Das Motiv wird mit einem Linolschnitt-Messer, einem Cutter oder einer Schere in die Platte geschnitten.
- Der fertige Gummistempel wird auf einen Träger, z. B. einen Holzwürfel, geklebt.
- Gummistempel sind einfach herzustellen, günstig und sehr haltbar.

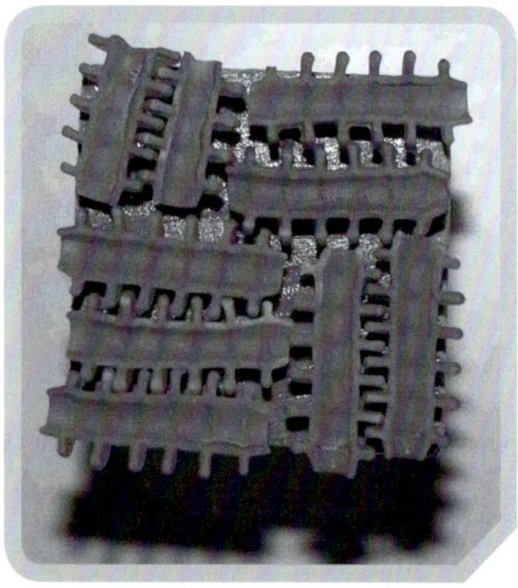

## Stempel aus Nudeln

- Gleich dicke Nudeln werden in Form eines Trägers, z. B. in Form eines Quadrats, auf einer geraden Fläche ausgelegt.
- Ein sehr stabiler Träger, z. B. ein Holzwürfel, wird mit Kleber bestrichen und zum Trocknen auf die Nudeln gelegt.
- Nudelstempel sind relativ einfach herzustellen und günstig, aber nicht so haltbar wie Stempel aus Gummi oder Linolplatten.

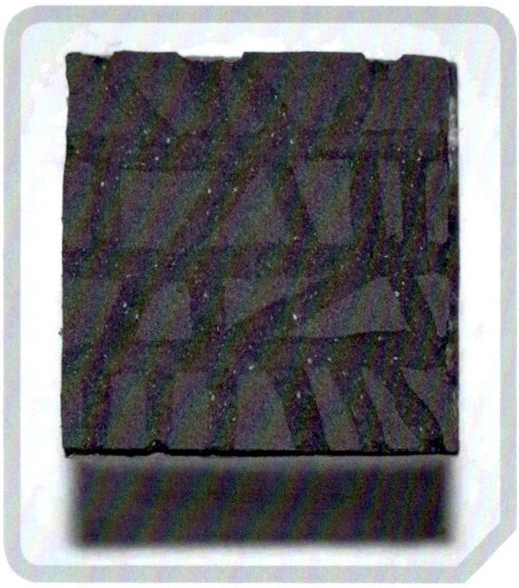

## Stempel aus Linolplatten

- Ein Motiv wird mit einem Bleistift auf eine Linolplatte gezeichnet.
- Mit einem Linolschnitt-Messer wird das Motiv in die Platte geschnitten.
- Der fertige Linolstempel wird auf einen Träger, z. B. einen Holzwürfel, geklebt.
- Stempel aus Linolplatten sind relativ einfach herzustellen, relativ günstig und sehr haltbar.

5.

# PAPPSTEMPEL HERSTELLEN

ANLEITUNG

Name: ..............................................................................................................................................

## 1. Material

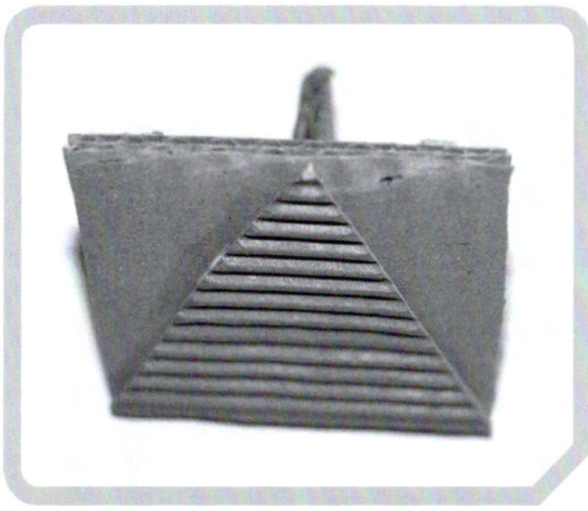

- Stempel aus Pappe sind besonders günstig und sehr einfach herzustellen.
  Du kannst dafür gebrauchte Pappe, z. B. von einem Karton aus einer Paketsendung, verwenden. Achte darauf, dass die Pappe nicht zu dünn ist.

## 2. Motiv ausschneiden

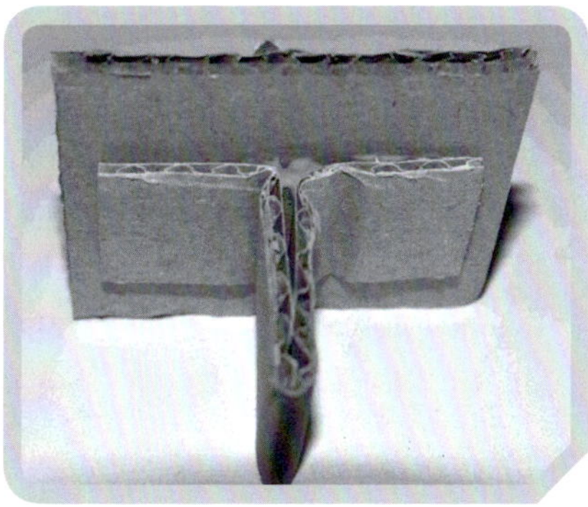

- Zeichne ein Motiv, z. B. ein Dreieck, mit Bleistift auf eine Pappe und schneide es aus.

## 3. Träger und Griff befestigen

- Schneide einen stabilen Träger aus Pappe aus und klebe das Motiv darauf.
- An dem Träger wird ein Griff aus Pappe befestigt. Knicke dazu einen Pappstreifen in der Mitte und biege die offenen Enden nach außen. Schneide die Enden so zurecht, dass sie nicht über den Träger hinausragen, und klebe sie darauf.

### Achtung!

Wenn die Stempel zu nass werden, sind sie nicht mehr zu verwenden. Stelle dann einen neuen Stempel her.

*Kreativ-Tipp: Mit gewellter Bastelpappe erzielst du tolle Effekte!*

## Aufgabe

**Schneide die Vorlage aus und stelle daraus einen Stempel her. Fertige anschließend mithilfe der Anleitung Stempel in anderen Formen an.**

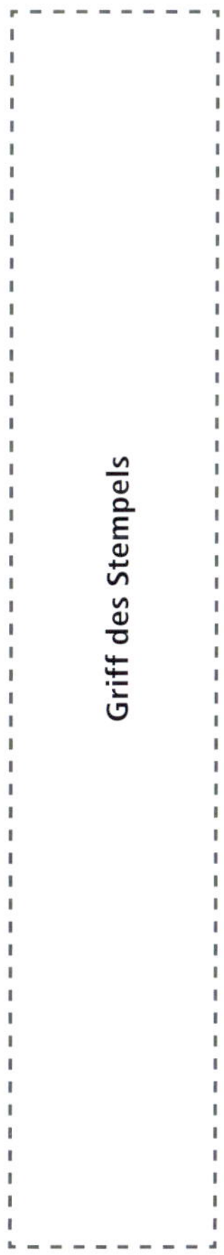


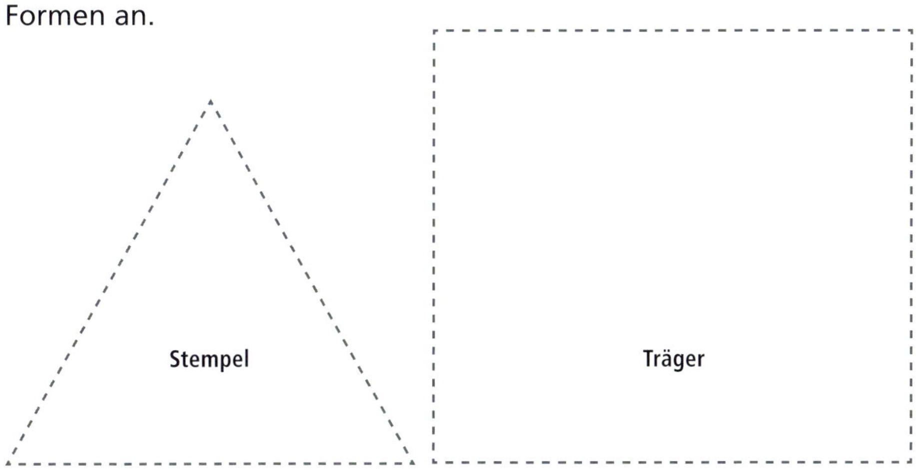

# 5. KISSENBEZÜGE BEDRUCKEN

ANLEITUNG

Name: ..............................................................................................................

## 1. Materialien

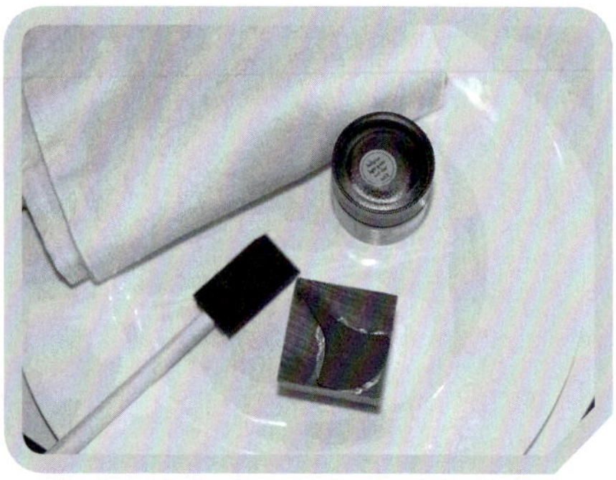

Lege alle Materialien zurecht, die du zum Bedrucken deines Kissenbezuges benötigst:

- Stempel
- Textilfarbe
- Schablonenpinsel
- Teller
- einen gewaschenen und gebügelten Kissenbezug
- dünne Pappe in der Größe deines Bezugs

## 2. Vorbereitung

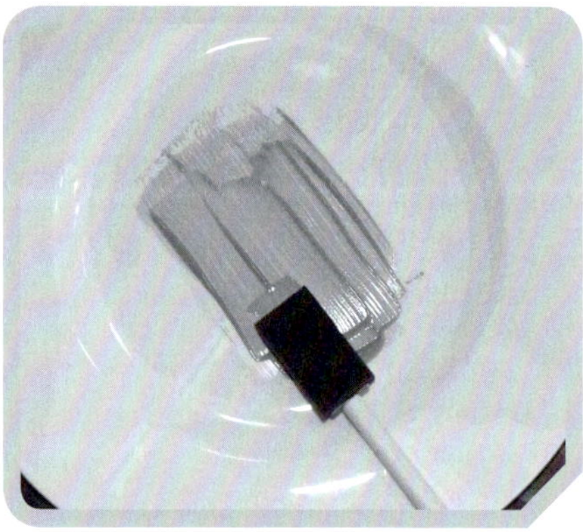

- Lege die Pappe in den Kissenbezug.
- Gib etwas Textilfarbe auf den Teller und verteile sie dünn auf der Vertiefung des Tellers.
- Arbeite immer nur mit einer Farbe. Wenn nötig, nimm noch etwas Farbe nach. Eine weitere Farbe verwendest du erst, wenn die erste getrocknet ist. Dann hast du auch Zeit, den Teller für eine weitere Farbe zu reinigen.

## 3. Drucken

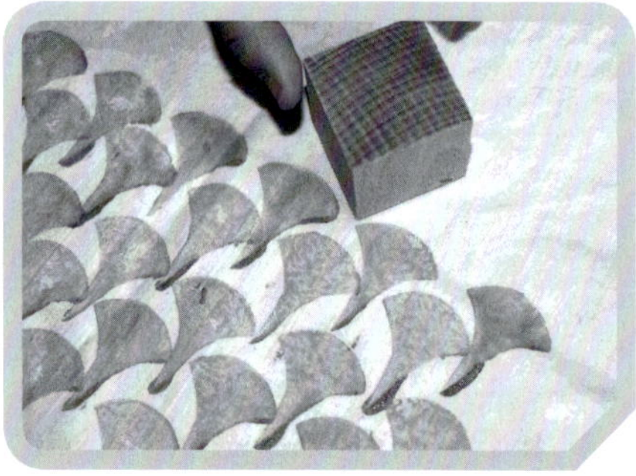

- Drücke den Stempel zum gleichmäßigen Aufnehmen der Farbe mehrmals leicht auf die dünn verstrichene Farbe.
- Überlege genau, wo du mit dem Drucken beginnst, und drücke den Stempel vorsichtig auf den Stoff.
- Wiederhole den Vorgang, bis du mit dem Stempeln einer Farbe fertig bist. Wenn nötig, kannst du nach dem Trocknen weitere Farben verwenden. Die Muster können sich dann auch überlappen.
- Nach dem Trocknen kannst du die Rückseite des Kissenbezugs bedrucken.

## 4. Bügeln

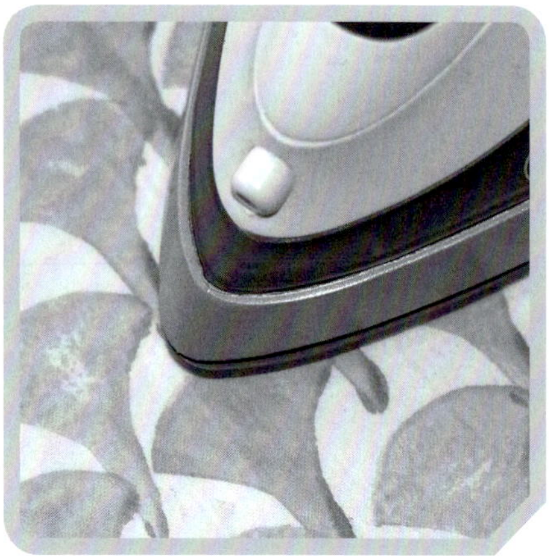

- Wenn dein Kissenbezug getrocknet ist, musst du ihn bügeln. So wird die Farbe auf dem Stoff fixiert. Dazu legst du ein dünnes Tuch auf den Bezug und bügelst ihn nach den Angaben des Herstellers der Textilfarbe.
- Anschließend kannst du deinen Kissenbezug so waschen, wie es der Hersteller der Textilfarbe auf der Verpackung angibt.


© Verlag an der Ruhr | Autorin: Sabine Nelke | ISBN 978-3-8346-3079-7 | www.verlagruhr.de